Deutsch

Gemeinschaftskunde/Wirtschaftskunde/Sozialkunde

1 Grundrechenarten

1.1 Zahlenbereiche

Beispiel

Timo stellt sich gern das Geld auf seinem Girokonto grafisch vor. Je mehr Geld er auf seinem Konto hat, desto höher ist der Strich auf seiner Skala. Dabei lässt er der Einfachheit halber die Cent-Beträge weg:

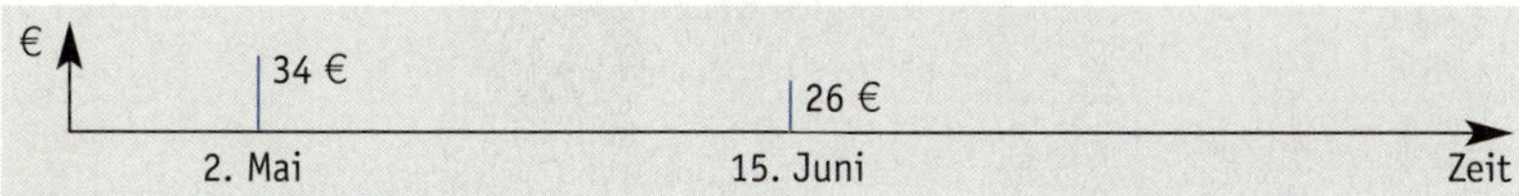

Solange Timo nur mit ganzen Zahlen rechnet und sein Kontostand nie weniger als 0 € beträgt, verwendet er die Zahlenmenge ℕ, die Zahlenmenge der natürlichen Zahlen. Sie umfasst alle ganzen Zahlen (keine Kommastellen, keine Brüche), die nicht negativ sind (0 oder größer).

> Die Zahlen 0, 1, 2, 3, 4 ... nennt man die Zahlenmenge der natürlichen Zahlen: ℕ = {0, 1, 2, 3, 4, ...}

Beispiel

Ab und zu kommt es vor, dass Timo sein Konto überzieht. Um das anschaulich zu machen, hat er seine Skala unterhalb von 0 mit negativen Zahlen erweitert und verwendet Vorzeichen (+ = plus, – = minus):

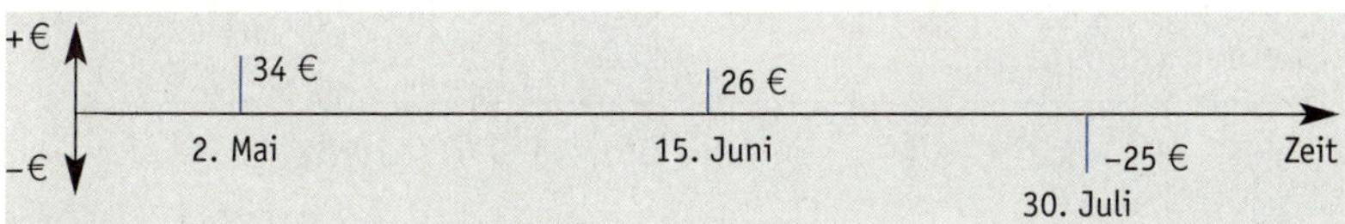

Wenn Timo auch die negativen Kontostände mit ganzen Euro-Beträgen darstellt, verwendet er die Zahlenmenge ℤ, die Zahlenmenge der ganzen Zahlen. Sie umfasst alle ganzen Zahlen (keine Kommastellen, keine Brüche), die positiv (größer als 0) oder negativ (kleiner als 0) sind.

> Die Zahlen ... –3, –2, –1, 0, +1, +2, +3, +4 ... nennt man die Zahlenmenge der ganzen Zahlen: ℤ = {... –3, –2, –1, 0, +1, +2, +3, +4 ...} Bei den ganzen Zahlen muss man das Vorzeichen (+ oder –) beachten! Bei den positiven Zahlen kann auf das Vorzeichen verzichtet werden.

Aufgaben

Stellen Sie folgende Kontostände dar (1 cm ≈ 10 €):

Beispiel

34 €

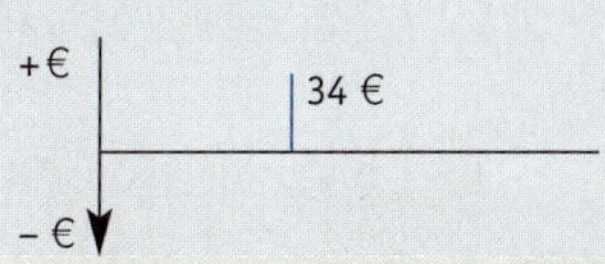

–14 €	64 €	–29 €	–71 €	50 €

Beispiel

Timo hat noch 25 € auf seinem Konto. Bis er das nächste Mal Geld bekommt, dauert es noch 2 Wochen. Er überlegt, wie viel Geld er bis dahin pro Woche ausgeben kann:

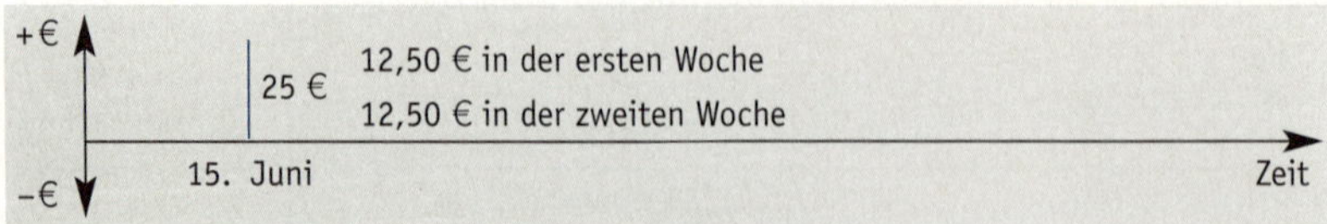

Mit der Menge der ganzen Zahlen können nicht alle Werte genau beschrieben werden. Manchmal benötigt man dazu Dezimalzahlen (= Kommazahlen, z. B. 12,50) oder Brüche (z. B. $\frac{25}{2}$). Man bezeichnet die Menge aller ganzen Zahlen und Brüche aus ganzen Zahlen (wobei der Nenner nicht 0 sein darf) als Zahlenmenge der **rationalen Zahlen**, gekennzeichnet mit dem Buchstaben $\mathbb{Q}$ (für Quotient = Ergebnis einer Division).

Die Menge der ganzen Zahlen sowie Brüche aus diesen Zahlen (wobei der Nenner nicht 0 sein darf) nennt man die Zahlenmenge der rationalen Zahlen $\mathbb{Q}$. Sie können auch als Dezimalzahlen dargestellt werden (Kommazahlen).

$\ldots\ -4\quad -3{,}2\quad -1\frac{1}{2}\quad -\frac{2}{3}\quad 0\quad 0{,}6\quad 1\quad \frac{3}{2}\quad 2{,}152\ \ldots$

Aufgaben

Informationen zum Thema „Verschuldung" finden Sie in Kapitel 7.

Stellen Sie folgende Kontostände dar (1cm ≈ 1 €):

Beispiel

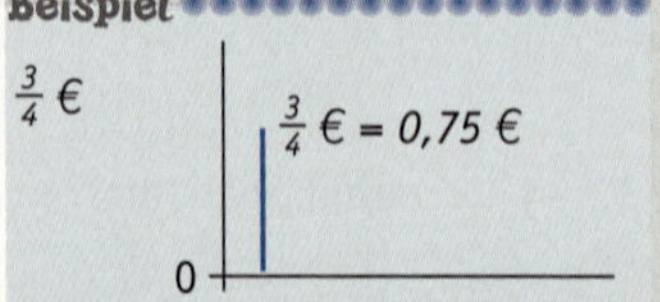

–4,35 € $\qquad -\frac{1}{2}$ € $\qquad 1\frac{1}{2}$ € $\qquad$ 2,9 € $\qquad$ –5,250 €

Zusammenfassung

- Die Zahlen 0, 1, 2, 3, 4, ... nennt man die Zahlenmenge der **natürlichen Zahlen ($\mathbb{N}$)**.
- Die Zahlen ... –3, –2, –1, 0, +1, +2, +3, +4 ... nennt man die Zahlenmenge der **ganzen Zahlen ($\mathbb{Z}$)**.
- Die Menge der ganzen Zahlen sowie Brüche aus diesen Zahlen (wobei der Nenner nicht 0 sein darf) nennt man die Zahlenmenge der **rationalen Zahlen ($\mathbb{Q}$)**.

$\mathbb{N} = \{0, 1, 2, 3, 4, \ldots\}$

$\mathbb{Z} = \{\ldots -3, -2, 1, 0, +1, +2, +3, +4 \ldots\}$

$\mathbb{Q}$ = z. B. $-3, -1{,}5, -\frac{1}{2}, 0, \frac{3}{4}, 2, 9, 8$

1.2 Zahlen runden

Beispiel

Selma entdeckt in einem Kaufhaus 3 T-Shirts zum Preis von insgesamt 14,00 €. Sie überlegt, wie viel ein T-Shirt kostet.

Der ganz genaue Wert eines T-Shirts kann nicht ermittelt werden, da die Rechnung ja eigentlich nie aufhört. Andrerseits interessiert ja auch nur, wie viel Euro und wie viel Cent ein T-Shirt kostet, die Stellen weiter rechts vom Komma sind verschwindend gering, sodass sie eigentlich nicht ins Gewicht fallen. Die Stelle rechts von den Cent, also die dritte Stelle hinter dem Komma, gibt „Auskunft", ob auf volle Cent auf- oder abgerundet wird.

4,66666... bedeutet: ungefähr 4 €, 66 Cent

Die dritte Stelle ist in diesem Fall eine 6; das bedeutet, es ist mehr als die Hälfte eines Cents, also wird auf den nächsten Cent aufgerundet.

Ist sie kleiner als 5, wird abgerundet; ist sie 5 oder größer als 5, wird aufgerundet. Man verwendet anstatt eines Gleichheitszeichens (=) das Rundungszeichen (≈).

$$14 : 3 = 4{,}66666\ldots \quad \approx 4{,}67$$

Ein T-Shirt kostet also ungefähr 4,67 €. Nimmt man als Gegenprobe den Preis eines T-Shirts mit der Anzahl der T-Shirts mal, wird der (kleine) Rundungsfehler deutlich:

$$4{,}67 \cdot 3 = 14{,}01$$

Würden drei T-Shirts zusammen 14,01 € kosten, käme ein T-Shirt auf 4,67 €. Sie kosten jedoch zusammen einen Cent weniger, deshalb kostet ein T-Shirt auch nur knapp 4,67 €, oder anders ausgedrückt: Das Ergebnis 4,67 € wurde aufgerundet.

Nicht immer wird auf 2 Stellen hinter dem Komma gerechnet. Grundsätzlich kann auf jede Stelle vor oder hinter dem Komma gerundet werden.

Beispiel

Selma schaut in ihrem Geldbeutel nach. Sie hat noch 15 € in Scheinen und 43 Cent in Münzen. Sie sagt zu Anna: „Ich habe noch ungefähr 15 €."

Die Stelle rechts von der zu rundenden Stelle ist entscheidend dafür, ob auf- oder abgerundet wird.

$$15{,}43\ € \approx 15\ €$$

4 ist kleiner als 5, deshalb wird abgerundet; das bedeutet, die restlichen Stellen fallen einfach weg.

Um Ergebnisse leichter lesbar zu machen, kann gerundet werden. Dabei entscheidet die Stelle rechts von der zu rundenden Stelle, ob auf- oder abgerundet wird.
Ist die Zahl an dieser Stelle kleiner als 5, wird abgerundet, ist sie 5 oder größer, so wird aufgerundet.
Abrunden bedeutet, dass die Stellen hinter der zu rundenden Stelle einfach weggelassen werden.
Aufrunden bedeutet, dass zu der zu rundenden Stelle 1 addiert wird und die restlichen Stellen weggelassen werden.

Aufgaben

Runden Sie:

Beispiel

Auf 1 Stelle hinter dem Komma: 12,654

12,654

Die 2. Stelle hinter dem Komma ist ≥ 5 → aufrunden!

12,654 ≈ 12,7

Auf 3 Stellen hinter dem Komma: 2,1509

Auf 2 Stellen vor dem Komma: 129,31

Auf 3 Stellen hinter dem Komma: 12,49909

Auf 3 Stellen vor dem Komma: 1 000 990

Auf 2 Stellen hinter dem Komma: 99,995

Zusammenfassung

- Die Stelle rechts von der zu rundenden Stelle ist entscheidend, ob auf- oder abgerundet wird.
- Ist diese Stelle kleiner als 5, wird abgerundet; das heißt, alle Stellen rechts von der zu rundenden Stelle fallen weg.
- Ist diese Stelle größer oder gleich 5, wird aufgerundet; das heißt, die zu rundende Stelle wird um 1 erhöht, die restlichen Stellen fallen weg.

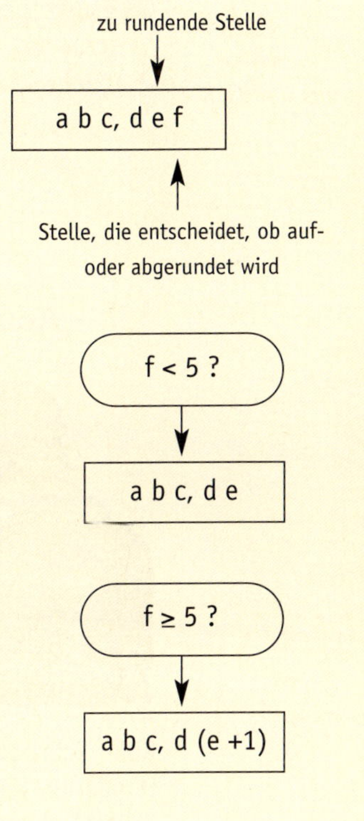

1.3 Übersicht

Beispiel

Anna hat sich einen Taschenrechner gekauft. Sie überlegt, warum sich auf jedem Taschenrechner außer den Zifferntasten mindestens noch Tasten für die 4 Grundrechenarten befinden.

Die Grundrechenarten sind Voraussetzung für fast alle Rechenaufgaben. Auch schwierigere mathematische Probleme bauen auf den vier Grundrechenarten auf.

Die Grundrechenarten im Einzelnen:

Bezeichnung	Zeichen	Ergebnis
Addieren, zusammenzählen	+	Summe
Subtrahieren, abziehen	-	Differenz
Multiplizieren, malnehmen	·	Produkt
Dividieren, teilen	:	Quotient

1.4 Addition

Beispiel

Timo hat 15,37 € auf seinem Girokonto. Folgende Beträge kommen noch dazu: 10,87 €, 4 €, 121,90 €, 80 €. Timo addiert schriftlich.

Beim schriftlichen Addieren ist darauf zu achten, dass Hunderter unter Hunderter, Zehner unter Zehner, Einer unter Einer, Komma unter Komma, Zehntel unter Zehntel, Hundertstel unter Hundertstel usw. geschrieben werden. Um die Zahlenreihe rechtsbündig werden zu lassen, kann man die fehlenden Stellen durch *Nullen* ersetzen.

Von rechts nach links werden die Spalten von unten nach oben addiert, ist die Summe größer als 10, werden die Zehner in die nächste Spalte übertragen.

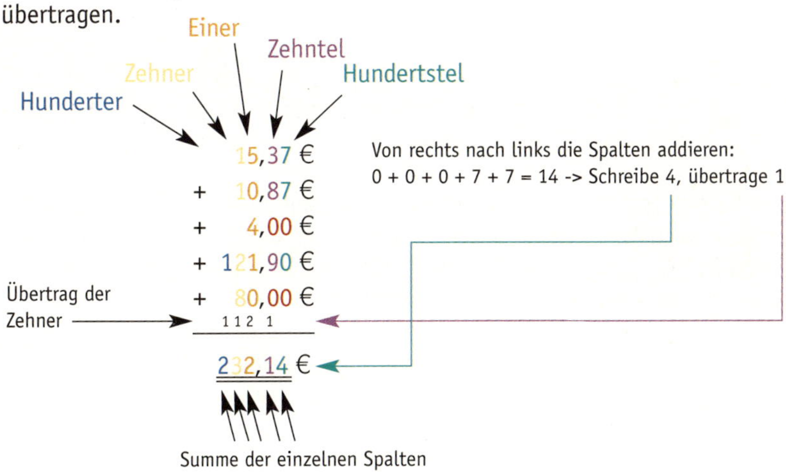

Beim Addieren müssen die Zahlen **stellenrichtig** untereinander geschrieben werden, d. h. Zehner unter Zehner, Einer unter Einer ...

Aufgaben

Addieren Sie folgende Zahlen:

Beispiel

87 + 140,5 + 0,004

87,000
+ 140,500
+ ₁0,004
227,504

0,2 + 23 + 1,44
250 + 0,001 + 23,97
35,01 + 10 054,7 + 200 + 21,97
2 500 + 0,109 + 25,99 + 4
64,790 + 2 500 + 97,05 + 67,8

Vergleiche zum schriftlichen Addieren auch das Kapitel 1.6.

Zusammenfassung

1. Schreiben Sie die zu addierenden Zahlen stellenrichtig untereinander.
2. Addieren Sie die einzelnen Spalten von unten nach oben, beginnen Sie mit der Spalte ganz rechts.
3. Schreiben Sie die Summe der Spalte darunter.
4. Ist die Summe größer als 10, werden die Zehner in die nächste Spalte übertragen.

	Hunderter	Zehner	Einer	Komma	Zehntel	H.stel
	9	0	0	,	4	3
+			6	,	8	6
+		2 ₁	7 ₁			
	9	3	4	,	2	9

Sprechen Sie:
6 + 3 = 9
8 + 4 = 12, schreibe 2 übertrage 1
1 + 7 + 6 + 0 = 14, schreibe 4 übertrage 1
1 + 2 + 0 =3
9 = 9

1.5 Subtraktion

Beispiel

Timo hat 51,27 € auf seinem Girokonto. Er hebt 25 € ab.

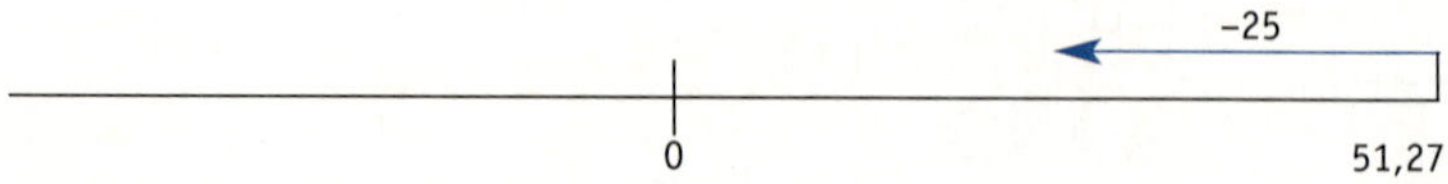

Auch beim schriftlichen Subtrahieren ist darauf zu achten, dass Hunderter unter Hunderter, Zehner unter Zehner, Einer unter Einer, Komma unter Komma, Zehntel unter Zehntel, Hundertstel unter Hundertstel usw. geschrieben werden. Um die Zahlenreihe rechtsbündig werden zu lassen, kann man die fehlenden Stellen wieder durch Nullen ersetzen.
Von rechts nach links werden die einzelnen Spalten subtrahiert, Zehnerüberschritte werden in die nächste Spalte übertragen.

51,27 €	Von rechts nach links die einzelnen Spalten
– 25,00 €	subtrahieren: „von 0 auf 7 fehlen 7“
1	Zehnerüberschritte übertragen:
26,27 €	„von 5 auf 11 fehlen 6, schreibe 6, übertrage 1“

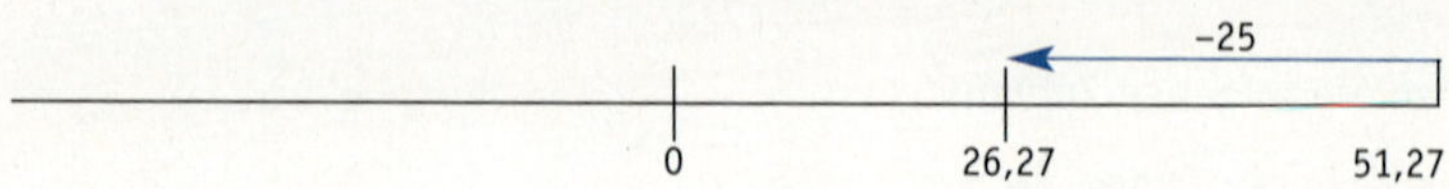

Beispiel

Timo hat 26,27 € auf seinem Girokonto. Er hebt 50 € ab.

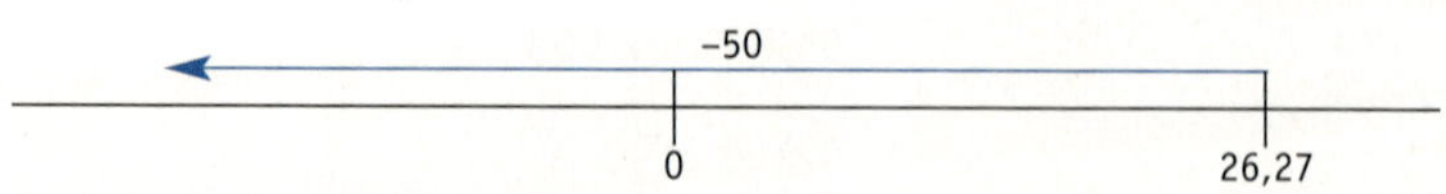

Ergebnisse von Subtraktionen können negative Zahlen sein. Die Zahlengerade macht dies deutlich:

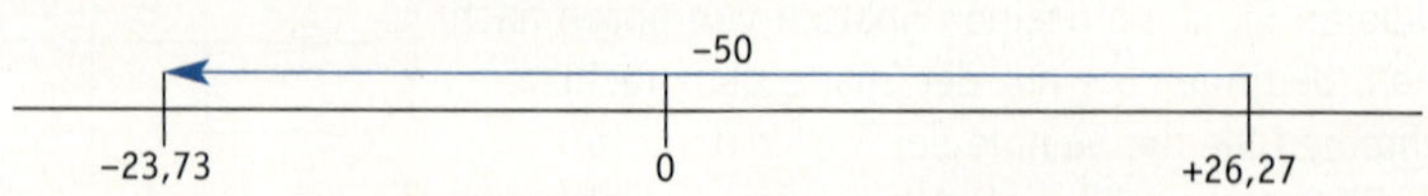

Von +26,27 bis 0 sind es 26,27. Wenn man diese von den 50 abzieht, bleiben noch 23,73. 23,73 von 0 abgezogen, sind –23,73.
Es müssen also zunächst von den 50 € die 26,27 € abgezogen werden, um genau auf 0 € anzukommen. Nun muss man um den verbleibenden Betrag von 23,73 weiter nach links auf der Zahlengerade gehen, man landet also bei –23,73.

Beispiel

Timo hat 232,14 € auf seinem Girokonto. Folgende Beträge werden abgebucht: 90,28 €, 4 €, 21,97 €, 10 €. Timo rechnet schriftlich.

Von rechts nach links werden die Spalten von unten nach oben addiert, wobei die oberste Ziffer nicht dazuaddiert wird. Die Summe der jeweiligen Spalte wird von der obersten Ziffer abgezogen. Ist die Summe größer als 10, werden die Zehner in die nächste Spalte übertragen.

Hunderter, Zehner, Einer, Zehntel, Hundertstel

```
  232,14 €
-  90,28 €
-   4,00 €
-  21,97 €
-  10,00 €
   1 1 2 2
  105,89 €
```

Übertrag der Zehner

Von rechts nach links die Spalten addieren und von der obersten Ziffer abziehen:
„0 + 7 + 0 + 8 = 15   Von 15 auf 24 fehlen 9>
Schreibe „9, übertrage 2"

Summe der einzelnen Spalten von der obersten Ziffer abgezogen

Weitere mögliche Rechenwege:
Da die Beträge ja alle vom Konto abgebucht werden, kann man auch alle vier Beträge zunächst addieren und dann die Summe vom Betrag auf dem Konto subtrahieren:

```
+  90,28 €
+   4,00 €
+  21,97 €
+  10,00 €
   1  1 1
  126,25 €   ← Summe der Beträge, die abgehoben werden
```

```
  232,14 €   ← Betrag auf dem Konto
- 126,25 €   ← Die oben ermittelte Summe wird abgezogen.
    1 1 1
  105,89 €
```

Es kann auch nach jeder einzelnen Abbuchung ein Zwischenergebnis berechnet werden

232,14 €	Betrag auf dem Konto
− 90,28 €	
(Übertrag: 1 1 1)	
141,86 €	← Zwischenergebnis nach der ersten Subtraktion
− 4,00 €	
(Übertrag: 1)	
137,86 €	← Zwischenergebnis nach der zweiten Subtraktion
− 21,97 €	
(Übertrag: 1 1)	
115,89 €	← Zwischenergebnis nach der dritten Subtraktion
− 10,00 €	
105,89 €	← Ergebnis nach der letzten Subtraktion

Beim Subtrahieren müssen die Zahlen stellenrichtig untereinander geschrieben werden, d. h. Zehner unter Zehner, Einer unter Einer, Komma unter Komma, Zehntel unter Zehntel ...
Die Ergebnisse können negativ sein. Zur Verdeutlichung hilft die Zahlengerade.
Werden mehrere Beträge abgezogen, gibt es drei Möglichkeiten:

1. Schriftlich subtrahieren: Spaltenweise die Ziffern von unten nach oben addieren, wobei die oberste Ziffer nicht dazuaddiert wird. Die Summe der jeweiligen Spalte wird von der obersten Ziffer subtrahiert, Zehner werden übertragen.
2. Addition aller abzuziehenden Beträge: Zunächst werden alle Beträge, die subtrahiert werden sollen, addiert. Diese Summe wird dann von der ersten Zahl subtrahiert.
3. Zwischenergebnisse: Der erste Betrag wird abgezogen und es wird ein Zwischenergebnis gebildet. Von diesem Zwischenergebnis wird der zweite Betrag abgezogen usw.

Aufgaben

Subtrahieren Sie folgende Zahlen:

Beispiel

315 − 119,5 − 9,008

	315,000
−	*119,500*
−	*9,008*
	(Übertrag: 121 11)
	186,492

114,8 − 200,45

947 − 0,001 − 23,97

835,01 − 104,2

8 900 − 0,301 − 25,99 − 4 321

564,790 − 800,429

Zusammenfassung

1. Schreiben Sie die zu subtrahierenden Zahlen stellenrichtig untereinander.
2. Subtrahieren Sie die einzelnen Spalten, beginnen Sie mit der Spalte rechts.
3. Schreiben Sie die Differenz unter die Spalte.
4. Zehnerüberschreitungen werden in die nächste Spalte übertragen.

	Hunderter	Zehner	Einer	Komma	Zehntel	H.stel
	9	0	0	,	4	3
−			6	,	3	6
		1	1		1	
	8	9	4	,	0	7

Liegt das Ergebnis im **negativen Bereich**, verdeutlichen Sie sich die Aufgabe mithilfe einer Zahlengerade.

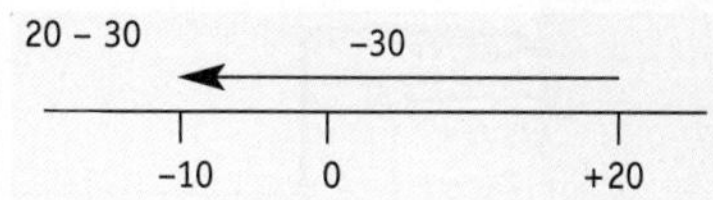

Sind mehrere Zahlen abzuziehen, gehen Sie auf folgende Weise vor:

1. Schreiben Sie die zu subtrahierenden Zahlen stellenrichtig untereinander.
2. Addieren Sie die einzelnen Spalten von unten nach oben, addieren Sie die Ziffer in der obersten Zeile nicht dazu. Subtrahieren Sie die Summe von der obersten Zahl.
3. Schreiben Sie die Differenz zwischen der Summe und der obersten Zahl unter die Spalte.
4. Zehnerüberschreitungen werden in die nächste Spalte übertragen.

	Hunderter	Zehner	Einer	Komma	Zehntel	H.stel
	9	0	0	,	4	3
−			6	,	8	6
−		2	7			
	1	2	1		1	
=	8	6	6	,	5	7

Oder: Addieren Sie zunächst alle abzuziehenden Zahlen und ziehen Sie diese Summe von der ersten Zahl ab.

			6	,	8	6
+		2	7			
		3	3	,	8	6
	9	0	0	,	4	3
−		3	3	,	8	6
	1	1	1		1	
=	8	6	6	,	5	7

Oder: Ziehen Sie die abzuziehenden Zahlen einzeln ab und bilden Sie Zwischenergebnisse.

	9	0	0	,	4	3
−			6	,	8	6
	1	1	1		1	
=	8	9	3	,	5	7
−		2	7			
		1				
=	8	6	6	,	5	7

1.6 Addition und Subtraktion in einer Aufgabe

Beispiel

Timo schaut sich seine Kontoauszüge an: Am Anfang des Monats hatte er ein Guthaben von 105,89 €. Dann hob er einmal 20 € und einmal 30 € ab. Später zahlte er 60 € ein. Daraufhin hob er nochmals 100 € ab und erhielt eine Überweisung von 12,58 €.

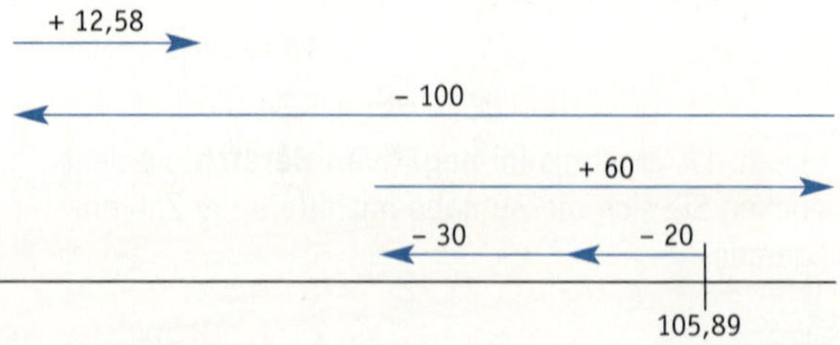

In diesem Fall sind Zu- und Abgänge, also Additionen und Subtraktionen, in einer Aufgabe enthalten.

105,89 € - 20 € - 30 € + 60 € - 100 € + 12,58 €

1. Möglichkeit:

Nach jedem einzelnen Schritt können Zwischenergebnisse gebildet werden (vgl. Subtrahieren mehrerer Zahlen):

105,89 €	Betrag auf dem Konto
- 20,00 €	← 1. Subtraktion
85,89 €	← Zwischenergebnis
- 30,00 €	← 2. Subtraktion
55,89 €	← Zwischenergebnis
+ 60,00 €	← 1. Addition
1	
115,89 €	← Zwischenergebnis
- 100,00 €	← 3. Subtraktion
15,89 €	← Zwischenergebnis
+ 12,58 €	← 2. Addition
1 1	
28,47 €	← Endergebnis

2. Möglichkeit:

Es werden zunächst alle Zugänge, d. h. alle zu addierenden Zahlen, zusammengezählt und zur ersten Zahl dazugezählt. Dann werden alle Abgänge addiert und diese Summe vom Ergebnis der Zugänge und des Anfangsbestandes abgezogen.

	105,89 €		Betrag auf dem Konto
+	60,00 €	←	1. Addition
+	12,58 €	←	2. Addition
	1 1		
	178,47 €	←	Ergebnis Anfangsbestand plus Zugänge
	20,00 €	←	1. abzuziehende Zahl
+	30,00 €	←	2. abzuziehende Zahl
+	100,00 €	←	3. abzuziehende Zahl
	150,00 €	←	Summe der abzuziehenden Zahlen
	178,47 €	←	Ergebnis Anfangsbestand plus Zugänge
–	150,00 €	←	Summe der abzuziehenden Zahlen
	28,47 €	←	Endergebnis

Muss innerhalb einer Aufgabe addiert und subtrahiert werden, gibt es zwei Möglichkeiten:

1. Es wird immer nur eine Zahl addiert oder subtrahiert und das Zwischenergebnis ausgerechnet. Zu diesem Zwischenergebnis wird dann die nächste Zahl addiert oder davon subtrahiert.
2. Alle zu addierenden Zahlen werden zusammengezählt. Dann werden alle abzuziehenden Zahlen zusammengezählt. Die Summe der abzuziehenden Zahlen wird von der Summe der zusammenzuzählenden Zahlen abgezogen.

Aufgaben

Subtrahieren Sie folgende Zahlen:

Beispiel

315 – 119,5 + 9,008

	315,000
–	*119,500*
	1 1 1
	195,500
+	*9,008*
	204,508

114,8 + 31 – 8,42

947 – 0,001 + 23,97

835,01 – 104,2 + 150 – 1,097

8 900 + 0,301 – 25,99 + 4 321

564,790 – 2,04 + 97 + 56,8

Zusammenfassung

Rechnen Sie mit Zwischenergebnissen.

	Hunderter	Zehner	Einer	Komma	Zehntel	H.stel
	5	0	0	,	9	5
−			4	,	5	6
	1	1			1	
=	4	9	6	,	3	9
+		1	0			
	5	0	6	,	3	9
−		2	5			
	1					
=	4	8	1	,	3	9
+		5	0	,	7	5
	1		1		1	
	5	3	2	,	1	4

Oder: Addieren Sie zunächst alle zu addierenden Zahlen.

	5	0	0	,	9	5
+		1	0			
+		5	0	,	7	5
			1		1	
=	5	6	1	,	7	0

Addieren Sie dann alle abzuziehenden Zahlen.

		4	,	5	6
+	2	5			
=	2	9	,	5	6

Ziehen Sie dann die Summe der abzuziehenden Zahlen von der Summe der zu addierenden Zahlen ab.

	5	6	1	,	7	0
−		2	9	,	5	6
		1			1	
=	5	3	2	,	1	4

1.7 Multiplikation

Anna bekommt von ihrer Oma jeden Monat 12,50 € auf ihr Konto. Sie will ausrechnen, wie viel das im Jahr ist.

Beispiel

```
1 2 , 5 0 · 1 2
---------------
    1 2 5 0
      2 5 0 0
          1
---------------
    1 5 0, 0 0
===============
```

Als Erstes wird die 1. Stelle der 2. Zahl (hier also die 1 von der 12) mit allen Stellen der 1. Zahl beginnend von rechts multipliziert und darunter geschrieben. Denselben Vorgang wiederholt man mit der nächsten Stelle der 2. Zahl. Sind alle Stellen durchgerechnet, werden die Ergebnisse addiert.

Achtung: Das Komma wird so platziert, dass im Ergebnis gleich viele Stellen hinter dem Komma stehen wie in der Aufgabenzeile!

Multiplizieren Sie nach dem Ihnen bekannten Verfahren.
Zählen Sie die Stellen rechts vom Komma in der Aufgabenzeile.
In der Ergebniszeile müssen es genau gleich viele Stellen sein.

Aufgaben

Multiplizieren Sie folgende Zahlen:

Beispiel

14,7 • 3,8
441
1176
55,86

0,58 • 53   19,5 • 0,15   47,96 • 52,8
2,574 • 0,109   54,807 • 5,67

Zusammenfassung

1. Multiplizieren Sie die 1. Stelle der 2. Zahl nacheinander mit allen Stellen der ersten Zahl, von rechts nach links.
2. Schreiben Sie Ergebnisse darunter, Zehnerüberschritte werden übertragen.
3. Verfahren Sie mit den nächsten Stelle der 2. Zahl ebenso.
4. Addieren Sie die Ergebnisse.
5. Zählen Sie die Stellen rechts vom Komma in der 1. Zeile. Setzen Sie das Komma im Ergebnis so, dass gleich viele Stellen rechts vom Komma sind wie in der Aufgabenzeile.

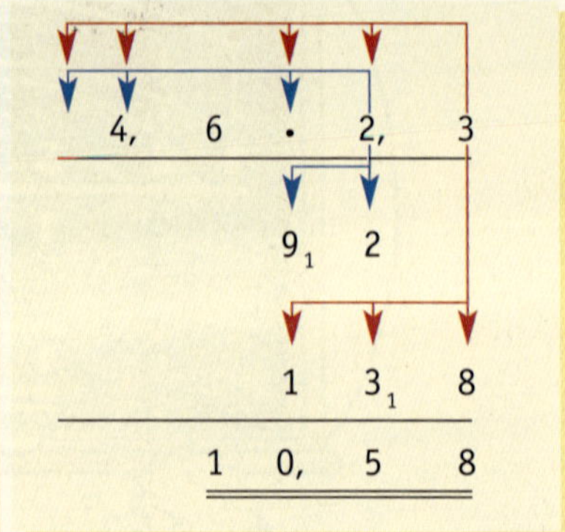

1.8 Division

Beispiel

Marco bezahlt für die Versicherung für seinen Motorroller 135 € im Jahr. Er will wissen, wie viel er pro Monat für die Versicherung ausgeben muss.

```
1 3 5 : 1 2 = 1 1, 2 5
1 2
  1 5
  1 2
    3 0
    2 4
      6 0
      6 0
      0 0
```

Es wird zunächst geprüft, wie oft der Teiler (12) in die ersten Stellen der zu teilenden Zahl ganz hineinpasst. In 13 passt 12 einmal, also wird die 1 als Ergebnis notiert. Mit dieser Zahl multipliziert man den Teiler (1 · 12) und schreibt das Produkt unter die ersten Ziffern der zu teilenden Zahl. Die Differenz ergibt mit der nächsten Ziffer die neue Zahl, durch die geteilt werden muss (hier 15). Sind keine Ziffern in der zu teilenden Zahl mehr vorhanden, setzt man im Ergebnis ein Komma und kann beliebig viele Nullen als weitere Ziffern einsetzen.

Geht die Division lange nicht auf, wird sinnvoll gerundet (in der Regel auf 2 Stellen hinter dem Komma).

Vergleichen Sie hierzu auch Kapitel 1.2, „Zahlen runden".

Achtung: Im Teiler darf kein Komma sein. Um es wegzubekommen, multipliziert man den Teiler und die zu teilende Zahl mit 10 oder 100 oder 1 000. Man kann auch sagen, man verschiebt das Komma bei Teiler und zu teilender Zahl nach rechts. Da man bei Teiler und zu teilender Zahl mit der gleichen Zahl multipliziert, ändert sich am Ergebnis nichts.

Aus 189 : 4,9	macht man	1 890 : 49
Aus 14,56 : 5,3	macht man	145,6 : 53
Aus 271,4 : 2,17	macht man	21 740 : 217

Dividieren Sie nach dem Ihnen bekannten Verfahren.
Im Teiler darf kein Komma sein. Deshalb „verschiebt“ man es nach rechts hinter den Teiler. In der zu teilenden Zahl muss das Komma um dieselbe Anzahl von Stellen verschoben werden. Hat die zu teilende Zahl kein Komma, werden entsprechend viele Nullen angehängt.
Geht die Division lange nicht auf, wird sinnvoll gerundet.

Aufgaben

Dividieren Sie folgende Zahlen:

Beispiel

98,41 : 4,6

```
984,1 : 46 = 21,393 ≈ 21,39
92
 64
 46
 181
 138
  430
  414
   160
   138
    22
```

520 : 15,8

0,45 : 0,91

984,5 : 0,52

2,61 : 14,5

61,8 : 2,04

Zusammenfassung

1. Im Teiler darf kein Komma sein. „Verschieben“ Sie es nach rechts und multiplizieren Sie die zu teilende Zahl entsprechend oft mit 10.
2. Ermitteln Sie, wie oft der Teiler in die ersten Stellen der zu teilenden Zahl ganz hineinpasst. Notieren Sie diese Zahl als 1. Stelle des Ergebnisses.
3. Multiplizieren Sie den Teiler mit dieser Zahl und schreiben Sie das Ergebnis unter die ersten Ziffern der zu teilenden Zahl.
4. Ziehen Sie dieses Ergebnis von den 1. Stellen der zu teilenden Zahl ab. „Hängen“ Sie die nächste Stelle der zu teilenden Zahl rechts daran. Ermitteln Sie, wie oft der Teiler in diese Zahl hineinpasst. Notieren Sie diese Zahl als 2. Stelle des Ergebnisses.
5. Verfahren Sie wie bei Schritt 3. Sind alle Stellen der zu teilenden Zahl angehängt, wird hinter das Ergebnis ein Komma gesetzt. Nun können beliebig oft „Nullen“ angehängt werden.
6. Runden Sie das Ergebnis sinnvoll, wenn die Division nicht vorher aufgeht.

```
  8 6 : 2, 7
8 6 0 : 2 7

8 6 0 : 2 7 = 3 1, 8 5 1 ≈ 31,85
8 1
  5 0
  2 7
  2 3 0
  2 1 6
    1 4 0
    1 3 5
        5 0
        2 7
        2 3
```

1.9 Potenzen und Quadratwurzeln

Beispiel

Patrick hat Geburtstag. Da seine Freunde wissen, dass er sehr gerne quadratische Schokolade isst, bekommt er insgesamt 4 Tafeln dieser Schokolade. Jede Tafel ist in 4 Reihen mit je 4 Stückchen Schokolade unterteilt. Patrick überlegt sich, wie viel einzelne Schokoladenstückchen er wohl hat.

4 Tafeln mit 4 Reihen mit je 4 Stückchen:

$$4 \cdot 4 \cdot 4 = 64$$

Wird eine Zahl mit sich selber multipliziert, kann man das auch als Potenz schreiben:

$$4 \cdot 4 \cdot 4 = 4^3$$

Die Zahlen in einer Potenz haben folgende Bezeichnungen und Funktionen:

$$4^3$$

Hochzahl (Exponent): Gibt an, wie oft die Grundzahl mit sich selber multipliziert werden muss.

Grundzahl (Basis): Diese Zahl muss so oft mit sich selber multipliziert werden, wie die Hochzahl angibt.

Sprich: „4 hoch 3“

Vergleichen Sie hierzu auch Kapitel 8.8, „Flächeninhalt beim Quadrat".

Potenziert man eine Zahl mit 2, kann man statt „x hoch 2" auch „x im Quadrat" sagen. Das kommt daher, weil bei der Flächenberechnung eines Quadrates die Seitenlängen mit sich selber multipliziert werden.

$$4^2 = 16$$

Beim Potenzieren steigt das Ergebnis mit der Erhöhung der Hochzahl sehr rasch nach oben. Eine Tafel mit 4^2 Stückchen sind 16 Stückchen. Patrick bekommt aber 4 Tafeln und somit $4 \cdot 4^2$, also 4^3 und das sind schon 64 Stückchen. Hätte jeder von Patricks Freunden 4 Tafeln mitgebracht, wären es schon 4^4 gleich 256 Stückchen.

Achtung: Häufig wird der Fehler gemacht, dass die Grundzahl nicht mit sich selber malgenommen wird, sondern mit der Hochzahl.

4^2 bedeutet nicht $4 \cdot 2$, sondern die Zahl 4 zweimal mit sich selber malgenommen: also $4 \cdot 4$.

Wird eine Zahl mit sich selber malgenommen, kann man dies als Potenz schreiben. Die Grundzahl ist die Zahl, die malgenommen wird, die Hochzahl sagt aus, wie oft die Grundzahl mit sich selber malgenommen werden muss.

Aufgaben

Berechnen Sie folgende Aufgaben:

Beispiel

$7^3 = 7 \cdot 7 \cdot 7 = 343$

5^4 4^3 3^4 6^2 10^3

Wird eine Potenz mit einer positiven Grundzahl und der Hochzahl 2 umgekehrt gerechnet, erhält man die Quadratwurzel (ab jetzt verallgemeinernd mit Wurzel bezeichnet):

$$4^2 = 16 \longrightarrow \sqrt{16} = 4$$

Anders ausgedrückt:

$$4 \cdot 4 = 16 \longrightarrow \sqrt{16} = 4$$

Die Wurzel einer positiven Zahl x ist die Zahl, die mit sich selbst multipliziert x ergibt.

Da es sehr schwierig sein kann, die Wurzel einer Zahl auszurechnen, sie andererseits mit den meisten Taschenrechnern berechnet werden kann, genügt es, die Wurzeln der Quadratzahlen zu kennen. Quadratzahlen sind die Ergebnisse von ganzen Zahlen, die mit sich selber malgenommen wurden, also die Hochzahl 2 haben.

Übersicht Quadratzahlen und Wurzeln:

$1^2 = 1$	$\longleftrightarrow$	$\sqrt{1} = 1$
$2^2 = 4$	$\longleftrightarrow$	$\sqrt{4} = 2$
$3^2 = 9$	$\longleftrightarrow$	$\sqrt{9} = 3$
$4^2 = 16$	$\longleftrightarrow$	$\sqrt{16} = 4$
$5^2 = 25$	$\longleftrightarrow$	$\sqrt{25} = 5$
$6^2 = 36$	$\longleftrightarrow$	$\sqrt{36} = 6$
$7^2 = 49$	$\longleftrightarrow$	$\sqrt{49} = 7$
$8^2 = 64$	$\longleftrightarrow$	$\sqrt{64} = 8$
$9^2 = 81$	$\longleftrightarrow$	$\sqrt{81} = 9$
$10^2 = 100$	$\longleftrightarrow$	$\sqrt{100} = 10$
$11^2 = 121$	$\longleftrightarrow$	$\sqrt{121} = 11$
$12^2 = 144$	$\longleftrightarrow$	$\sqrt{144} = 12$

Zusammenfassung

Beim Potenzieren sagt uns eine Hochzahl, wie oft eine Grundzahl mit sich selber multipliziert werden muss.

$$5^3 = 5 \cdot 5 \cdot 5 = 125$$

(Hochzahl: 3; Grundzahl: 5)

Die Wurzel einer positiven Zahl x ist die Zahl, die mit sich selbst multipliziert x ergibt.

$\sqrt{x} = a \cdot a$, wenn $a \cdot a = x$
bzw. $a^2 = x$

1.10 Punkt-vor-Strich-Regel und Klammer-Regel

Beispiel

Anna überlegt: Wenn sie zu den 12,50 €, die sie monatlich von ihrer Oma bekommt, selbst nochmals 5 € monatlich dazulegt und dieses Geld spart, wie viel hat sie dann nach einem Jahr zusammen?

Anna erinnert sich an die Punkt-vor-Strich-Regel und rechnet:

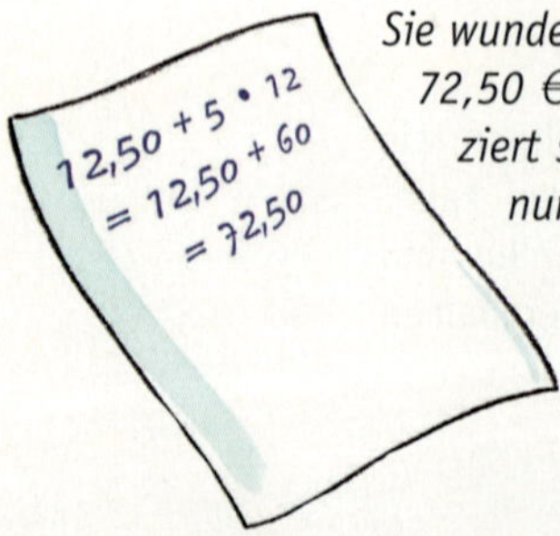

Sie wundert sich: Die 12,50 € von der Oma sind allein doch schon mehr als 72,50 €. Ihr fällt auf: Wenn sie so rechnet wie auf dem Blatt, multipliziert sie ja nur ihre 5 € mit 12 und die 12,50 € von ihrer Oma werden nur einmal dazugezählt.

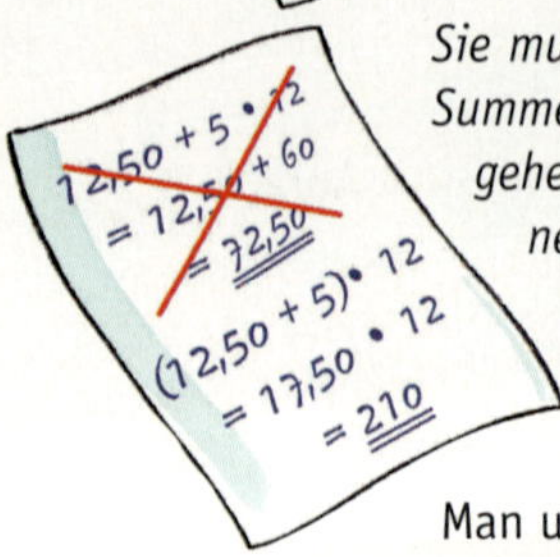

Sie muss also erst die 12,50 € und die 5 € zusammenzählen und dann die Summe mit 12 multiplizieren. Also muss sie die Punkt-vor-Strich-Regel umgehen. Das macht sie, indem sie den Teil der Aufgabe, der zuerst gerechnet werden soll, in Klammern setzt:

Üblicherweise wird eine Rechenaufgabe von links nach rechts gerechnet. Die Reihenfolge wird zudem von der Art der Rechenzeichen beeinflusst.

Man unterscheidet:

- Punktzeichen (· und :), weil diese Rechenzeichen aus Punkten bestehen, und
- Strichzeichen (+ und –), weil diese Rechenzeichen aus Strichen bestehen.

Für die Reihenfolge gilt die

- **Punkt-vor-Strich-Regel: Punktrechnungen werden vor Strichrechnungen gerechnet.**

Stärker als die Punkt-vor-Strich-Regel ist die

- **Klammer-Regel: Was in Klammern steht wird zuerst gerechnet.**

Achtung: Sind innerhalb einer Klammer sowohl Punkt- als auch Strichzeichen, gilt in dieser Klammer die Punkt-vor-Strich-Regel:

$$15 + (8 + 2 \cdot 3) : 2 =$$

$$15 + (8 + 6) : 2 =$$

$$15 + 14 : 2 =$$

$$15 + 7 = 22$$

Potenzen und Wurzeln sind ja nur andere Schreibweisen für eine Multiplikationsrechnung. Sie sind daher wie Punktrechnungen zu behandeln:

$3 + 7^3 - 6 : (5 - 3) =$

$3 + 7^3 - 6 : 2 =$

$8 + 7 \cdot 7 \cdot 7 - 6 : 2 =$

$8 + 343 - 3 = 348$

$100 : (\sqrt{81} + 4 \cdot 4) - 3 =$

$100 : (9 + 4 \cdot 4) - 3 =$

$100 : (9 + 16) - 3 =$

$100 : 25 - 3 =$

$4 - 3 = 1$

Rechenaufgaben werden von links nach rechts gerechnet. Ausnahmen:

- Punkt-vor-Strich-Regel: Punktrechnungen (· und :) werden vor Strichrechnungen (+ und –) gerechnet.
- Klammer-Regel: Was in der Klammer steht wird zuerst gerechnet.

Innerhalb einer Klammer gilt die Punkt-vor-Strich-Regel.
Potenzen und Wurzeln sind als Punktrechnungen vor den Strichrechnungen zu rechnen.

Aufgaben

Rechnen Sie folgende Aufgaben:

Beispiel

$14 : 7 + (19 - 12 : \sqrt{16}) =$
$14 : 7 + (19 - 12 : 4) =$
$14 : 7 + (19 - 3) =$
$14 : 7 + 16 =$
$2 + 16 = 18$

$(35 : 7 + 4) - 2 \cdot 6$

$(20 + 30 : 6) + (6 \cdot 7 - 6^2)$

$15 + 56 : (12 - 4) - \sqrt{25}$

$(16 \cdot 7 : 8) - 4{,}75 + (4 \cdot 4 - 10)$

$(8^2 - 3) : (3 \cdot \sqrt{9})$

Zusammenfassung

- Rechnen Sie zuerst die Klammer aus.
- Innerhalb der Klammern zuerst Punktrechnungen berechnen. Dazu gehören auch Wurzeln und Potenzen. Dann die Strichrechnungen in den Klammern rechnen.
- Wenn alle Klammern ausgerechnet sind, werden die übrigen Punktrechnungen und anschließend die übrigen Strichrechnungen gerechnet.

Punktrechnungen **in** den Klammern rechnen
↓ dann ↓
Strichrechnungen **in** den Klammern rechnen
↓ dann ↓
Punktrechnungen **außerhalb** der Klammern rechnen
↓ dann ↓
Strichrechnungen **außerhalb** der Klammern rechnen

1.11 Üben

Aufgaben

1. Stellen Sie folgende Kontostände grafisch dar (10 € ≈ 1 cm):

a) –35	b) 27	c) –8	d) 10	e) 46
f) –16	g) –89	h) 100	i) 105	j) –39

2. Zu welchen Mengen gehören folgende Zahlen?

a) $-\frac{2}{3}$, 4, 105, 27, 8,5	f) $\frac{4}{7}$, $\frac{8}{5}$, $\frac{26}{107}$, $\frac{3}{9}$
b) 3, 4, 5, 7, 28	g) $-\frac{3}{2}$, $-\frac{2}{9}$, $-\frac{2}{8}$, $-\frac{9}{27}$
c) 0, 2, 3, 4	h) –1,7, 2,8, –9,502, 16,49
d) –4, 0, 70, 83	i) 1 000, 2 000, 3 000, 4 000
e) 6,8, 10,5, 9,7, 9,6	j) –20, –30, –40, –50

3. Runden Sie jede Zahl auf 1 Stelle vor dem Komma, auf 1 Stelle hinter dem Komma und auf 2 Stellen hinter dem Komma:

a) 16,458	f) 6,549
b) 27,010	g) 200,009
c) 99,994	h) 0,054
d) 6,485	i) 9,574
e) 205,736	j) 23,486

4. Füllen Sie folgende Tabelle aus:

Bezeichnung	Zeichen	Ergebnis
	+	
	–	
	·	
	:	

5.

a) 34 + 7,5 + 8	b) 200 + 0,4 + 13
c) 298 + 489 + 87,4	d) 3 874 + 165,9 + 2 100,04
e) 25 + 3 097,9 + 416,2	f) 6 423 + 318 + 979 + 211
g) 8 973 + 698,4 + 288,41 + 1 264,7	
h) 18,4 + 350 + 0,009 + 2 007,848	
i) 4 000 + 0,004 + 397,87 + 5 911,2	
j) 8 729,483 + 6 398,215 + 4 419,06 + 2 929,043	

6.

a) 329,7 – 48,96	f) 497,80 – 23,90 – 49,68
b) 52 – 84,70	g) 8 449 – 182,70 – 1 991,04
c) 4 974,20 – 2 184,32	h) 4 789,29 – 0,34 – 299,45
d) 49,76 – 107,29	i) 6 231 – 1 388 – 612
e) 648 – 23 – 91	j) 9 289,81 – 8 998,92 – 99,84

7.

Aufgaben

a) 26 + 14 – 8 – 17
b) 400 – 28,70 – 90,84 + 184
c) 14,50 – 3,28 + 61,74 + 48,87
d) 8 421 + 917,40 – 547,55 – 694,26
e) 298,14 – 49,34 – 51,83 – 98,48 + 24
f) 397 + 26,43 + 18,95 – 26,94 – 29,95
g) 1 836 + 29 – 341,73 + 491 + 35,08
h) 49,2 + 188,04 – 211,03 – 19,96 + 1 095,86
i) 8 471,29 – 6 153,08 – 1 495,44 – 200,87 + 5 543,06
j) 3 429,85 + 3 518,14 – 2 318,47 + 5 112,51 – 8 113,41

8.

a) 43 • 12	f) 43,8 • 6,19
b) 8,6 • 47	g) 56,43 • 2,8
c) 3,5 • 7,9	h) 192,8 • 55,4
d) 219 • 8,4	i) 64,231 • 47,5
e) 6,92 • 1,8	j) 284,13 • 97,6

9. Runden Sie auf 2 Stellen hinter dem Komma, falls erforderlich:

a) 224 : 7	f) 88,5 : 2,5
b) 78,2 : 17	g) 41,7 : 0,19
c) 437 : 1,9	h) 145,7 : 1,05
d) 155,4 : 7,4	i) 635,85 : 24,9
e) 83,4 : 1,25	j) 918 : 0,14

10. Schreiben Sie die Potenzen ausführlich und rechnen Sie sie aus:

a) 8^3	b) 7^2	c) 2^6	d) 3^5	e) 4^4
f) 1^4	g) 5^5	h) 9^3	i) 6^3	j) 10^4

11. Schreiben Sie die Wurzeln ausführlich und rechnen Sie sie aus:

a) $\sqrt{4}$	b) $\sqrt{16}$	c) $\sqrt{9}$	d) $\sqrt{81}$	e) $\sqrt{36}$
f) $\sqrt{25}$	g) $\sqrt{49}$	h) $\sqrt{144}$	i) $\sqrt{121}$	j) $\sqrt{64}$

12.

a) 4 + 3 • 7	f) $44 : \sqrt{16} + 8$
b) (4 + 3) • 7	g) $(12{,}5 - 7{,}5 : 3) : \sqrt{16}$
c) 24 : 8 • (2 + 3)	h) $(16 - 6^2 : 4) + 45 : 9$
d) (5 + 42 : 6) + 64 : 8	i) $(16 + \sqrt{64}) : 3 - 7$
e) $4^3 + 12 : 3$	j) $(5^3 - 45) : (32 - \sqrt{144})$

2 Rechnen mit Brüchen

2.1 Wozu Bruchrechnen?

Beispiel

Anna, Marco und Timo zählen ihr Geld. Wenn sie zusammenlegen, reicht es für 2 runde Pizzen.

Jeder erhält also $\frac{2}{3}$ *Pizza. 2 Pizzen werden an 3 Leute aufgeteilt.*

Ein Bruch ist eine andere Schreibweise für eine Geteiltaufgabe:

$$2 : 3 = \frac{2}{3}$$

Aufgaben

Schreiben Sie die Brüche auf:

Beispiel

4 : 7 = $\frac{4}{7}$

5 : 18   2 : 5   3 : 41   12 : 125   31 : 2 114

Die Bestandteile des Bruches heißen:

$$\frac{2}{3}$$

- 2 → Zähler (*zählt* die Anzahl der Teile)
- Bruchstrich (entspricht dem Geteilt-Zeichen)
- 3 → Nenner (*nennt* die Zahl, durch die geteilt werden muss)

Beispiel

Bevor die drei Schüler die Pizzen zerschneiden, kommt Selma dazu. Logisch, dass auch sie ihren Anteil erhält:

2 : 4 = $\frac{3}{4}$

Natürlich hat jetzt jeder ein etwas kleineres Stück.

Wenn der Nenner größer wird, wird das Ergebnis kleiner!

2.2 Kürzen von Brüchen

Beispiel

Anna, Marco, Timo und Selma haben jeder $\frac{2}{4}$ Pizza. Man könnte auch sagen, jeder hat $\frac{1}{2}$ Pizza.

$$\frac{2}{4} = \frac{1}{2}$$

Teilt man Zähler (Z) und Nenner (N) eines Bruches mit derselben Zahl (z. B. x), ändert sich der Wert des Bruches nicht! Man nennt das „**Kürzen**".	Kürzen: Z : x N : x

Aufgaben

Kürzen Sie mit 2:

Beispiel

$\frac{4}{14} = \frac{2}{7}$

$\frac{6}{8}$ $\frac{6}{10}$ $\frac{8}{10}$ $\frac{6}{26}$ $\frac{18}{100}$

Selbstverständlich kann man Brüche auch mit jeder anderen Zahl kürzen. Man muss nur beachten, dass man Zähler und Nenner mit **derselben** Zahl teilt!

$\frac{3}{9} = \frac{1}{3}$ (gekürzt mit 3)

$\frac{12}{16} = \frac{3}{4}$ (gekürzt mit 4)

$\frac{25}{35} = \frac{5}{7}$ (gekürzt mit 5)

Beim Kürzen muss man erkennen, ob und wenn ja, durch welchen Teiler sich eine Zahl teilen lässt. Die Zahlen 10, 20, 40, 50, 100, 210 sind alle durch 10 teilbar. Also kann man beispielsweise

$\frac{10}{20}$ $\frac{40}{50}$ $\frac{100}{210}$

mit 10 kürzen, weil Zähler **und** Nenner durch 10 teilbar sind.

$\frac{10}{20} = \frac{1}{2}$ $\frac{40}{50} = \frac{4}{5}$ $\frac{100}{210} = \frac{10}{21}$

1. Teilbarkeitsregel: Mehrstellige Zahlen, deren letzte Ziffer eine 0 ist, lassen sich durch 10 teilen.

Die Zahlen 2, 4, 6, 8, 10, 12 ... sind alle durch 2 teilbar. Also kann man z. B.

$\frac{4}{6}$ $\frac{2}{12}$ $\frac{8}{10}$

mit 2 kürzen, weil Zähler **und** Nenner durch 2 teilbar sind.

$\frac{4}{6} = \frac{2}{3}$ $\frac{2}{12} = \frac{1}{6}$ $\frac{8}{10} = \frac{4}{5}$

2. Teilbarkeitsregel: Gerade Zahlen lassen sich durch 2 teilen.

Die Zahlen 5, 10, 15, 20, 25 ... sind alle durch 5 teilbar. Also kann man z. B.

$\frac{5}{10}$ $\frac{15}{25}$ $\frac{10}{45}$

mit 5 kürzen, weil Zähler **und** Nenner durch 5 teilbar sind.

$\frac{5}{10} = \frac{1}{2}$ $\frac{15}{25} = \frac{3}{5}$ $\frac{10}{45} = \frac{2}{9}$

3. Teilbarkeitsregel: Zahlen, die auf 5 oder 0 enden, lassen sich durch 5 teilen.

Um herauszufinden, ob sich Zahlen durch 3 oder 9 teilen lassen, muss man die Quersumme ermitteln.
Die Quersumme ist die Summe aller Ziffern einer Zahl.
Anders ausgedrückt: Zählt man die einzelnen Stellen einer Zahl zusammen, erhält man die Quersumme.

Beispiel

Quersumme der Zahl *15 → 1 + 5 = 6*
Quersumme der Zahl *18 → 1 + 8 = 9*
Quersumme der Zahl *354 → 3 + 5 + 4 = 12*
Quersumme der Zahl *9209 → 9 + 2 + 0 + 9 = 20*

4. Teilbarkeitsregel: Zahlen, deren Quersummen durch 3 teilbar sind, sind selber auch durch 3 teilbar.

Beispiel

Die Zahlen 15 und 354 sind also durch 3 teilbar, weil ihre Quersummen (6 bzw. 12) auch durch 3 teilbar sind.

5. Teilbarkeitsregel: Zahlen, deren Quersummen durch 9 teilbar sind, sind selber auch durch 9 teilbar.

Beispiel

Die Zahl 18 ist durch 9 teilbar, weil ihre Quersumme (9) auch durch 9 teilbar ist. Gegenbeispiel: Die Zahl 9 209 ist weder durch 3 noch durch 9 teilbar, weil ihre Quersumme (20) auch nicht durch 3 oder 9 teilbar ist.

Aufgaben

Bilden Sie die Quersummen. Ermitteln Sie, welche der Zahlen durch 3 oder 9 teilbar sind:

Beispiel

96 → das bedeutet 9 + 6 = 15, das bedeutet 96 ist durch 3 teilbar

3 117	125	200	211	559 901	502 614	3 412

Zusammenfassung

- Gerade Zahlen sind durch 2 teilbar.
- Mehrstellige Zahlen, die auf 0 enden, sind durch 10 teilbar.
- Zahlen, die auf 0 oder 5 enden, sind durch 5 teilbar.
- Zahlen, deren Quersummen durch 3 teilbar sind, sind durch 3 teilbar.
- Zahlen, deren Quersummen durch 9 teilbar sind, sind durch 9 teilbar.

Aufgaben

Kürzen Sie mit verschiedenen Zahlen:

Beispiel

$\frac{8}{20} = \frac{4}{10} = \frac{2}{5}$

$\frac{14}{30}$ $\frac{45}{55}$ $\frac{60}{70}$ $\frac{35}{49}$ $\frac{36}{45}$

Zusammenfassung:

Zähler (Z) und Nenner (N) werden mit derselben Zahl (x) geteilt: Dadurch ändert sich der Wert des Bruches nicht!

$$\frac{Z : x}{N : x}$$

2.3 Erweitern von Brüchen

Beispiel

Um seine Pizza besser essen zu können, schneidet Timo seine Viertel nochmals in der Mitte durch.

$\frac{2}{4} = \frac{4}{8}$

Nimmt man Zähler (Z) und Nenner (N) eines Bruches mit derselben Zahl (z. B. x) mal, ändert sich der Wert des Bruches nicht! Man nennt das „Erweitern".

Erweitern: $\frac{Z \cdot x}{N \cdot x}$

Aufgaben

Erweitern Sie mit 2:

Beispiel

$\frac{4}{14} = \frac{8}{28}$

$\frac{6}{8}$ $\frac{6}{10}$ $\frac{5}{10}$ $\frac{6}{26}$ $\frac{18}{100}$

Selbstverständlich kann man Brüche auch mit jeder anderen Zahl erweitern. Genau wie beim Kürzen muss man nur beachten, dass man Zähler und Nenner mit **derselben** Zahl malnimmt!

$\frac{1}{3} = \frac{3}{9}$ (erweitert mit 3)

$\frac{3}{4} = \frac{12}{16}$ (erweitert mit 4)

$\frac{5}{7} = \frac{25}{35}$ (erweitert mit 5)

Aufgaben

Erweitern Sie jeden Bruch mit 3, 4, 5 und 10:

Beispiel

$\frac{8}{20} = \frac{24}{60} = \frac{32}{80} = \frac{40}{100} = \frac{80}{200}$

$\frac{12}{30}$ $\frac{4}{5}$ $\frac{2}{7}$ $\frac{6}{11}$ $\frac{5}{9}$

Zusammenfassung

Zähler (Z) und Nenner (N) werden mit derselben Zahl (x) malgenommen: Dadurch ändert sich der Wert des Bruches nicht!

$\frac{Z \cdot x}{N \cdot x}$

2.4 Verwandeln von gemischten Zahlen in unechte Brüche

Beispiel

Patrick trifft auf die vier Freunde. Er bekommt Appetit und kauft sich auch eine halbe Pizza.

Zusammen haben sie jetzt $2\frac{1}{2}$ Pizzen oder 5 halbe Pizzen. $2\frac{1}{2}$ ist eine gemischte Zahl. Man kann sie in einen Bruch verwandeln.
Die Zahl vor dem Bruch sagt uns, wie viele Ganze wir haben. Die Ganzen lassen sich in einen Bruch verwandeln, indem man sie mit dem Nenner des Bruches malnimmt.

$2\frac{1}{2}$ Pizzen = $\frac{4}{2}$ Pizzen + $\frac{1}{2}$ Pizza

Nun müssen die beiden Brüche nur noch addiert werden.

$\frac{4}{2}$ Pizzen + $\frac{1}{2}$ Pizza = $\frac{5}{2}$ Pizzen

Wir haben also die Zahl vor dem Bruch mit dem Nenner malgenommen. Zählt man den Zähler des Bruches dazu, erhält man den neuen Zähler, der Nenner bleibt derselbe.

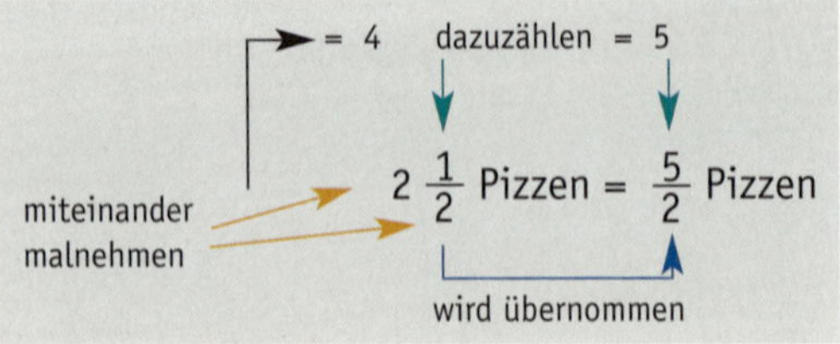

Gemischte Zahlen verwandelt man in Brüche, indem man die Zahl vor dem Bruch mit dem Nenner multipliziert und den Zähler des Bruches dazuzählt. Der Nenner wird übernommen. Solche Brüche, die größer sind als ein Ganzes, bei denen also der Zähler größer ist als der Nenner, nennt man „unechte Brüche".

Aufgaben

Wandeln Sie folgende gemischte Zahlen in unechte Brüche um:

Beispiel

$3\frac{2}{5} = \frac{17}{5}$

$4\frac{1}{3}$ $1\frac{3}{4}$ $5\frac{4}{5}$ $7\frac{5}{8}$ $7\frac{11}{12}$

Zusammenfassung

Umwandeln gemischter Zahlen in unechte Brüche:
Die Zahl vor dem Bruch wird mit dem Nenner des Bruches malgenommen und zum Zähler dazugezählt. Das Ergebnis ist der neue Zähler. Der Nenner wird übernommen.

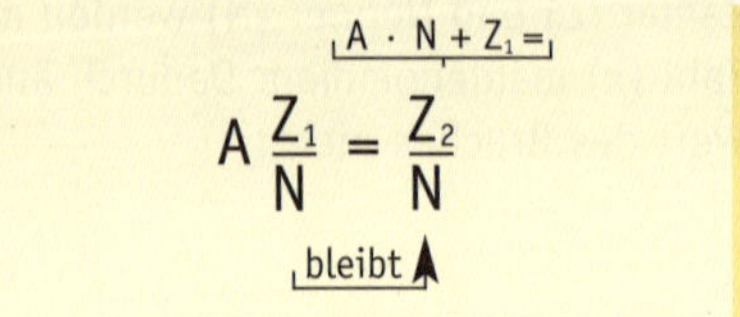

2.5 Verwandeln von unechten Brüchen in gemischte Zahlen

Die Verwandlung von gemischten Zahlen in unechte Brüche geht natürlich auch andersherum. Vor allem am Ende von Aufgaben sollte man das tun, weil eine gemischte Zahl anschaulicher ist als ein unechter Bruch.

s. Kapitel 2.4

$\frac{5}{2}$ Pizzen = $2\frac{1}{2}$ Pizzen

Beim Verwandeln eines unechten Bruches in eine gemischte Zahl muss man zunächst ermitteln, wie viele Ganze der Bruch enthält. Dazu teilt man den Zähler durch den Nenner. Das Ergebnis **vor dem Komma (!)** ist die Anzahl der Ganzen, also die Zahl vor dem Bruch. Der Rest der Geteilt-Aufgabe ist der Zähler des Bruches der gemischten Zahl. Der Nenner bleibt gleich.

Rest

geteilt durch $\frac{5}{2}$ Pizzen = $2\frac{1}{2}$ Pizzen

bleibt

Unechte Brüche verwandelt man in gemischte Zahlen, indem man den Zähler durch den Nenner teilt. Das ganzzahlige Ergebnis (also ohne Rest oder ohne Stellen hinter dem Komma) ist die Anzahl der Ganzen. Der Rest der Geteilt-Rechnung ist der neue Zähler der gemischten Zahl. Der Nenner wird übernommen!

Aufgaben

Wandeln Sie die folgenden unechten Brüche in gemischte Zahlen um:

Beispiel

$\frac{14}{5} = 2\frac{4}{5}$

$\frac{13}{3}$ $\frac{5}{4}$ $\frac{52}{5}$ $\frac{69}{8}$ $\frac{65}{12}$

Zusammenfassung

Verwandeln unechter Brüche in gemischte Zahlen:
Der Zähler wird durch den Nenner geteilt.
Das ganzzahlige Ergebnis ist die Zahl vor dem Bruch, der Rest ist der neue Zähler. Der Nenner wird übernommen.

$Z_1 : N =$ Rest

$$\frac{Z_1}{N} = A\,\frac{Z_2}{N}$$

bleibt

2.6 Übersicht

Genau wie andere Zahlen lassen sich Brüche mit den Grundrechenarten miteinander verrechnen. Das bedeutet, man kann Brüche addieren, subtrahieren, multiplizieren und dividieren. Dabei gibt es Regeln:

Rechnen mit Brüchen

+ | - | · | :

2.7 Addition gleichnamiger Brüche

Beispiel

Marco bekommt von Anna ein Viertel Pizza geschenkt. Somit hat Marco insgesamt $\frac{3}{4}$.

$$\frac{2}{4} + \frac{1}{4} = \frac{3}{4}$$

Brüche mit gleichem Nenner (gleichnamige Brüche) addiert man, indem man ihre Zähler zusammenzählt und ihre Nenner einfach stehen lässt!

$$\frac{Z + Z}{N \text{ bleibt}}$$

Kürzen Sie beim Addieren gleichnamiger Brüche das Ergebnis so weit wie möglich:

$$\frac{4}{9} + \frac{2}{9} = \frac{6}{9} = \frac{2}{3}$$

Aufgaben

Addieren Sie die folgenden Brüche:

Beispiel

$\frac{3}{8} + \frac{1}{8} = \frac{4}{8} = \frac{1}{2}$

$\frac{3}{11} + \frac{5}{11}$ $\frac{7}{23} + \frac{12}{23}$ $\frac{15}{123} + \frac{4}{123}$

$\frac{3}{54} + \frac{5}{54}$ $\frac{7}{1\,000} + \frac{12}{1\,000}$

Zusammenfassung

Addition gleichnamiger Brüche:
Die Zähler werden zusammengezählt, der Nenner wird übernommen. Wenn möglich: Kürzen und in eine gemischte Zahl umwandeln!

$$\frac{Z + Z}{N \text{ bleibt}}$$

2.8 Subtraktion gleichnamiger Brüche

Beispiel

Nachdem Anna ja ein Viertel ihrer Pizza verschenkt hat, hat sie nur noch ein Viertel.

$$\frac{2}{4} - \frac{1}{4} = \frac{1}{4}$$

Brüche mit gleichem Nenner (gleichnamige Brüche) subtrahiert man, indem man ihre Zähler voneinander abzieht und ihre Nenner einfach lässt!

$$\frac{Z - Z}{N \text{ bleibt}}$$

Auch hier müssen Sie das Ergebnis so weit wie möglich kürzen.

$$\frac{7}{10} - \frac{3}{10} = \frac{4}{10} = \frac{2}{5}$$

Aufgaben

Subtrahieren Sie die folgenden Brüche:

Beispiel

$$\frac{20}{27} - \frac{2}{27} = \frac{18}{27} = \frac{2}{3}$$

$\frac{13}{15} - \frac{12}{15}$ $\frac{48}{23} - \frac{28}{23}$ $\frac{15}{123} - \frac{4}{123}$ $\frac{8}{54} - \frac{1}{54}$ $\frac{450}{1\,000} - \frac{12}{1\,000}$

Zusammenfassung

Subtraktion gleichnamiger Brüche:
Die Zähler werden zusammengezählt, der Nenner wird übernommen. Wenn möglich: Kürzen und in eine gemischte Zahl umwandeln!

$$\frac{Z - Z}{N \text{ bleibt}}$$

2.9 Addition ungleichnamiger Brüche

Beispiel

Timo hatte seine Pizza ja in vier Achtel zerschnitten. Ein Achtel schenkt er Selma zu ihren zwei Vierteln dazu.

$\left(\frac{2}{4} =\right) \frac{4}{8} \quad + \quad \frac{1}{8} \quad = \quad \frac{5}{8}$

Brüche mit verschiedenen Nennern (ungleichnamige Brüche) kann man so nicht zusammenzählen. Man muss sie zuerst gleichnamig machen (einen gemeinsamen Nenner, den **Hauptnenner,** bilden), ehe man sie addiert.

s. Kapitel 2.3

Den Hauptnenner findet man, indem man die Brüche so erweitert, also Zähler **und** Nenner mit derselben Zahl malnimmt, dass sie denselben Nenner bekommen. Im Beispiel oben musste nur der erste Bruch ($\frac{2}{4}$) erweitert werden ($\frac{2}{4} = \frac{4}{8}$). Manchmal muss man jedoch beide Brüche erweitern:

$\frac{1}{3} \quad + \quad \frac{2}{5}$

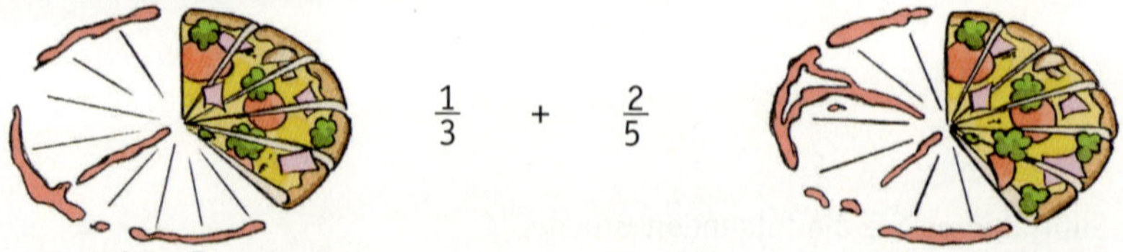

$\frac{1}{3} = \frac{5}{15} \quad + \quad \frac{2}{5} = \frac{6}{15}$

s. Kapitel 2.7

Nachdem die Brüche nun gleichnamig sind, lassen sie sich leicht addieren (Zähler + Zähler, Nenner bleibt).

$\frac{5}{15} \quad + \quad \frac{6}{15} \quad = \quad \frac{11}{15}$

Der Hauptnenner muss also eine Zahl sein, in welche die beiden Nenner ohne Rest hineinpassen. Das bedeutet, er muss ein Vielfaches der beiden Nenner sein. Wenn man auf Anhieb kein gemeinsames Vielfaches findet, kann man einfach die beiden Nenner miteinander malnehmen. Dabei muss dann eine Zahl herauskommen, in die beide Nenner hineinpassen. Dieser Hauptnenner ist dann vielleicht nicht das kleinste gemeinsame Vielfache, beim Kürzen des Ergebnisses gleicht sich das aber wieder aus.

$$\frac{1}{6} + \frac{3}{5} =$$

Die beiden Nenner miteinander malnehmen: 6 · 5 = 30 → Der Hauptnenner ist 30. Der erste Bruch wurde mit 5 erweitert, der zweite mit 6:

$$\frac{1}{6} \longrightarrow \frac{5}{30} \qquad \frac{3}{5} \longrightarrow \frac{18}{30}$$

$$\frac{5}{30} + \frac{18}{30} = \frac{23}{30}$$

Grafisch lässt sich die Vorgehensweise beim Bilden des Hauptnenners mithilfe des **„Zauberkreuzes"** darstellen. Die Doppelpfeile zeigen, welche Zahlen miteinander multipliziert werden müssen

$$\frac{1}{6} + \frac{3}{5} = \frac{5}{30} + \frac{18}{30} = \frac{23}{30}$$

Es müssen also die beiden Nenner multipliziert werden, dann die Zähler jeweils mit dem Nenner des anderen Bruches.
Ein häufiger Fehler besteht darin, dass zwar die Nenner miteinander malgenommen werden und so der Hauptnenner richtig gebildet wird, dann aber beim Malnehmen die Zähler vergessen werden.

Vergessen Sie beim Erweitern nicht auch die Zähler zu multiplizieren!

Kürzen Sie auch hier wieder das Ergebnis so weit wie möglich!

Aufgaben

Addieren Sie die Brüche:

Beispiel

$$\frac{1}{2} + \frac{3}{9} = \frac{9}{18} + \frac{6}{18} = \frac{15}{18} = \frac{5}{6}$$

$\frac{2}{3} + \frac{1}{5}$ $\quad$ $\frac{2}{3} + \frac{1}{6}$ $\quad$ $\frac{1}{2} + \frac{1}{4}$ $\quad$ $\frac{2}{7} + \frac{1}{2}$ $\quad$ $\frac{2}{7} + \frac{2}{3}$

$\frac{3}{7} + \frac{1}{4}$ $\quad$ $\frac{3}{8} + \frac{2}{7}$ $\quad$ $\frac{3}{10} + \frac{1}{5}$

Zusammenfassung

Addition ungleichnamiger Brüche:
Durch Erweitern wird zunächst ein gemeinsamer Nenner gesucht, also ein Vielfaches der beiden Nenner. Dazu kann man das „Zauberkreuz" benutzen. Die Zähler werden dann zusammengezählt, der Nenner wird übernommen. Wenn möglich: Kürzen und in eine gemischte Zahl umwandeln!

$$\frac{Z}{N} \quad \frac{Z}{N}$$

$$\frac{Z + Z}{N \text{ bleibt}}$$

2.10 Subtraktion ungleichnamiger Brüche

Beispiel

Wie viel Pizza hat Timo noch, nachdem er Selma $\frac{1}{8}$ Pizza geschenkt hat?

$$\left(\frac{2}{4} =\right) \frac{4}{8} - \frac{1}{8} = \frac{3}{8}$$

Brüche mit verschiedenen Nennern (ungleichnamige Brüche) kann man so nicht voneinander abziehen. Man muss sie zuerst gleichnamig machen (einen gemeinsamen Nenner, den **Hauptnenner,** bilden), ehe man sie subtrahiert.

Die Bildung des Hauptnenners ist im Kapitel 2.9 beschrieben. Natürlich kann auch hier wieder das Zauberkreuz verwendet werden.

$$\frac{3}{5} - \frac{2}{9} = \frac{27}{45} - \frac{10}{45} = \frac{17}{45}$$

Es müssen also die beiden Nenner multipliziert werden, dann die Zähler jeweils mit dem Nenner des anderen Bruches.

Vergessen Sie auch beim Subtrahieren ungleichnamiger Brüche nicht beim Erweitern die Zähler zu multiplizieren!
Kürzen Sie das Ergebnis so weit wie möglich!

Aufgaben

Subtrahieren Sie die Brüche:

Beispiel

$\frac{4}{9} - \frac{2}{5} = \frac{20}{45} - \frac{18}{45} = \frac{2}{45}$

$\frac{9}{10} - \frac{4}{7}$ $\quad$ $\frac{5}{8} - \frac{1}{3}$

$\frac{7}{9} - \frac{1}{4}$ $\quad$ $\frac{6}{7} - \frac{5}{6}$ $\quad$ $\frac{8}{9} - \frac{1}{2}$ $\quad$ $\frac{3}{7} - \frac{4}{11}$ $\quad$ $\frac{5}{12} - \frac{1}{7}$ $\quad$ $\frac{8}{11} - \frac{1}{5}$

Zusammenfassung

Subtraktion ungleichnamiger Brüche:
Durch Erweitern wird zunächst ein gemeinsamer Nenner gesucht, also ein Vielfaches der beiden Nenner. Dazu kann man das „Zauberkreuz" benutzen. Die Zähler werden voneinander abgezogen, der Nenner wird übernommen. Wenn möglich: Kürzen und in eine gemischte Zahl umwandeln!

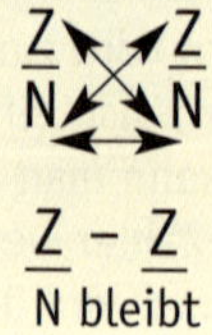

2.11 Multiplikation von Brüchen

Beispiel

Marco hat eine $\frac{3}{4}$ Pizza. Er isst zwei Drittel davon.

$\frac{2}{3}$ von $\frac{3}{4} = \frac{1}{2}$

oder ausführlicher:

$\frac{2}{3} \cdot \frac{3}{4} = \frac{6}{12}$ gekürzt $\frac{1}{2}$

Da Zähler und Nenner miteinander malgenommen werden, kann man beim Multiplizieren von Brüchen auch „diagonal" kürzen, d. h. der Zähler des 1. Bruches mit dem Nenner des 2. Bruches oder der Nenner des 1. Bruches mit dem Zähler des 2. Bruches. Es muss aber beim Kürzen immer ein Zähler und ein Nenner mit derselben Zahl geteilt werden, d. h., 2 Zähler kann ich nicht miteinander kürzen, genauso wenig 2 Nenner.

$\frac{2}{3} \cdot \frac{3}{4} = \frac{1}{1} \cdot \frac{1}{2} = \frac{1}{2}$

Brüche werden multipliziert, indem man die Zähler miteinander malnimmt und dann die Nenner miteinander malnimmt.

$$\frac{Z \cdot Z}{N \cdot N}$$

Aufgaben

Multiplizieren Sie die Brüche:

Beispiel

$\frac{4}{9} \cdot \frac{3}{5} = \frac{4}{3} \cdot \frac{1}{5} = \frac{4}{15}$

$\frac{9}{10} \cdot \frac{4}{7}$ $\frac{5}{8} \cdot \frac{1}{3}$

$\frac{7}{9} \cdot \frac{1}{4}$ $\frac{6}{7} \cdot \frac{5}{6}$ $\frac{8}{9} \cdot \frac{1}{2}$ $\frac{3}{7} \cdot \frac{4}{11}$ $\frac{5}{12} \cdot \frac{1}{7}$ $\frac{8}{11} \cdot \frac{1}{4}$

Zusammenfassung

Multiplikation von Brüchen:
Die Zähler werden miteinander malgenommen und die Nenner werden miteinander malgenommen.
Wenn möglich: Kürzen und in eine gemischte Zahl umwandeln!

$$\frac{Z}{N} \cdot \frac{Z}{N}$$

2.12 Division von Brüchen

Beispiel

Patrick hat eine $\frac{2}{4}$ Pizza. Er isst eine Hälfte heute, die andere morgen.

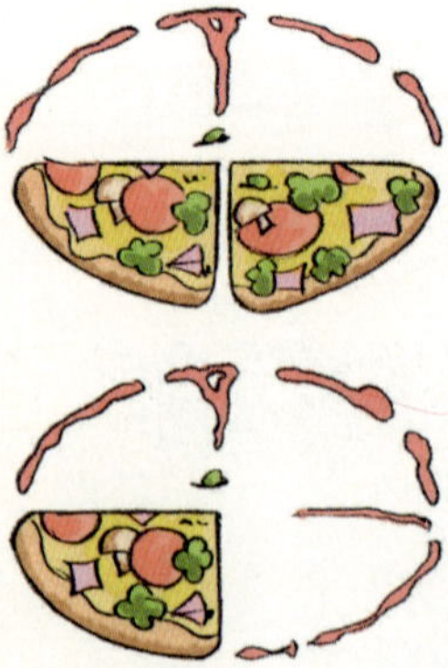

$$\frac{2}{4} : 2 = \frac{1}{4}$$

oder statt „geteilt durch 2" „geteilt durch : $\frac{2}{1}$", also

$$\frac{2}{4} : \frac{2}{1} = \frac{1}{4}$$

Man könnte ja auch sagen, Patrick isst die Hälfte von $\frac{2}{4}$, also

$$\frac{2}{4} \cdot \frac{1}{2} = \frac{1}{4}$$

Vergleicht man die beiden Aussagen, ist aus dem Mal-Zeichen ein Geteilt-Zeichen geworden und der zweite Bruch „steht auf dem Kopf":

: wird ·

$$\frac{2}{4} : \frac{2}{1} = \frac{1}{4} \quad \text{ist das Gleiche wie} \quad \frac{2}{4} \cdot \frac{1}{2} = \frac{1}{4}$$

steht auf dem Kopf

s. Kapitel 2.11

Wir müssen also nur beim zweiten Bruch Zähler und Nenner vertauschen, dann wird aus der Divisions- eine Multiplikations-Aufgabe. Den neuen „auf den Kopf gestellten" Bruch bezeichnet man als **Kehrwert** oder **Kehrbruch**.

Durch einen Bruch wird geteilt, in dem man seinen Kehrwert malnimmt.

$$\frac{a}{b} : \frac{c}{d} = \frac{a}{b} \cdot \frac{d}{c}$$

Aufgaben

Dividieren Sie die Brüche:

Beispiel

$$\frac{4}{9} : \frac{3}{5} = \frac{4}{9} \cdot \frac{5}{3} = \frac{20}{27}$$

$\frac{7}{10} : \frac{4}{5}$ $\quad$ $\frac{5}{8} : \frac{3}{4}$

$\frac{7}{27} : \frac{2}{3}$ $\quad$ $\frac{14}{6} : \frac{49}{9}$ $\quad$ $\frac{8}{9} : \frac{6}{3}$ $\quad$ $\frac{5}{14} : \frac{25}{8}$ $\quad$ $\frac{10}{21} : \frac{15}{30}$ $\quad$ $\frac{8}{11} : \frac{28}{7}$

Zusammenfassung

Division von Brüchen:
Man bildet den Kehrwert vom 2. Bruch und multipliziert ihn mit dem ersten. Wenn möglich: kürzen und in eine gemischte Zahl umwandeln!

$$\frac{a}{b} : \frac{c}{d} \longrightarrow \frac{a}{b} \cdot \frac{d}{c}$$

2.13 Übersicht

Brüche lassen sich mit den Grundrechenarten miteinander verrechnen. Zuvor müssen gemischte Zahlen in unechte Brüche umgewandelt werden. Dann kann man die Brüche nach den oben gezeigten Regeln miteinander verrechnen. Das Ergebnis muss so weit wie möglich gekürzt werden und, falls der Zähler größer ist als der Nenner, in eine gemischte Zahl umgewandelt werden.

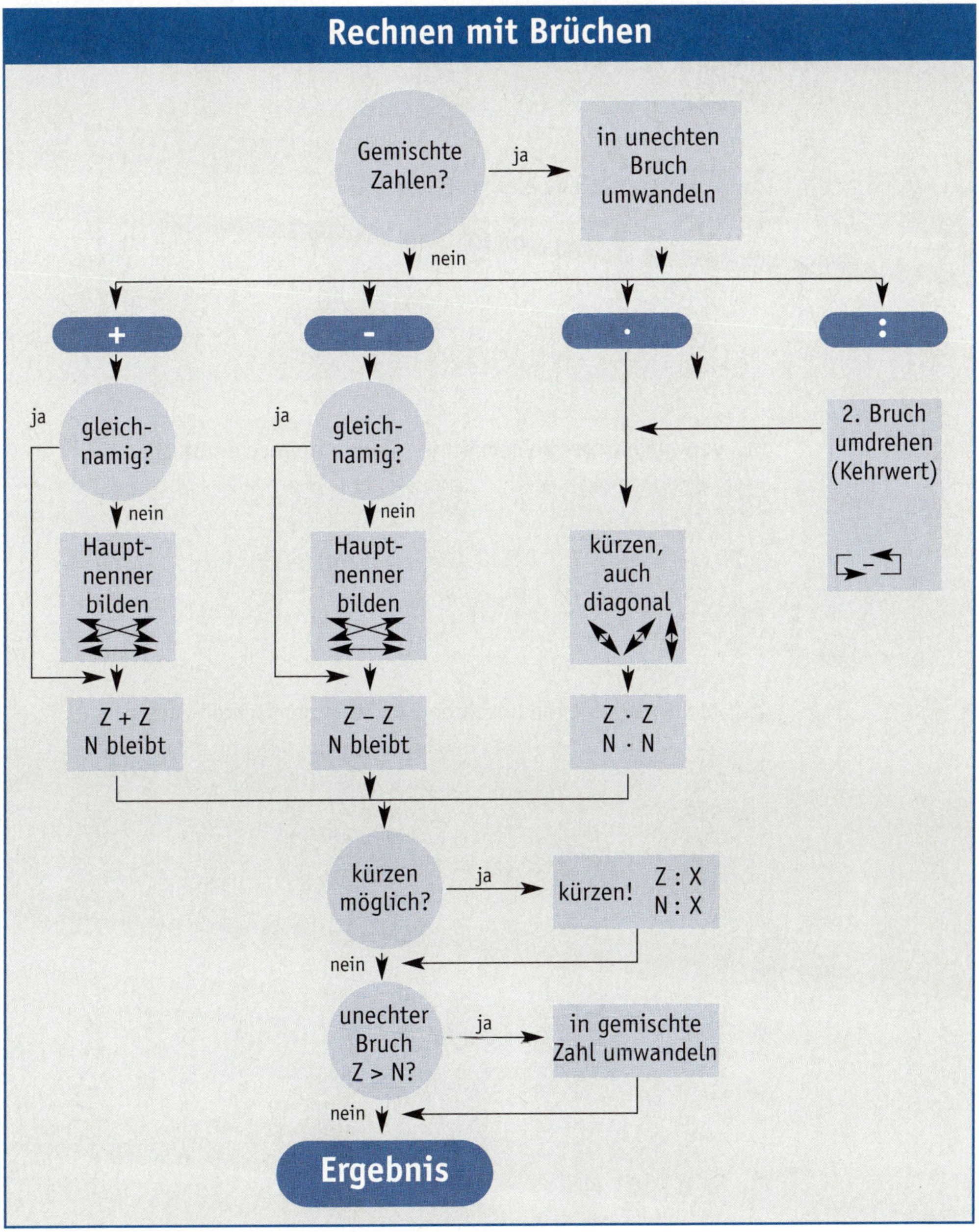

2.14 Üben

Aufgaben

1. Benennen Sie die Teile eines Bruches: $\frac{2}{3}$

2. Kürzen Sie so weit wie möglich:

a) $\frac{12}{14}$	b) $\frac{25}{35}$	c) $\frac{28}{36}$	d) $\frac{40}{170}$
e) $\frac{24}{33}$	f) $\frac{28}{49}$	g) $\frac{81}{99}$	h) $\frac{32}{48}$
i) $\frac{117}{162}$	j) $\frac{72}{117}$		

3. Erweitern Sie mit 2; 3; 4; 5 und 10:

a) $\frac{1}{3}$	b) $\frac{2}{5}$	c) $\frac{3}{7}$	d) $\frac{4}{9}$
e) $\frac{3}{4}$	f) $\frac{5}{6}$	g) $\frac{1}{2}$	h) $\frac{8}{9}$
i) $\frac{10}{11}$	j) $\frac{6}{13}$		

4. Verwandeln Sie die gemischten Zahlen in unechte Brüche:

a) $1\frac{4}{7}$	b) $2\frac{1}{8}$	c) $5\frac{4}{9}$	d) $7\frac{1}{2}$
e) $9\frac{8}{11}$	f) $8\frac{5}{6}$	g) $4\frac{9}{13}$	h) $6\frac{4}{5}$
i) $12\frac{1}{12}$	j) $15\frac{7}{10}$		

5. Verwandeln Sie die unechten Brüche in gemischten Zahlen:

a) $\frac{11}{2}$	b) $\frac{12}{7}$	c) $\frac{13}{3}$	d) $\frac{13}{4}$
e) $\frac{17}{5}$	f) $\frac{29}{6}$	g) $\frac{63}{8}$	h) $\frac{87}{10}$
i) $\frac{110}{9}$	j) $\frac{65}{12}$		

6.

a) $\frac{2}{9} + \frac{5}{9}$	b) $\frac{12}{27} - \frac{8}{27}$	c) $\frac{13}{44} + \frac{14}{44}$
d) $\frac{21}{50} - \frac{10}{50}$	e) $\frac{97}{104} + \frac{54}{104}$	f) $\frac{36}{147} + \frac{17}{147}$
g) $\frac{84}{104} + \frac{19}{104}$	h) $\frac{127}{83} - \frac{106}{83}$	i) $\frac{56}{1\,000} + \frac{55}{1\,000}$
j) $\frac{201}{99} - \frac{103}{99}$		

7.

Aufgaben

a) $\frac{1}{4} + \frac{2}{3}$	b) $\frac{2}{5} + \frac{1}{4}$	c) $\frac{3}{5} + \frac{2}{7}$
d) $\frac{1}{2} + \frac{3}{8}$	e) $\frac{1}{3} + \frac{5}{8}$	f) $\frac{2}{9} + \frac{3}{5}$
g) $\frac{3}{8} + \frac{1}{4}$	h) $\frac{6}{11} + \frac{2}{5}$	i) $\frac{3}{13} + \frac{2}{3}$
j) $\frac{4}{7} + \frac{5}{14}$		

8.

a) $\frac{3}{5} - \frac{1}{4}$	b) $\frac{6}{7} - \frac{1}{6}$	c) $\frac{2}{3} - \frac{3}{8}$
d) $\frac{7}{10} - \frac{4}{9}$	e) $\frac{1}{2} - \frac{2}{5}$	f) $\frac{3}{4} - \frac{3}{8}$
g) $\frac{11}{12} - \frac{3}{5}$	h) $\frac{5}{7} - \frac{2}{9}$	i) $\frac{7}{8} - \frac{5}{11}$
j) $\frac{3}{4} - \frac{3}{13}$		

9.

a) $\frac{1}{5} \cdot \frac{2}{3}$	b) $\frac{2}{5} \cdot \frac{1}{8}$	c) $\frac{6}{9} \cdot \frac{5}{7}$
d) $\frac{3}{35} \cdot \frac{14}{12}$	e) $\frac{11}{12} \cdot \frac{7}{8}$	f) $\frac{19}{8} \cdot \frac{2}{7}$
g) $\frac{10}{7} \cdot \frac{9}{25}$	h) $\frac{80}{49} \cdot \frac{63}{110}$	i) $\frac{75}{8} \cdot \frac{1}{25}$
j) $\frac{33}{77} \cdot \frac{14}{19}$		

10.

a) $\frac{5}{3} : \frac{7}{2}$	b) $\frac{9}{7} : \frac{10}{3}$	c) $\frac{8}{21} : \frac{16}{35}$
d) $\frac{3}{9} : \frac{17}{5}$	e) $\frac{40}{11} : \frac{50}{7}$	f) $\frac{17}{9} : \frac{17}{8}$
g) $\frac{7}{45} : \frac{8}{35}$	h) $\frac{8}{130} : \frac{24}{140}$	i) $\frac{22}{60} : \frac{88}{6}$
j) $\frac{15}{66} : \frac{45}{42}$		

11.

a) $4\frac{1}{5} + \frac{6}{5}$	b) $8\frac{1}{4} \cdot 2\frac{2}{9}$	c) $\frac{4}{7} + 1\frac{1}{8}$
d) $\frac{8}{17} : 2\frac{1}{2}$	e) $\frac{33}{5} - 1\frac{3}{5}$	f) $\frac{13}{5} - 1\frac{2}{6}$
g) $4\frac{1}{5} \cdot \frac{15}{18}$	h) $2\frac{2}{3} : \frac{11}{36}$	i) $2\frac{1}{4} - 1\frac{2}{9}$
j) $3\frac{2}{3} + 1\frac{3}{4}$		

3 Schlussrechnen

3.1 Dreisatz mit geradem Verhältnis

Beispiel

Anna macht ein Betriebspraktikum. Sie arbeitet an fünf Tagen in der Woche, jeden Tag gleich lange, insgesamt 40 Stunden pro Woche. Als sie noch vier Tage vor sich hat, überlegt sie, wie viele Stunden das sind.

Zunächst muss die tägliche Arbeitszeit ausgerechnet werden. Sie arbeitet 40 Stunden in der Woche, also 40 Stunden geteilt durch 5 Tage:

$$40 \text{ Stunden} : 5 \text{ Tage} = 8 \text{ Stunden/Tag}$$

Man kann die Arbeitszeit an vier Tagen ausrechnen, indem man die tägliche Arbeitszeit mit der Anzahl der Tage multipliziert:

$$8 \text{ Stunden/Tag} \cdot 4 \text{ Tage} = 32 \text{ Stunden}$$

Wenn an fünf Tagen 40 Stunden Arbeitszeit zusammenkommen, sind es an vier Tagen 32 Stunden. **Gegebene Größe** ist in diesem Fall die Anzahl der Tage, **gesuchte Größe** die Anzahl der Stunden. Wenn die gegebene Größe, also die Anzahl der Tage, weniger wird (hier von 5 auf 4), dann wird auch die Anzahl der Stunden weniger (hier von 40 auf 32).

Würde man die Anzahl der Tage erhöhen, z. B., wenn man wissen wollte, wie viele Arbeitsstunden an **6 Tagen** anfallen, würde auch die Anzahl der **Arbeitsstunden steigen.**

Verhalten sich gegebene Größe und gesuchte Größe gleich, also wird die gesuchte Größe größer, wenn man die gegebene Größe erhöht, bzw. wird die gesuchte Größe kleiner, wenn man die gegebene Größe verkleinert, so liegt ein **gerades Verhältnis** vor.

Beim Dreisatz mit geradem Verhältnis gilt:
- Wird die gegebene Größe größer, dann wird die gesuchte Größe auch größer.
- Wird die gegebene Größe kleiner, dann wird die gesuchte Größe auch kleiner.

Oder kürzer ausgedrückt:
„Je mehr, desto mehr", „je weniger, desto weniger"!

Drei**satz**-Aufgaben werden häufig in **Sätzen** dargestellt:

Bedingungssatz: In 5 Tagen – 40 Stunden
Fragesatz: In 4 Tagen – x Stunden
Bruchsatz: $x = \frac{4 \text{ Tage} \cdot 40 \text{ Stunden}}{5 \text{ Tage}}$

Schreibt man diese drei Sätze in dieser Form untereinander, lassen sich alle Dreisatz-Aufgaben mit geradem Verhältnis sehr leicht lösen:

Bedingungssatz: Der Bedingungssatz enthält die Angaben aus der Aufgabe. Die gesuchte Einheit muss rechts stehen. In diesem Fall ist die gesuchte Einheit **Stunden**, also lautet der Bedingungssatz:

In 5 Tagen – 40 **Stunden**

Fragesatz: Der Fragesatz enthält die gesuchte Größe im Zusammenhang mit der veränderten gegebenen Größe. Die gesuchte Größe wird x genannt. Den Fragesatz schreibt man unter den Bedingungssatz, wobei gilt: **Gleiche Einheit unter gleiche Einheit**, hier also Tage unter Tage, Stunden unter Stunden:

In 4 Tagen – x Stunden

Bruchsatz: Um den Bruchsatz richtig zu formulieren, muss zunächst ermittelt werden, ob es sich um ein gerades oder ein ungerades Verhältnis handelt. Beim geraden Verhältnis wird der Bruch in folgender Reihenfolge aufgestellt:

$$x = \frac{\text{1. Größe im Fragesatz} \cdot \text{2. Größe im Bedingungssatz}}{\text{1. Größe im Bedingungssatz}}$$

Das kann man sich ganz einfach merken, indem man einen Blitzpfeil im Gegenuhrzeigersinn über Bedingungs- und Fragesatz legt:

Bedingungssatz: In ③ 5 Tagen – ② 40 Stunden
Fragesatz: In ① 4 Tagen – x Stunden

Bruchsatz: $x = \frac{\text{① } 4 \text{ Tage} \cdot \text{② } 40 \text{ Stunden}}{5 \text{ Tage ③}}$

Die Einheit „Tage" lässt sich kürzen:

$$x = \frac{4 \text{ Tage} \cdot 40 \text{ Stunden}}{5 \text{ Tage}}$$

$$x = \frac{4 \cdot 40 \text{ Stunden}}{5}$$

Die gesuchte Einheit „Stunden" muss stehen bleiben und taucht folgerichtig im Ergebnis wieder auf: x = 32 Stunden

- Bedingungssatz, gesuchte Einheit nach rechts
- Fragesatz mit der gesuchten Größe x, gleiche Einheit unter gleiche Einheit
- Bruchsatz in der Reihenfolge eines Blitzpfeils im Gegenuhrzeigersinn

Aufgaben

Lösen Sie folgende Dreisätze:

Beispiel

Anna erhält nach einer Woche im Praktikum von Ihrem Chef 20 €. Sie überlegt, wie viel sie wohl für die gesamten 13 Tage ihres Praktikums bekommen wird.

Bedingungssatz:	*5 Tage – 20 €*
Fragesatz:	*13 Tage – x €*
Bruchsatz:	$x = \frac{13\ \text{Tage} \cdot 20\ €}{5\ \text{Tage}}$
	x = 52 €

- Wie viel würde Anna bekommen, wenn ihr Chef ihr 30 € für eine Woche geben würde?
- Wie hoch wäre Annas Verdienst, wenn sie zwar 20 € in der Woche bekäme, aber insgesamt 17 Tage Praktikum machen würde?
- Selma arbeitet an 6 Tagen in der Woche jeden Tag gleich lang, insgesamt 39 Stunden in der Woche. Ihr Praktikum dauert 11 Tage. Wie viele Stunden arbeitet Selma im Praktikum?
- Marcos Motorroller kann mit einer Tankfüllung von 4,5 Litern 150 km weit fahren. Um ins Praktikum zu fahren, muss er 10-mal 5 km hin- und 5 km zurückfahren. Wie viel Liter Kraftstoff verbraucht er für sein Praktikum insgesamt? Wie viel Liter Kraftstoff verbraucht er pro Tag?

Zusammenfassung

- Aus den Angaben der Aufgabe wird der Bedingungssatz formuliert, die gesuchte Einheit steht rechts.
- Darunter kommt der Fragesatz mit der veränderten gegebenen Größe und der gesuchten Größe x, wobei man gleiche Einheit unter gleiche Einheit schreibt.
- Dann wird das Verhältnis ermittelt:
  Für das gerade Verhältnis gilt:
  Wird die gegebene Größe **größer**, dann wird die gesuchte Größe auch **größer**.
  Wird die gegebene Größe **kleiner**, dann wird die gesuchte Größe auch **kleiner**.
- Der Bruchsatz wird beim geraden Verhältnis in folgender Reihenfolge dargestellt:

$$x = \frac{\text{1. Größe im Fragesatz} \cdot \text{2. Größe im Bedingungssatz}}{\text{1. Größe im Bedingungssatz}}$$

Die Reihenfolge kann durch einen Blitzpfeil im Gegenuhrzeigersinn symbolisiert werden.

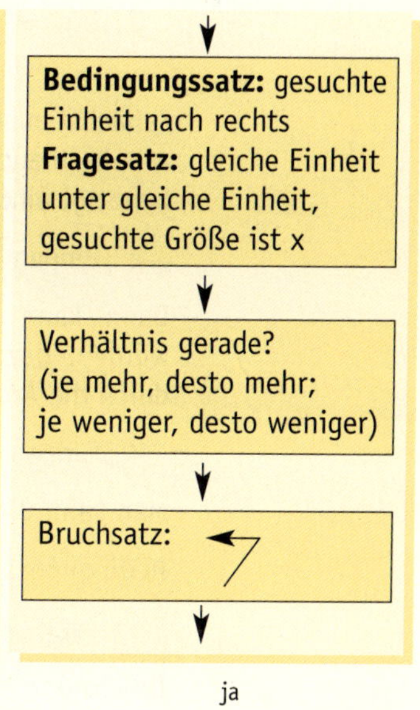

3.2 Dreisatz mit ungeradem (umgekehrtem) Verhältnis

Beispiel

Am ersten Tag ihres Praktikums muss Anna zusammen mit einer Kollegin die Kartons im Wareneingang klein schneiden und zusammenlegen. Dazu haben sie 2 Stunden gebraucht. Am zweiten Tag helfen ihnen noch zwei weitere Mitarbeiterinnen, sie machen dieselbe Arbeit also zu viert.

Die gegebene Größe ist bei dieser Aufgabe die Anzahl der Arbeiterinnen, die gesuchte Größe ist die Anzahl der Stunden. Müsste Anna dieselbe Arbeit allein machen, würde sie mehr Zeit brauchen. Je mehr Mitarbeiterinnen bei der Arbeit helfen, desto kürzer ist die Anzahl der Stunden, die für die Arbeit benötigt werden und umgekehrt. Gegebene Größe und gesuchte Größe verhalten sich also umgekehrt:

- Je mehr Arbeiterinnen, desto weniger Stunden.
- Je weniger Arbeiterinnen, desto mehr Stunden.

Verhalten sich gegebene Größe und gesuchte Größe umgekehrt, also wird die gesuchte Größe kleiner, wenn man die gegebene Größe erhöht, bzw. wird die gesuchte Größe größer, wenn man die gegebene Größe verkleinert, so liegt ein **ungerades Verhältnis** vor.

Beim Dreisatz mit ungeradem Verhältnis gilt:
- Wird die gegebene Größe größer, dann wird die gesuchte Größe kleiner.
- Wird die gegebene Größe kleiner, dann wird die gesuchte Größe größer.

Oder kürzer ausgedrückt:

„Je mehr, desto weniger“, „je weniger, desto mehr“.

Zunächst muss ausgerechnet werden, wie lange eine Arbeiterin für die Arbeit brauchen würde. 2 Arbeiterinnen brauchen 2 Stunden, also benötigt eine Arbeiterin doppelt so lange:

2 Stunden · 2 Arbeiterinnen = 4 Stunden für eine Arbeiterin

Dann kann man ausrechnen, wie lange vier Arbeiterinnen brauchen würden. Dazu muss man die Zeit, die eine Arbeiterin benötigen würde, durch die Anzahl der Arbeiterinnen teilen:

4 Stunden für eine Arbeiterin : 4 Arbeiterinnen = 1 Stunde

Man kann diese Drei**satz**-Aufgabe wieder in **Sätzen** darstellen:

Bedingungssatz:	2 Arbeiterinnen – 2 Stunden
Fragesatz:	4 Arbeiterinnen – x Stunden
Bruchsatz:	$x = \frac{2\text{ Arbeiterinnen} \cdot 2\text{ Stunden}}{4\text{ Arbeiterinnen}}$

Schreibt man diese drei Sätze wieder in der Form untereinander, lassen sich alle Dreisatz-Aufgaben mit ungeradem Verhältnis so lösen:

Bedingungssatz: Hier gibt es keinen Unterschied zum Dreisatz mit geradem Verhältnis. Der Bedingungssatz enthält die Angaben aus der Aufgabe, die gesuchte Einheit muss wieder rechts stehen. In dieser Aufgabe soll ja ermittelt werden, wie **lange** vier Arbeiterinnen brauchen würden, die gesuchte Einheit ist also **Stunden**, daher lautet der Bedingungssatz:

2 Arbeiterinnen – 2 **Stunden**

Fragesatz: Auch der Fragesatz wird genauso gebildet wie beim Dreisatz mit geradem Verhältnis: Er enthält die gesuchte Größe im Zusammenhang mit der veränderten gegebenen Größe. Die gesuchte Größe wird wieder x genannt. Den Fragesatz schreibt man wieder unter den Bedingungssatz, wobei gilt: **Gleiche Einheit unter gleiche Einheit**, hier also Arbeiterinnen unter Arbeiterinnen, Stunden unter Stunden:

4 Arbeiterinnen – x Stunden

Bruchsatz: Für die richtige Formulierung des Bruchsatzes, ist ausschlaggebend, ob es sich um ein gerades oder ein ungerades Verhältnis handelt. Beim ungeradem Verhältnis wird der Bruch in folgender Reihenfolge aufgestellt:

$$x = \frac{\text{1. Größe im Bedingungssatz} \cdot \text{2. Größe im Bedingungssatz}}{\text{1. Größe im Fragesatz}}$$

Beim ungeraden Verhältnis muss also der Blitzpfeil im Uhrzeigersinn über Bedingungs- und Fragesatz gelegt werden:

Bedingungssatz: ① 2 Arbeiterinnen – ② 2 Stunden

Fragesatz: ③ 4 Arbeiterinnen – x Stunden

Bruchsatz: $$x = \frac{① \text{ 2 Arbeiterinnen} \cdot ② \text{ 2 Stunden}}{③ \text{ 4 Arbeiterinnen}}$$

Die Einheit „Arbeiterinnen" lässt sich kürzen:

$$x = \frac{2 \text{ Arbeiterinnen} \cdot 2 \text{ Stunden}}{4 \text{ Arbeiterinnen}}$$

$$x = \frac{2 \cdot 2 \text{ Stunden}}{4}$$

Die gesuchte Einheit „Stunden" muss stehen bleiben und taucht folgerichtig im Ergebnis wieder auf:

$x = 1$ Stunde

- Bedingungssatz, gesuchte Einheit nach rechts
- Fragesatz mit der gesuchten Größe x, gleiche Einheit unter gleiche Einheit
- Bruchsatz in der Reihenfolge eines Blitzpfeils im Uhrzeigersinn

Aufgaben

Lösen Sie folgende Dreisätze:

Beispiel

Wenn Timo pro Tag 2,40 € für sein Vesper ausgibt, reichen ihm 12 € eine Woche (5 Arbeitstage). Wie lange würden die 12 € reichen, wenn er pro Arbeitstag nur 2 € ausgeben würde?

Bedingungssatz: 2,40 € pro Tag – 5 Tage

Fragesatz: 2 € pro Tag – x Tage

Bruchsatz:

$$x = \frac{2{,}40\text{ € } \cancel{\text{pro Tag}} \cdot 5\text{ Tage}}{2\text{ € } \cancel{\text{pro Tag}}}$$

$$x = 6\text{ Tage}$$

- Wie viele Tage würde Timos Vespergeld reichen, wenn er pro Tag 3 € ausgeben würde?
- Selma arbeitet an 6 Tagen in der Woche, jeden Tag 6,5 Stunden. Wie viele Stunden am Tag müsste sie arbeiten, wenn sie dieselbe Anzahl an Wochenstunden an 5 Tagen schaffen wollte?
- Marcos Motorroller verbraucht 3 Liter auf 100 km. Mit einer Tankfüllung schafft er 150 km. Wie weit käme er mit einer Tankfüllung, wenn der Roller einen halben Liter weniger auf 100 km verbrauchen würde?
- Wie weit käme er mit einem halben Liter mehr auf 100 km?
- Patrick muss eine rechteckige Fläche anstreichen. Mit einer Dose Farbe kann er ein Rechteck mit der Länge 2,50 m und einer Breite von 1,40 m anmalen. Wie breit dürfte ein Rechteck mit der Seitenlänge 4 m sein, wenn die gleiche Menge Farbe ausreichen soll?

Zusammenfassung

- Aus den Angaben der Aufgabe wird der Bedingungssatz formuliert, die gesuchte Einheit steht rechts.
- Darunter kommt der Fragesatz mit der veränderten gegebenen Größe und der gesuchten Größe x, wobei man gleiche Einheit unter gleiche Einheit schreibt.
- Dann wird das Verhältnis ermittelt:
  Für das umgekehrte Verhältnis gilt:
  Wird die gegebene Größe größer, dann wird die gesuchte Größe kleiner.
  Wird die gegebene Größe kleiner, dann wird die gesuchte Größe größer.
- Der Bruchsatz wird beim ungeraden Verhältnis in folgender Reihenfolge dargestellt:

$$x = \frac{\text{1. Größe im Bedingungssatz} \cdot \text{2. Größe im Bedingungssatz}}{\text{1. Größe im Fragesatz}}$$

Die Reihenfolge kann durch einen Blitzpfeil im Uhrzeigersinn symbolisiert werden.

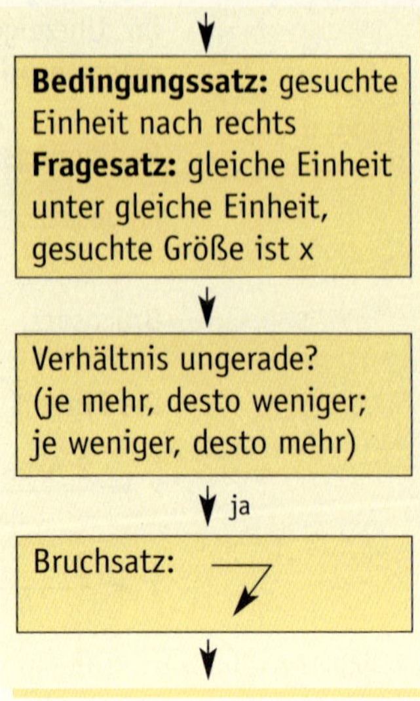

3.3 Vielsatz (zusammengesetzter Dreisatz)

Beispiel

Marco macht sein Praktikum bei einem Maler. Zusammen mit einem Kollegen hat er 150 Fenster gestrichen. Dafür haben sie 10 Tage gebraucht. Marcos Chef bietet ihm an in den Ferien zusammen mit zwei Kollegen weitere 180 Fenster zu streichen. Marco überlegt, wie lange das wohl dauern würde.

Hier liegen mehrere Größen vor, die verändert werden: Die Anzahl der Fenster (150 im ersten Fall, 180 im zweiten) und die Anzahl der Arbeiter, welche die Fenster streichen (zwei Arbeiter im ersten Fall und drei Arbeiter im zweiten). Die gesuchte Größe ist die Anzahl der Tage.

Bedingungssatz:	2 Arbeiter	–	150 Fenster	–	10 Tage
Fragesatz:	3 Arbeiter	–	180 Fenster	–	x Tage

Die dazugehörigen Bruchsätze muss man den Größen einzeln zuordnen. Man vergleicht zunächst nur die erste Größe (Arbeiter) mit der gesuchten Größe (Tage), die Anzahl der Fenster lässt man zunächst noch außer Acht.

Bedingungssatz:	2 Arbeiter	–	150 Fenster	–	10 Tage
Fragesatz:	3 Arbeiter	–	180 Fenster	–	x Tage

Mehr Arbeiter brauchen für dieselbe Arbeit **weniger** Tage, also liegt ein **umgekehrtes Verhältnis** vor, die Reihenfolge des Bruchsatzes entspricht also einem Blitzpfeil im Uhrzeigersinn:

Bedingungssatz:	2 Arbeiter	–	150 Fenster	–	10 Tage
Fragesatz:	3 Arbeiter	–	180 Fenster	–	x Tage

1. Bruchsatz: $x = \frac{2 \text{ Arbeiter} \cdot 10 \text{ Tage}}{3 \text{ Arbeiter}}$

Wichtig ist, dass man den Bruchsatz jetzt noch nicht zu Ende rechnet. Statt dessen wird nun der 2. Bruchsatz gebildet. Man vergleicht die 2. Größe (Fenster) mit der gesuchten Größe (Tage):

Bedingungssatz:	2 Arbeiter	–	150 Fenster	–	10 Tage
Fragesatz:	3 Arbeiter	–	180 Fenster	–	x Tage

Für **mehr** Fenster werden auch **mehr** Tage benötigt, es liegt also ein **gerades Verhältnis** vor, die Reihenfolge des Bruchsatzes entspricht also einem Blitzpfeil im Gegenuhrzeigersinn:

Bedingungssatz:	2 Arbeiter	–	150 Fenster	–	10 Tage
Fragesatz:	3 Arbeiter	–	180 Fenster	–	x Tage

2. Bruchsatz: $x = \frac{180\text{ Fenster} \cdot 10\text{ Tage}}{150\text{ Fenster}}$

Auch der 2. Bruchsatz wird nicht zu Ende gerechnet. Statt dessen werden 1. und 2. Bruchsatz auf einem großen Bruchstrich miteinander verbunden:

1. Bruchsatz: $x = \frac{2\text{ Arbeiter} \cdot 10\text{ Tage}}{3\text{ Arbeiter}}$

2. Bruchsatz: $x = \frac{180\text{ Fenster} \cdot 10\text{ Tage}}{150\text{ Fenster}}$

Zusammengesetzter Bruchsatz: $x = \frac{2\text{ Arbeiter} \cdot 10\text{ Tage} \cdot 180\text{ Fenster}}{3\text{ Arbeiter} \cdot 150\text{ Fenster}}$

Achtung: Die im Bedingungssatz genannte Form der gesuchten Größe (in diesem Fall: **10 Tage**) darf im zusammengesetzten Bruchsatz nicht doppelt erscheinen!
Die gegebenen Größen lassen sich kürzen, sodass die gesuchte Größe stehen bleibt:

Zusammengesetzter Bruchsatz: $x = \frac{2\text{ Ar}\not{\text{beiter}} \cdot 10\text{ Tage} \cdot 180\text{ Fe}\not{\text{nster}}}{3\text{ Ar}\not{\text{beiter}} \cdot 150\text{ Fe}\not{\text{nster}}}$

Ausgerechnet: $x = 8$ Tage

Zu dritt würden sie also für die 180 Fenster 8 Tage brauchen.

Beim zusammengesetzten Dreisatz wird ein Bedingungssatz mit allen Angaben der Aufgabe gebildet, die gesuchte Größe steht ganz rechts. Darunter kommt der Fragesatz mit allen veränderten gegebenen Größen und der gesuchten Größe x, wobei gleiche Einheit unter gleiche Einheit geschrieben wird.
Nun werden einzelne Bruchsätze gebildet, indem nacheinander je eine gegebene Größe der gesuchten Größe zugeordnet wird. Bei jedem einzelnen Bruchsatz muss ermittelt werden, ob es sich um ein gerades oder ein ungerades Verhältnis handelt. Je nachdem entspricht die Reihenfolge der Größen im Bruchsatz einem Blitzpfeil im Gegenuhrzeigersinn (gerades Verhältnis) oder im Uhrzeigersinn (ungerades Verhältnis).
Die einzelnen Brüche werden noch nicht ausgerechnet oder gekürzt, sondern werden auf einem großen Bruchstrich zusammengefasst, wobei die gesuchte Größe nur einmal aufgeführt wird. Der große Bruch wird dann gekürzt und ausgerechnet.

Aufgaben

Lösen Sie folgende zusammengesetzte Dreisätze:

Beispiel

3 Maler brauchen 4 Tage, um 120 Heizkörper zu spritzen, wenn sie pro Tag 8 Stunden arbeiten. Wie lange brauchen 2 Maler für 140 Heizkörper, wenn sie pro Tag 10 Stunden arbeiten?

Bedingungssatz: 3 Maler – 120 Heizkörper – 8 Std./Tag – 4 Tage
Fragesatz: 2 Maler – 140 Heizkörper – 10 Std./Tag – x Tage

1. Bruchsatz: 3 Maler – 4 Tage
2 Maler – x Tage

***ungerades Verhältnis** (**weniger** Maler brauchen **mehr** Tage), also*

$$x = \frac{3 \text{ Maler} \cdot 4 \text{ Tage}}{2 \text{ Maler}}$$

2. Bruchsatz: 120 Heizkörper – 4 Tage
140 Heizkörper – x Tage

***gerades Verhältnis** (für **weniger** Heizkörper braucht man **weniger** Tage), also*

$$x = \frac{140 \text{ Heizkörper} \cdot 4 \text{ Tage}}{120 \text{ Heizkörper}}$$

3. Bruchsatz: 8 Std./Tag – 4 Tage
10 Std./Tag – x Tage

***ungerades Verhältnis** (bei **mehr** Arbeitsstunden pro Tag braucht man **weniger** Tage), also*

$$x = \frac{8 \text{ Std./Tag} \cdot 4 \text{ Tage}}{10 \text{ Std./Tag}}$$

Zusammengesetzter Bruchstrich:

$$x = \frac{3 \text{ Maler} \cdot 4 \text{ Tage} \cdot 140 \text{ Heizkörper} \cdot 8 \text{ Std./Tag}}{2 \text{ Maler} \cdot 120 \text{ Heizkörper} \cdot 10 \text{ Std./Tag}}$$

$$x = 5{,}6 \text{ Tage}$$

- Marcos Motorroller kann mit einer Tankfüllung von 4,5 Litern 150 km weit fahren, weil er 3 Liter/100 km verbraucht. Wie weit käme Marco, wenn er zusätzlich zur Tankfüllung noch einen Reserve-Kanister mit 5 Litern dabeihätte, der Roller aber 3,5 Liter/100 km verbrauchen würde?
- Für seinen Ferienjob würde Timo 7 € in der Stunde bekommen. Bei einem 8-Stunden-Tag und einer 5-Tage-Woche hätte er nach 2 Wochen 560 €. Sein Chef bietet ihm an, an 6 Tagen in der Woche jeweils 7 Stunden pro Tag zu arbeiten. Dafür würde er ihm dann 7,50 € Stundenlohn bezahlen. Wie viel würde Timo dann in den 2 Wochen verdienen?
- Anna braucht zusammen mit einer Kollegin 2 Stunden, um 50 Kartons klein zu schneiden. Wie lange braucht sie allein für 80 Kartons, wenn sie eine Schneidemaschine bekommt, mit der sie dreimal so schnell ist?
- Patrick hat sich für sein Praktikum eine Kiste mit 12 Flaschen Mineralwasser mit je 0,7 Liter gekauft. Sie reicht ihm bei einer 5-Tage-Woche 2 Wochen. Wie lange würde eine Kiste mit 20 Flaschen zu je 0,5 Liter reichen, wenn er an 6 Tagen in der Woche arbeitet?

Zusammenfassung

- Aus allen Angaben der Aufgabe wird der Bedingungssatz formuliert, die gesuchte Einheit steht ganz rechts.
- Darunter kommt der Fragesatz mit allen veränderten gegebenen Größen und der gesuchten Größe x, wobei man gleiche Einheit unter gleiche Einheit schreibt.
- 1. Bruchsatz:
  Die **erste** Größe im Bedingungs- und Fragesatz wird mit der gesuchten Größe in Beziehung gesetzt. Entsprechend dem Verhältnis (gerade oder ungerade) wird der erste Bruchstrich gebildet (Blitzpfeil im Gegenuhrzeigersinn oder im Uhrzeigersinn).
  Den Bruch noch nicht kürzen oder ausrechnen!
- 2. Bruchsatz:
  Die **zweite** Größe im Bedingungs- und Fragesatz wird mit der gesuchten Größe in Beziehung gesetzt. Entsprechend dem Verhältnis (gerade oder ungerade) wird der erste Bruchstrich gebildet (Blitzpfeil im Gegenuhrzeigersinn oder im Uhrzeigersinn).
  Den Bruch noch nicht kürzen oder ausrechnen!
- Aus allen weiteren Größen im Bedingungs- und Fragesatz werden in der gleichen Weise Brüche gebildet.
- Die einzelnen Brüche werden auf einem großen Bruchstrich zusammengefasst, wobei die gesuchte Größe nur einmal aufgeführt wird.

Bedingungssatz:
alle gegebenen Größen in eine Zeile, gesuchte Einheit nach rechts
Fragesatz:
gleiche Einheit unter gleiche Einheit, gesuchte Größe ist x

↓

1. Bruchsatz:
Dreisatz aus 1. Größe im Bedingungs- und Fragesatz und der gesuchten Größe; Bruch je nach Verhältnis:
gerades Verhältnis:
ungerades Verhältnis:

↓

2. Bruchsatz:
Dreisatz aus 2. Größe im Bedingungs- und Fragesatz und der gesuchten Größe; Bruch je nach Verhältnis:
gerades Verhältnis:
ungerades Verhältnis:

↓

eventuell weitere Bruchsätze

↓

großer Bruchstrich aus allen einzelnen gebildeten Brüchen, kürzen und ausrechnen

3.4 Übersicht

Schlussrechnen

Einfacher Dreisatz

Bedingungssatz:
gesuchte Einheit nach rechts
Fragesatz:
gleiche Einheit unter gleiche Einheit, gesuchte Größe ist x

Verhältnis gerade? (Je mehr, desto mehr; je weniger, desto weniger?)

Bruchsatz

Verhältnis ungerade? (Je mehr, desto weniger; je weniger, desto mehr?)

Bruchsatz

Zusammengesetzter Dreisatz

Bedingungssatz:
alle gegebenen Größen in eine Zeile, gesuchte Einheit nach rechts
Fragesatz:
gleiche Einheit unter gleiche Einheit, gesuchte Größe ist x

1. Bruchsatz:
Dreisatz aus 1. Größe im Bedingungs- und Fragesatz und der gesuchten Größe.
Bruch je nach Verhältnis:
gerades Verhältnis:
ungerades Verhältnis:

2. Bruchsatz:
Dreisatz aus 2. Größe im Bedingungs-und Fragesatz und der gesuchten Größe.
Bruch je nach Verhältnis:
gerades Verhältnis:
ungerades Verhältnis:

eventuell weitere Bruchsätze

großer Bruchstrich aus allen einzelnen gebildeten Brüchen (gesuchte Größe wird nur einmal aufgeführt)

Bruch kürzen und ausrechnen

3.5 Üben: Einfacher Dreisatz

Aufgaben

1. Wenn Anna jeden Tag 1,5 Flaschen Mineralwasser trinkt, reicht ihr eine Kiste 8 Tage lang. Wie lange würde das Wasser reichen, wenn sie am Tag 2 Flaschen trinken würde?

2. Eine Kiste Mineralwasser mit 12 Flaschen kostet 4 €. Wie viel kostet Anna der Sprudel an einem Tag, wenn sie

a) 1,5 Flaschen täglich trinkt?
b) 2 Flaschen täglich trinkt?

3. Timo jobbt am Freitagnachmittag. Für 4 Stunden erhält er 34 €. Seine Chefin fragt, ob er bei gleichem Stundenlohn 1 Stunde länger arbeiten könne.

4. Selmas Mutter reicht das Haushaltsgeld einen Monat (30 Tage), wenn sie täglich 24 € ausgibt. Wie lange würde es reichen, wenn sie

a) 20 € am Tag ausgeben würde?
b) 30 € am Tag ausgeben würde?

5. Marco und seine Freunde zelten auf dem Campingplatz. Für 14 Tage müssten sie 154 € bezahlen. Sie überlegen, wie viel 3 Wochen kosten würden.

6. Timo hat sein Zimmer tapeziert. Für 8 Rollen Tapete musste er 72 € bezahlen. Patrick will sein Zimmer mit der gleichen Tapete ausstatten. Er braucht 6 Rollen.

7. Das Hinterrad von Marcos Motorroller hat einen Umfang von 140 cm. Um eine bestimmte Strecke zurückzulegen, macht das Hinterrad 480 Umdrehungen. Wie viele Umdrehungen würde ein Rad für die gleiche Strecke machen, wenn es einen Umfang von 120 cm hätte?

8. Timo mag eine bestimmte Sorte Bonbons. Die Packung kostet 1,20 € und enthält 24 Stück. Wie viel Cent kosten ihn die Bonbons am Tag, wenn er täglich 2 Stück isst?

9. Patrick mag eine andere Sorte Bonbons als Timo. Wenn Patrick 3 Bonbons täglich isst, reicht seine Packung 16 Tage. Wie lange würde sie reichen, wenn er

a) 4 Bonbons täglich isst?
b) 6 Bonbons täglich isst?

10. Bei einer durchschnittlichen Geschwindigkeit von 40 km/h benötigt Marco mit seinem Roller 15 Minuten, um zur Schule zu kommen. Wie lange bräuchte er, wenn er durchschnittlich

a) 30 km/h schnell fahren würde?
b) 45 km/h schnell fahren würde?

Vielsatz

Aufgaben

1. Timo trinkt gern Limonade, die in einer Kiste zu 12 Flaschen mit 0,7 Liter Inhalt zu kaufen sind. Eine Kiste reicht ihm genau 1 Woche. Der Getränke-Hersteller stellt auf andere Kisten um: sie enthalten jetzt 9 1-Liter-Flaschen. Wie lange hält eine solche Kiste?

2. Anna braucht zusammen mit 2 Kolleginnen 90 Minuten, um 10 Regale aufzufüllen. Wie lange würden sie zu viert für 12 Regale brauchen?

3. Bei einer durchschnittlichen Geschwindigkeit von 40 km/h benötigt Marco mit seinem Roller 15 Minuten, um zur Schule zu kommen. Mit dem Fahrrad könnte er eine Abkürzung nehmen, sodass die Strecke nur noch halb so lang wäre. Allerdings würde er im Durchschnitt nur 15 km/h schnell fahren.

4. Wenn Patrick 3 Bonbons täglich isst, reicht seine Packung 16 Tage. Wie lange würde eine Dreierpackung reichen, wenn er täglich 4 Bonbons isst?

5. Zu ihrem letzten Geburtstag hatte Anna 3 Backbleche mit Pizza für sich und ihre 9 Gäste zubereitet. In diesem Jahr kommen 2 Gäste weniger. Da es noch Vorspeise und Nachtisch gibt, würden pro Person drei Viertel der Menge an Pizza vom Vorjahr ausreichen.

6. Zwei Maler brauchen für ein Haus mit 30 Fenstern 2 Tage, wenn sie täglich 9 Stunden arbeiten. Wie lange brauchen sie zu dritt für ein Haus mit 40 Fenstern bei einer täglichen Arbeitszeit von 8 Stunden?

7. Wenn Marco 400 km im Monat fährt, sein Roller durchschnittlich 3 Liter auf 100 km verbraucht und 1 Liter Kraftstoff 1,50 € kostet, muss Marco im Monat 18 € ausgeben. Wie hoch wären seine monatlichen Ausgaben für Kraftstoff, wenn er 500 km fahren würde, der Durchschnittsverbrauch seines Rollers 3,5 Liter auf 100 km betragen würde und der Literpreis 1,40 € wäre?

4 Gleichungen

4.1 Gleichungen mit Addition

Beispiel

Eine 5er-Karte für das Breakdance-Karussell kostet 11 €. Anna zählt ihr Geld. Wenn Selma ihr 2 € leiht, dann reichts.

Da nichts darüber ausgesagt wird, wie viel Geld Anna in ihrem Geldbeutel hat, setzen wir für diesen Betrag einfach die Größe x.

$$x + 2 = 11$$

Eine solche Darstellung nennt man Gleichung, weil das Gleichheitszeichen (=) aussagt, dass auf der linken und auf der rechten Seite der gleiche Wert steht. Annas Geld + Selmas Geld sind genauso viel Wert wie die 5er-Karte.

Man vergleicht eine Gleichung gerne mit einer Waage im Gleichgewicht:

Wenn man bei einer solchen Waage bei beiden Waagschalen die gleiche Menge wegnimmt, bleibt die Waage im Gleichgewicht. Man kann also beispielsweise auf beiden Seiten 2 abziehen:

Verändert man die Gleichung so, dass die gesuchte Größe allein in einer Waagschale bleibt, kann man in der anderen Waagschale ablesen, welchen Wert die gesuchte Größe hat. Man muss die gesuchte Größe also isolieren, d. h. allein auf einer Seite stehen haben.

Um das x zu isolieren, zieht man einfach die 2 ab. Damit das Gleichheitszeichen weiterhin stimmt, muss man auch von der rechten Seite 2 abziehen. Man zeigt so einen Rechenvorgang hinter einem senkrechten Strich rechts von der Gleichung an:

$$\begin{aligned} x + 2 &= 11 \quad | -2 \\ x + 2 - 2 &= 11 - 2 \\ x &= 9 \end{aligned}$$

Die gesuchte Größe ist also 9, das heißt, Anna hat 9 € in ihrem Geldbeutel.

Da man auf beiden Seiten der Gleichung dieselbe Zahl abgezogen hat, sieht es so aus, als ob die Zahl, die man loswerden will, also die +2, auf der anderen Seite mit einem Minus-Zeichen wieder auftaucht:

$$\begin{aligned} x + 2 &= 11 \quad | -2 \\ x &= 11 - 2 \end{aligned}$$

Ein unbekannter Wert kann durch einen beliebigen Buchstaben, meist x, als Größe in einer Gleichung dargestellt werden. Wird in der Gleichung zu dem x noch eine weitere Zahl dazuaddiert, zieht man sie von dieser Seite der Gleichung ab, um x zu isolieren, also allein auf einer Seite stehen zu haben. Damit die Gleichung weiterhin stimmt, muss man die gleiche Zahl auf der anderen Seite der Gleichung auch abziehen. Diese Rechnung wird hinter einem Strich rechts von der Gleichung angezeigt.
Wenn die gesuchte Größe allein auf einer Seite steht, kann man auf der anderen Seite vom Gleichheitszeichen den Wert von x ablesen.

Aufgaben

Ermitteln Sie den Wert der gesuchten Größe:

Beispiel

$x + 12 = 50 \quad | -12$

$x = 38$

$r + 50 = 412$ $\qquad$ $x + 18 = 24$ $\qquad$ $y + 25 = 93$

$x + 5 = 12$ $\qquad$ $x + 13 = 45$

Mehrere Zahlen auf derselben Seite der Gleichung kann man zusammenfassen:

$x + 3 + 5 = 16 - 4 \quad |$

$x + 8 = 12 \quad -8$

$x = 4$

Ermitteln Sie den Wert der gesuchten Größe:

Beispiel

$x + 12 - 3 = 5 \cdot 6$

$x + 9 = 30 \quad | -9$

$x = 21$

$y + 25 - 8 = 93 + 4 + 7$ $\qquad$ $r + 50 = 64 : 8 + 74$ $\qquad$ $x + 5 + 2 = 12$

$x + 18 + 7 = 3 \cdot 5 + 11$ $\qquad$ $x + 13 - 4 = 45 - 8$

Zusammenfassung

- In einer Gleichung wird ein unbekannter Wert durch einen Buchstaben, z. B. x, ausgedrückt.
- Die unbekannte Größe muss allein auf eine Seite gebracht (isoliert) werden.
- Befindet sich bei dem x noch eine Plus-Zahl, zieht man sie auf beiden Seiten der Gleichung ab.

→ **„Wenn eine Plus-Zahl auf die andere Seite kommt, wird sie zur Minus-Zahl."**

x + **Zahl 1** = Zahl 2 | – Zahl 1

x = Zahl 2 – **Zahl 1**

- Diese Rechenvorgänge werden hinter einem Strich rechts von der Gleichung angezeigt.

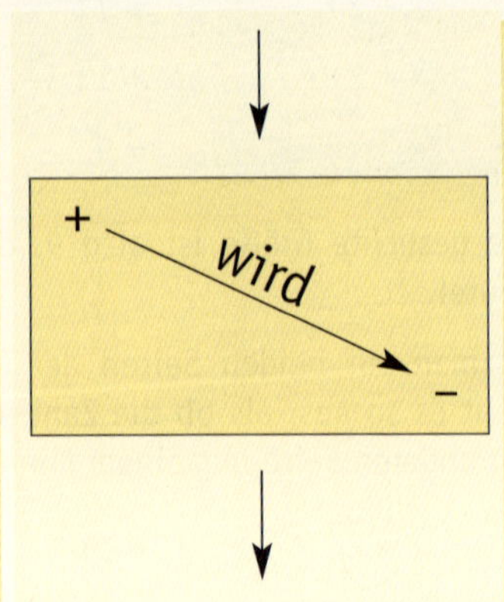

4.2 Gleichungen mit Subtraktion

Beispiel

Selma hat Anna 2 € geliehen. Außerdem hat sich Selma für 3 € etwas zu essen gekauft. Jetzt sind noch 6 € in ihrem Geldbeutel. Wie viel Geld hatte Selma, bevor sie auf den Rummelplatz ging?

Wieder ersetzt man die unbekannte Größe durch x:

$$x - 2 - 3 = 6$$

Wie in Kapitel 4.1 besprochen, können mehrere Zahlen auf derselben Seite der Gleichung zusammengefasst werden:

$$x - 5 = 6$$

Wenn man bei einer Waage, mit der man eine Gleichung ja gut vergleichen kann, bei beiden Waagschalen die gleiche Menge dazuzählt, bleibt die Waage im Gleichgewicht. Man kann also beispielsweise auf beiden Seiten 5 dazutun:

Um x zu isolieren, also allein auf einer Seite stehen zu haben, muss in diesem Fall 5 dazuaddiert werden. Damit die Gleichung stimmt, muss man auch auf der anderen Seite 5 dazuzählen:

$$\begin{aligned} x - 5 &= 6 \quad |+5 \\ x - 5 + 5 &= 6 + 5 \\ x &= 11 \end{aligned}$$

Die gesuchte Größe ist also 11, das heißt, Selma hatte 11 €, bevor sie auf den Rummelplatz ging.
Da man auf beiden Seiten der Gleichung dieselbe Zahl dazugezählt hat, sieht es so aus, als ob die Zahl, die man loswerden will, also die -5 auf der linken Seite, dann mit einem Plus-Zeichen auf der rechten Seite wieder auftaucht:

$$\begin{aligned} x \textcircled{-5} &= 6 \quad |+5 \\ x &= 6 \textcircled{+5} \end{aligned}$$

Wird in der Gleichung von der gesuchten Größe noch eine Zahl abgezogen, addiert man sie zu dieser Seite der Gleichung dazu, um x zu isolieren, also allein auf einer Seite stehen zu haben. Damit die Gleichung weiterhin stimmt, muss man die gleiche Zahl auf der anderen Seite der Gleichung auch dazuzählen. Diese Rechnung wird wieder hinter einem Strich rechts von der Gleichung angezeigt.
Wenn die gesuchte Größe allein auf einer Seite steht, kann man auf der anderen Seite vom Gleichheitszeichen den Wert von x ablesen.

Aufgaben

Ermitteln Sie den Wert der gesuchten Größe:

Beispiel

$$\begin{aligned} x - 12 &= 50 \qquad | +12 \\ x &= 62 \end{aligned}$$

$y - 25 = 93$ $\quad$ $x - 5 = 12$ $\quad$ $x - 13 = 45$

$r - 50 = 412$ $\quad$ $x - 18 = 24$

Fassen Sie wieder mehrere Zahlen auf derselben Seite der Gleichung zusammen:

$$\begin{aligned} x + 3 - 5 &= 3 \cdot 4 \\ x - 2 &= 12 \qquad | +2 \\ x &= 14 \end{aligned}$$

Ermitteln Sie den Wert der gesuchten Größe:

Beispiel

$$\begin{aligned} x - 12 - 3 &= 55 : 5 \\ x - 15 &= 11 \qquad | +15 \\ x &= 26 \end{aligned}$$

$y - 25 + 8 = 93 + 4 + 7$ $\quad$ $x - 5 + 2 - 11 = 12$ $\quad$ $x + 4 - 14 = 45 - 8$

$r - 50 = 2 \cdot 8 + 41$ $\quad$ $x - 18 - 5 = 17 \cdot 2$

Zusammenfassung

- Befindet sich bei dem x noch eine Minuszahl, zählt man sie auf beiden Seiten der Gleichung dazu.

  → **„Wenn eine Minus-Zahl auf die andere Seite kommt, wird sie zur Plus-Zahl."**

  x – **Zahl 1** = Zahl 2 $\qquad$ |+ Zahl 1

  x $\qquad$ = Zahl 2 + **Zahl 1**

- Diese Rechenvorgänge werden hinter einem Strich rechts von der Gleichung angezeigt.

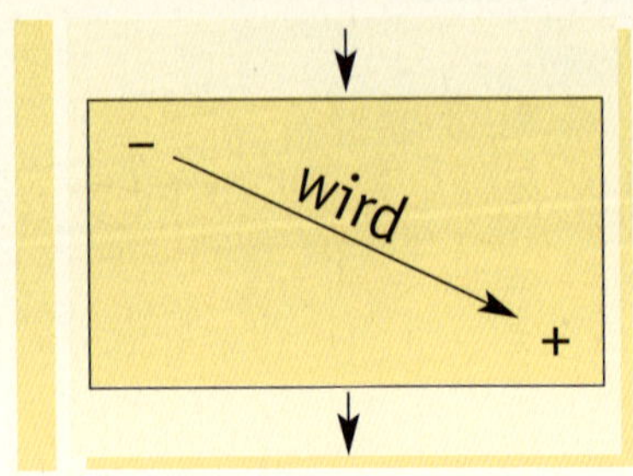

4.3 Gleichungen mit Multiplikation

Beispiel

Eine einzelne Karte im Breakdance-Karussell kostet 2,50 €. Marco will wissen, wie viel eine Einzelfahrt bei der 5er-Karte für 11 € kostet.

Die unbekannte Größe ist in diesem Fall der Preis für eine einzelne Fahrt:

$$5 \cdot x = 11$$

Weil es ja dasselbe ist, ob man „5 mal Einzelfahrt" oder „5 Einzelfahrten" sagt, kann man das Malzeichen auch weglassen

$$5x = 11$$

Verwendet man wieder das Bild von der Waage, befinden sich in der linken Waagschale 5x und in der rechten der Wert 11. Teilt man $5 \cdot x$ durch 5, so bleibt 1x, also x, übrig und die gesuchte Größe wäre somit isoliert. Um das Gleichgewicht zu behalten, muss die Zahl in der anderen Seite der Waage auch durch 5 geteilt werden.

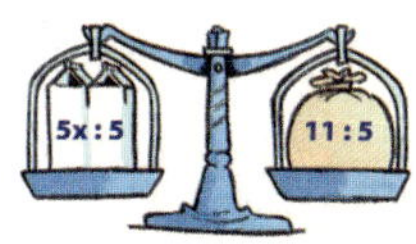

5x	= 11	|: 5
5x : 5	= 11 : 5	
x	= 2,20	

Die gesuchte Größe ist also 2,20, das heißt, wenn man eine 5er-Karte kauft, kostet eine Einzelfahrt 2,20 €.

Da man auf beiden Seiten der Gleichung mit derselben Zahl geteilt hat, sieht es so aus, als ob die Zahl, die man loswerden will, also die $\cdot$ 5, auf der anderen Seite mit einem Geteilt-Zeichen wieder auftaucht:

$x \boxed{\cdot 5}$	= 11	|: 5
x	$= 11 \boxed{: 5}$	

Eine Geteilt-Aufgabe kann auch als Bruch dargestellt werden. Die Zahl, durch die geteilt wird, erscheint dann auf der anderen Seite unter dem Bruchstrich wieder. Die Aufgabe würde dann so aussehen:

$x \boxed{\cdot 5}$	= 11	|: 5
x	$= \frac{11}{\boxed{5}}$	

Wird in der Gleichung die gesuchte Größe mit einer Zahl multipliziert, teilt man die Seite der Gleichung, um x zu isolieren. Die andere Seite der Gleichung muss auch mit dieser Zahl geteilt werden, als Bruch oder mit einem Geteilt-Zeichen. Diese Rechnung wird hinter einem Strich rechts von der Gleichung angezeigt. Steht die gesuchte Größe allein auf einer Seite, kann man auf der anderen Seite den Wert ablesen.

Aufgaben

Ermitteln Sie den Wert der gesuchten Größe:

Beispiel

$$12x = 48 \quad | : 12$$
$$x = \frac{48}{12}$$
$$x = 4$$

$25y = 175$ $\quad 5r = 45$ $\quad 7x = 63$

$18x = 72$ $\quad 15x = 45$

Fassen Sie mehrere Zahlen auf derselben Seite der Gleichung zusammen:

$$8x = 16 - 4$$
$$8x = 12 \quad | : 8$$
$$x = \frac{12}{8}$$
$$x = 1{,}5$$

Ermitteln Sie den Wert der gesuchten Größe:

Beispiel

$$5x = 45 : 3$$
$$5x = 15 \quad | : 5$$
$$x = 3$$

$9y = 93 - 19 + 7$ $\quad 50r = 25 \cdot 4$

$11x = 12 \cdot 6 + 5$ $\quad 6x = 25 + 5$

$5x = 42 : 6 + 33$

Zusammenfassung

- Befindet sich bei dem x noch eine Zahl, mit der das x malgenommen wird, teilt man beide Seiten der Gleichung mit dieser Zahl.
  → **„Wenn eine Mal-Zahl auf die andere Seite kommt, wird sie zur Geteilt-Zahl.“**

  $$\textbf{Zahl 1} \cdot x = \text{Zahl 2} \quad | : \text{Zahl 1}$$
  $$x = \text{Zahl 2} : \textbf{Zahl 1}$$

- Das kann auch in Form eines Bruches dargestellt werden:
  → **„Wenn eine Mal-Zahl auf die andere Seite kommt, kommt sie unter den Bruchstrich“**

  $$\textbf{Zahl 1} \cdot x = \text{Zahl 2} \quad | : \text{Zahl 1}$$
  $$x = \frac{\text{Zahl 2}}{\textbf{Zahl 1}}$$

- Diese Rechenvorgänge werden hinter einem Strich rechts von der Gleichung angezeigt.

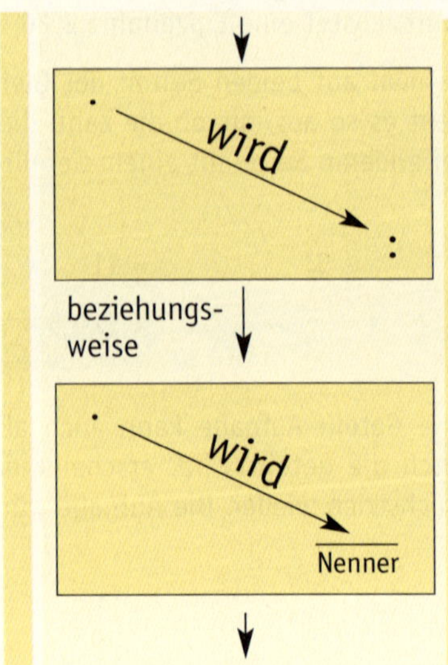

4.4 Gleichungen mit Division

Beispiel

Marco will 3 Fahrchips für das Breakdance-Karussell kaufen. Eine Fahrt kostet 2,50 €.

Die unbekannte Größe ist in diesem Fall der Gesamtpreis. Wenn man ihn durch die Anzahl der Fahrten teilt, erhält man den Preis für eine Einzelfahrt:

$$x : 3 = 2{,}50$$

Verwendet man wieder das Bild von der Waage, befinden sich in der linken Waagschale x : 3 und in der rechten der Wert 2,50. Multipliziert man x : 3 mit 3, so bleibt x übrig und die gesuchte Größe wäre somit isoliert. Um das Gleichgewicht zu behalten, muss die Zahl in der anderen Seite der Waage auch mit 3 multipliziert werden.

$$x : 3 = 2{,}50 \quad | \cdot 3$$
$$x : 3 \cdot 3 = 2{,}50 \cdot 3$$
$$x = 7{,}50$$

Die gesuchte Größe ist also 7,50, das heißt, 7,50 € sind der Preis für 3 Einzelfahrten.

Die Geteilt-Aufgabe in der Gleichung kann auch als Bruch dargestellt sein. Die Zahl unter dem Bruchstrich erscheint nach dem Multiplizieren auf der anderen Seite wieder oben mit einem Mal-Zeichen:

$$\frac{x}{③} = 2{,}50 \quad | \cdot 3$$
$$x = 2{,}50 \cdot ③$$

Wird in der Gleichung die gesuchte Größe durch eine Zahl geteilt, multipliziert man die Seite der Gleichung mit dieser Zahl, um x zu isolieren, also allein auf dieser Seite stehen zu haben. Damit die Gleichung weiterhin stimmt, muss man die andere Seite der Gleichung auch mit dieser Zahl multiplizieren.
Diese Rechnung wird wieder hinter einem Strich rechts von der Gleichung angezeigt. Wenn die gesuchte Größe allein auf einer Seite steht, kann man wieder auf der anderen Seite vom Gleichheitszeichen den Wert von x ablesen.

Aufgaben

Ermitteln Sie den Wert der gesuchten Größe. Fassen Sie mehrere Zahlen auf derselben Seite zusammen:

Beispiel

$\frac{x}{12} = 5 \cdot 2 - 8$

$\frac{x}{12} = 10 - 8$

$\frac{x}{12} = 2 \quad | \cdot 12$

$x = 2 \cdot 12$

$x = 24$

$\frac{r}{5} = 2 \cdot 3$

$y : 4 = 12 + 3$

$\frac{x}{7} = 42 : 6$

$\frac{x}{18} = 3$

$\frac{x}{4} = 4 \cdot 5 - 8$

Zusammenfassung

- Befindet sich bei dem x noch eine Zahl, durch die das x geteilt wird, multipliziert man beide Seiten der Gleichung mit dieser Zahl.

→ **„Wenn eine Geteilt-Zahl auf die andere Seite kommt, wird sie zur Mal-Zahl."**

$x : \mathbf{Zahl\ 1} = \text{Zahl } 2 \quad | \cdot \text{Zahl } 1$

$x = \text{Zahl } 2 \cdot \mathbf{Zahl\ 1}$

Wenn die Geteilt-Aufgabe als Bruch dargestellt ist, gilt:

→ **„Wenn eine Zahl unter dem Bruchstrich auf die andere Seite kommt, kommt sie mit einem Mal-Zeichen nach ‚oben'."**

$\frac{x}{\mathbf{Zahl\ 1}} = \text{Zahl } 2 \quad | \cdot \text{Zahl } 1$

$x = \text{Zahl } 2 \cdot \mathbf{Zahl\ 1}$

- Diese Rechenvorgänge werden hinter einem Strich rechts von der Gleichung angezeigt.

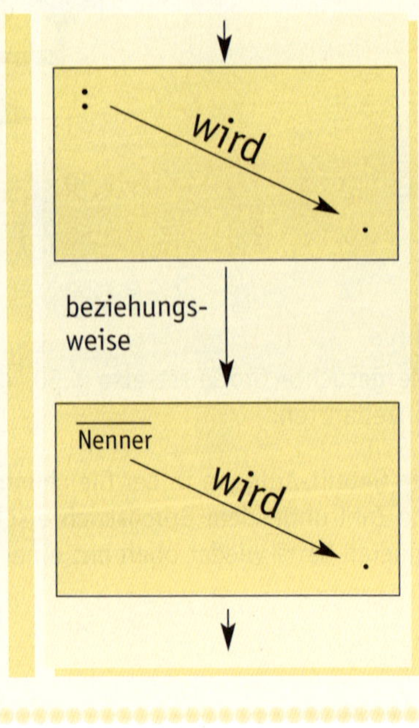

4.5 Gleichungen mit mehreren gleich großen Unbekannten (mehreren x)

Beispiel

Timo geht 2 Tage hintereinander auf den Rummelplatz. Er nimmt jeden Tag gleich viel Geld mit und gibt jedes Mal alles aus.
Am 1. Tag fährt er 2-mal Musikexpress, kauft sich für 2 € Pommes, für 2 € Eis und fährt dann noch 2-mal Musikexpress. Am 2. Tag kauft er sich eine Pizza für 3 €, trinkt dazu 2 Cola für je 1,50 €, fährt einmal Musikexpress, kauft sich für 2 € Eis und fährt zum Abschluss noch mal Musikexpress.
Timo weiß nicht mehr, wie viel Geld er dabei hatte und auch nicht mehr, wie viel ein Chip für den Musikexpress gekostet hat.

Die unbekannte Größe ist hier der Preis für einen Musikexpress-Chip. Er soll durch x dargestellt werden. Am 1. Tag hat Timo somit folgende Beträge ausgegeben: 2x (2 Fahrten Musikexpress) + 2 € (Pommes) + 2 € (Eis) + 2x (2 Fahrten Musikexpress) oder kürzer: $2x + 2 + 2 + 2x$

Der 2. Tag sah so aus: 3 € (Pizza) + 2 · 1,50 € (Cola) + x (1 Fahrt Musikexpress) + 2 € (Eis) + x (1 Fahrt Musikexpress) oder kürzer:

$$3 + 2 \cdot 1{,}5 + x + 2 + x$$

Da er jeden Tag gleich viel ausgegeben hat, kann man die beiden Tage als Gleichung darstellen: $2x + 2 + 2 + 2x = 3 + 2 \cdot 1{,}50 + x + 2 + x$

Zunächst fasst man wieder die Zahlen zusammen. Dabei ist die Punkt-vor-Strich-Regel zu beachten:

$$\begin{aligned}
2x + 2 + 2 + 2x &= 3 + 2 \cdot 1{,}50 + x + 2 + x \\
2x + 4 + 2x &= 3 + 3 + x + 2 + x \\
2x + 4 + 2x &= 8 + x + x \\
4x + 4 &= 8 + 2x
\end{aligned}$$

Um x zu isolieren, muss die 4 auf beiden Seiten abgezogen werden:

$$\begin{aligned}
4x + 4 &= 8 + 2x \qquad | -4 \\
4x + 4 - 4 &= 8 + 2x - 4 \\
4x &= 4 + 2x
\end{aligned}$$

s. Kapitel 4.1

Die 2x auf der rechten Seite werden auch auf beiden Seiten abgezogen:

$$\begin{aligned}
4x &= 4 + 2x \qquad | -2x \\
4x - 2x &= 4 + 2x - 2x \\
2x &= 4
\end{aligned}$$

Nun werden noch beide Seiten durch 2 geteilt:

$$\begin{aligned}
2x &= 4 \qquad | :2 \\
2x : 2 &= 4 : 2 \\
x &= 2
\end{aligned}$$

s. Kapitel 4.3

Ein Chip für den Musikexpress hat also 2 € gekostet.

Man kann die Probe machen, indem man den errechneten Wert in das x der Anfangsgleichung einsetzt:

$$
\begin{aligned}
2x + 2 + 2 + 2x &= 3 + 2 \cdot 1{,}50 + x + 2 + x \\
2 \cdot \mathbf{2} + 2 + 2 + 2 \cdot \mathbf{2} &= 3 + 2 \cdot 1{,}50 + \mathbf{2} + 2 + \mathbf{2} \\
4 + 2 + 2 + 4 &= 3 + 3 + 2 + 2 + 2 \\
12 &= 12
\end{aligned}
$$

Die 12 ist in diesem Fall der Betrag, den Timo jeden Tag ausgegeben hat.

Sind in einer Gleichung mehrere gleich große unbekannte Größen (mehrere x), bringt man diese auf eine Seite und fasst sie zusammen. Auch die anderen Zahlen werden zusammengefasst. x muss wieder isoliert werden, also allein auf einer Seite stehen.
Diese Rechenschritte werden auch hier wieder hinter einem Strich rechts von der Gleichung angezeigt. Wenn die gesuchte Größe allein auf einer Seite steht, kann man wieder auf der anderen Seite vom Gleichheitszeichen den Wert von x ablesen.

Aufgaben

Ermitteln Sie den Wert der gesuchten Größe:

Beispiel

3x + 4 – x + 5	*= 5 · 3 – 2x*	
2x + 9	*= 15 – 2x*	*| – 9*
2x	*= 6 – 2x*	*| + 2x*
4x	*= 6*	
x	*= 1,5*	

$14x - 4x : 2 = 3 \cdot 3x + 27$

$8x + 2 \cdot 7 = x + 4x - 3x + 20$

$y + 2y + 35 : 7 = 5 \cdot 2 + y$

$9x - 12 = 9x + 13 - 5x$

$16 : 2 + 20x : 2 = 3 \cdot 5 - 4x$

Zusammenfassung

- Mehrere x in einer Gleichung werden zusammengefasst, auf eine Seite gebracht und dort isoliert.

5x + 2x	=	3x + Zahl 1	
7x	=	3x + Zahl 1	| – 3x
4x	=	Zahl 1	| : 4
x	=	$\frac{\text{Zahl 1}}{4}$	

- Diese Rechenvorgänge werden hinter einem Strich rechts von der Gleichung angezeigt.

Mehrere x in der Gleichung auf eine Seite bringen und dort isolieren!

4.6 Übersicht

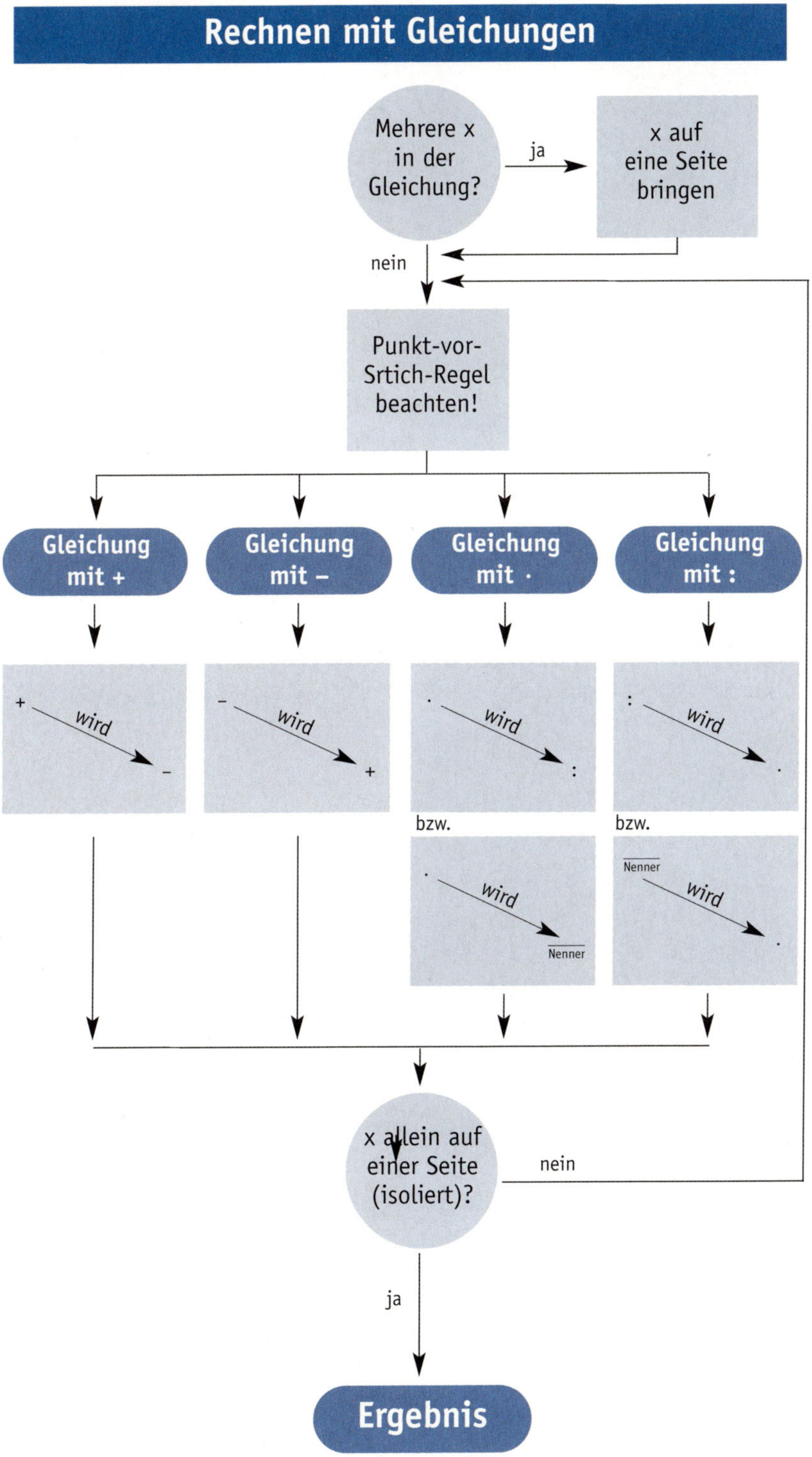

4.7 Üben

Aufgaben

1.

a) $x + 17 = 41$	f) $5 + y + 9 = 10 + 11$
b) $x - 21 = 5$	g) $z - 9 = 8 \cdot 7 + 2$
c) $x - 17 - 5 = 5 - 3$	h) $z + 4 = 4 \cdot 6$
d) $x + 4 + 8 = 15$	i) $a + 6 \cdot 5 = 160 : 4$
e) $y - 16 + 8 = 3 + 4$	j) $z - 2 \cdot 7 = 45 : 5$

2.

a) $4x = 28$	f) $7y = 58 + 5$
b) $6x = 50 - 2$	g) $3z = 6 \cdot 7 + 3$
c) $\frac{x}{5} = 3$	h) $a : 6 = 10 + 3 - 11$
d) $y : 4 = 4 - 1$	i) $\frac{c}{4} = 18 : 9$
e) $z : 10 = 16 + 4$	j) $b : 7 = 3 \cdot 4 - 5$

3.

a) $8x + 3x = 99$	f) $4b \cdot 2 = 6b + 34$
b) $6x - 4x = 8 - 2$	g) $8z - 2z + 15 = 3 \cdot 35$
c) $5x + 2x - 14 = 14 : 2$	h) $4x + 3x = 8x - 5x + 14$
d) $15 - 10 + 2y + 3y = 10 + 10$	i) $26 + 18x - 30 - 6x = 9x + 8$
e) $14 : 2 + 6a - a = 4 \cdot 8$	j) $7 + 11{,}5x - 12 - 4x + x = 3{,}5x + 30$

4.

a) $x - 38 = 4$	f) $12 + y - 4 = 25 - 8$
b) $x + 35 = 71$	g) $z + 4 = 9 \cdot 6 + 11$
c) $x + 14 + 29 = 78 - 21$	h) $z - 18 = 92 : 4$
d) $x - 28 - 11 = 4 + 17$	i) $a + 72 : 9 = 6{,}5 \cdot 4$
e) $y + 14 - 23 = 17 - 11$	j) $z + 18 : 6 = 14 \cdot 3$

5.

a) $11x = 121$	f) $3y = 13 \cdot 6$
b) $7x = 59 + 4$	g) $5z = 8 \cdot 6 - 3$
c) $\frac{x}{8} = 4$	h) $a : 4 = 18 - 2 \cdot 3$
d) $y : 7 = 3 + 5$	i) $\frac{c}{9} = 28 : 4$
e) $z : 17 = 15 : 5$	j) $b : 15 = 5 \cdot 6 - 27$

6.

a) $5x + 3x = 32$	f) $5b \cdot 3 = 3b + 6 \cdot 8$
b) $15x - 3x = 10 \cdot 6$	g) $10z - 7z - 18 = 42 : 7$
c) $9x - 7x - 30 = 4 \cdot 5$	h) $8x + 5x = 14x - 9x + 4$
d) $18 + 16 + 6y - y = 80 - 1$	i) $14 + 4x - 10 - x = 2x + 10$
e) $36 : 6 + 4a + a = 2 \cdot 8$	j) $12 + 14{,}5x - 10 + 2x = 3{,}5x + x + 11$

7.

a) $x + 29 = 143$	f) $10 + y - 8 = 35 + 6$
b) $x - 135 = 8$	g) $z - 5 = 27 : 9 + 11$
c) $x - 24 + 29 = 13 + 97$	h) $z + 13 = 17 \cdot 4$
d) $x + 44 - 62 = 53 - 17$	i) $a - 12 \cdot 5 = 17{,}5 : 2{,}5$
e) $y - 24 + 30 = 37 - 45$	j) $z + 48 : 8 = 24 \cdot 2$

8.

a) $12x = 78$	f) $4y = 12 \cdot 7$
b) $8x = 77 - 5$	g) $9z = 3 \cdot 6 + 6 \cdot 6$
c) $\frac{x}{9} = 5$	h) $a : 7 = 45 - 5 \cdot 7$
d) $y : 5 = 14 - 5$	i) $\frac{c}{3} = 44 : 4$
e) $z : 18 = 30 : 6$	j) $b : 13 = 7 \cdot 6 - 37$

9.

a) $9x + 6x = 75$	f) $3b \cdot 4 = 2b + 5 \cdot 8$
b) $19x - 7x = 6 \cdot 6$	g) $8z + 7z + 13 = 60 : 4 + 28$
c) $x + 4x - 25 = 6 \cdot 5$	h) $9x - 5x = 12x - 10x + 3$
d) $8 + 10 - 2y + 3y = 27 + 15$	i) $25 + 3x - 11 - x = x + 30$
e) $54 : 6 + 3a + 2a = 48 : 16 + 26$	j) $23 + 8{,}7x - 12 + 6x = 3{,}7x + x + x + 29$

5 Prozentrechnen

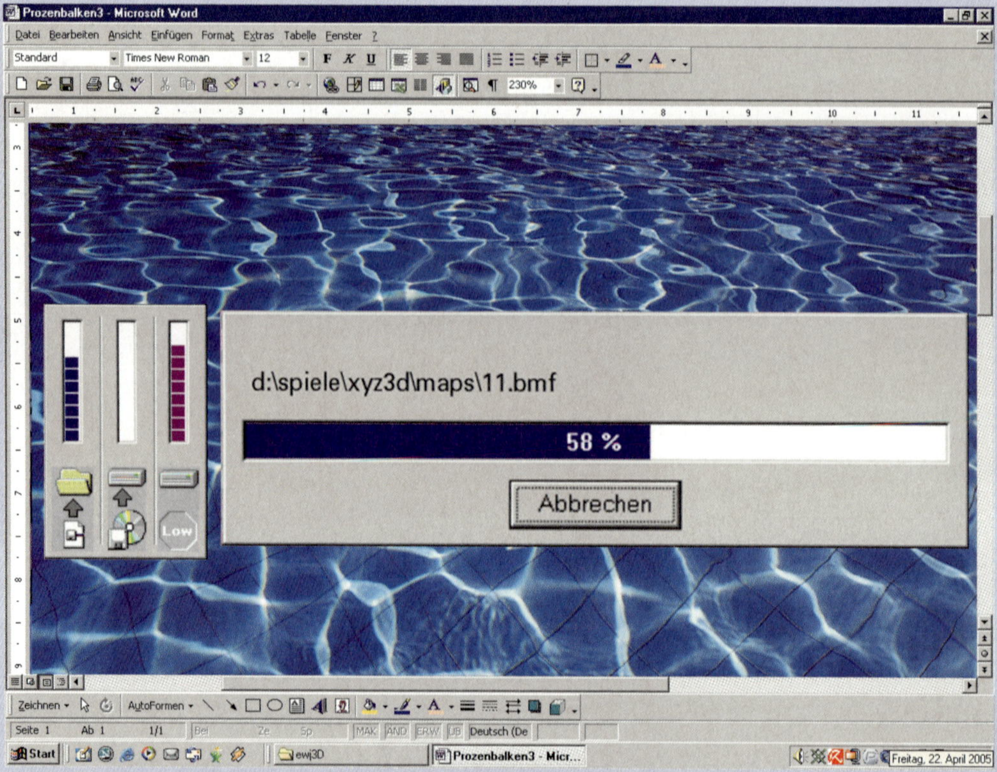

5.1 Wozu Prozentrechnen?

Beispiel

Anna liest im Schaufenster: „20 % Preisnachlass auf CDs". Anna interessiert sich für zwei CDs, die eine kostet normalerweise 16 €, die andere 14 €.

Prozent bedeutet soviel wie „pro Hundert" oder „Teile von Hundert". Es wird einfach so getan, als sei eine Menge genau Hundert und der angegebene Prozentsatz ist dann die Anzahl der einzelnen Teile von Hundert, also die Hundertstel. Symbolisiert wird es durch das Prozentzeichen: %.

Im obigen Beispiel tut man so, als sei der Verkaufspreis der CD nicht 16 € oder 14 €, sondern 100. Wäre er 100 €, gäbe es 20 € Preisnachlass. In Wirklichkeit ist der Preis aber nicht 100 €, daher sind es auch nicht 20 € Preisnachlass, sondern 20 Hundertstel von 16 € beziehungsweise von 14 €.

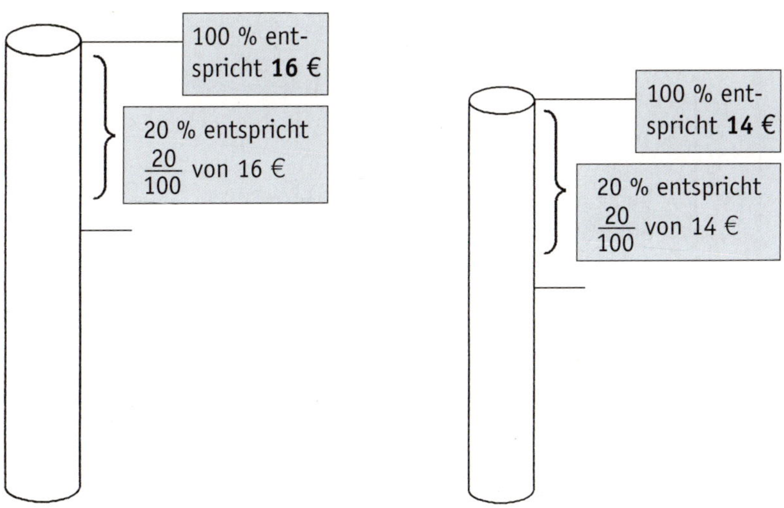

Für die erste CD muss Anna also zunächst 1 Hunderstel von 16 € ausrechnen:

16 € : 100 = 0,16 €

Da der Händler aber nicht nur 1 %, also 1 Hundertstel Nachlass gewährt, sondern 20, muss sie den Wert mit 20 malnehmen:

0,16 · 20 = 3,20 €

Im zweiten Fall berechnet Anna 1 Hunderstel von 14 €:

14 € : 100 = 0,14 €

Diesen Wert multipliziert sie wieder mit 20:

0,14 · 20 = 2,80 €

Anna müsste also für die erste CD 3,20 € weniger und für die zweite CD 2,80 € weniger bezahlen als sonst.

Beim Prozentrechnen gibt es drei Größen:

Grundwert:	Er entspricht dem Wert von 100 %; er ist das Ganze, hier abgekürzt mit Gw.
Prozentsatz:	Er ist der Anteil am Ganzen, wenn das Ganze genau 100 wäre, also die Anzahl der Hundertstel, gekennzeichnet mit dem %-Zeichen, hier abgekürzt mit ps.
Prozentwert:	Er ist der Wert des Anteils, der Wert des angegebenen Prozentsatzes, ausgedrückt in der gleichen Einheit wie der Grundwert, hier abgekürzt mit Pw.

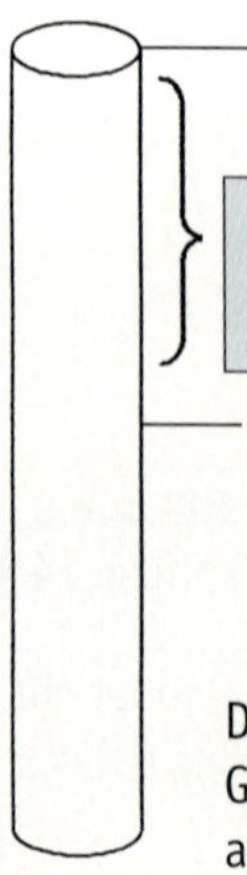

Durch das Prozentrechnen ist es möglich, für verschiedene Größen, z. B. unterschiedliche Preise, vergleichbare Anteile auszudrücken. Alle CDs werden verhältnismäßig gleich billiger.

Zusammenfassung

Beim Prozentrechnen gibt es drei Größen:

1. **Gw** = der Grundwert; das Ganze, der Wert von 100 %
2. **ps** = der Prozentsatz; der Anteil, angegeben in %
3. **Pw** = der Prozentwert; der Anteil, angegeben als Wert

5.2 Berechnung des Prozentwertes

Im Beispiel des Kapitels 5.1 hat Anna den Prozentwert ausgerechnet, also den Wert des Preisnachlasses, ausgedrückt in Euro. Es gibt mehrere Möglichkeiten zur Berechnung des Prozentwertes:

Berechnung mit Hilfspfeilen:

$100\ \% \triangleq 16\ €$

:100 ↓ ↓ :100

$1\ \% \triangleq 0{,}16\ €$

·20 ↓ ↓ ·20

$20\ \% \triangleq \underline{\underline{3{,}20\ €}}$

Statt des Gleichheitszeichens verwendet man ein „Entspricht“-Zeichen, die gesuchte Größe (€) kommt nach rechts.

Auf beiden Seiten der Gleichung wird durch 100 geteilt, um den Wert von 1 Prozent zu ermitteln.

Auf beiden Seiten wird mit dem Prozentsatz multipliziert, um den Prozentwert zu berechnen.

Statt die Ergebnisse der jeweiligen Hilfspfeile gleich auszurechnen, kann man auch mit Bruch und Multiplikation arbeiten:

$100\ \% \triangleq 16\ €$

:100 ↓ ↓ :100

$1\ \% \triangleq \frac{16}{100}\ €$

·20 ↓ ↓ ·20

$20\ \% \triangleq \frac{16\ € \cdot 20}{100}$

$20\ \% \triangleq \underline{\underline{3{,}20\ €}}$

Berechnung mit Dreisatz (vgl. Kap. 3.1):

100 % – 16 €

20 % – x

$x = \frac{20\ \% \cdot 16\ €}{100}$

Bedingungssatz: gesuchte Größe nach rechts

Fragesatz: gleiche Größe unter gleiche Größe

Beim Prozentrechnen liegt immer ein gerades Verhältnis vor, deshalb gilt folgende Reihenfolge: ←↙

Berechnung mit Formel:

$Pw = \frac{Gw \cdot ps}{100}$ Die Formel zur Berechnung des Prozentwertes findet man in vielen Formelsammlungen.

$Pw = \frac{16 \cdot 20}{100}$ Die angegebenen Werte werden in die Formel eingesetzt.

$Pw = \underline{\underline{3{,}20\ €}}$ Die Gleichung wird ausgerechnet.

Der Prozentwert lässt sich auf mehrere Möglichkeiten berechnen:
1. mit Hilfspfeilen, 2. mit dem Dreisatz, 3. mit der Formel.

Aufgaben

Berechnen Sie folgende Prozentwerte nach einem Ihnen angenehmen Rechenweg:

Beispiel

30 % von 210 kg (exemplarisch mit Hilfspfeilen)

100 % = 210 kg

:100 ↓ ↓ *:100*

1 % = 2,1 kg

·30 ↓ ↓ *·30*

30 % = 63 kg

25 % von 4 200 m	80 % von 500 Schülern	5 % von 3 Liter
41 % von 350 €	95 % von 3 000 Menschen	120 % von 680 €

Zusammenfassung

Berechnen Sie den Prozentwert nach einem der folgenden Rechenwege:

1. Berechnung mit Hilfspfeilen:
Gesuchte Größe nach rechts (hier a, entspricht dem Grundwert). Beide Seiten durch 100 teilen, um 1 % zu ermitteln. Beide Seiten mit dem Prozentsatz malnehmen (hier: b).

$100\,\% \mathrel{\hat{=}} a$

:100 ↓ ↓ :100

$1\,\% \mathrel{\hat{=}} \frac{a}{100}$

·b ↓ ↓ ·b

$b\,\% \mathrel{\hat{=}} \frac{a \cdot b}{100}$

2. Berechung mit Dreisatz:
Bedingungssatz bilden, gesuchte Größe nach rechts
Fragesatz bilden, gleiche Größe unter gleiche Größe
Bruchsatz nach der Reihenfolge: ↙

$100\,\% - a$

$b\,\% - x$

$x = \frac{b\,\% \cdot a}{100\,\%}$

3. Berechnung mit Formel:
Formel aus einer Formelsammlung entnehmen oder auswendig lernen.
Gegebene Größen einsetzen und Gleichung ausrechnen.

$$Pw = \frac{Gw \cdot ps}{100}$$

5.3 Berechnung des Prozentsatzes

Beispiel

Anna liest in einem Prospekt, dass eine CD von ursprünglich 17 € um 4 € auf 13 € herabgesetzt wurde. Sie möchte wissen, wie viel Prozent das wohl sind.

In diesem Fall sind der Prozentwert (4 €) und der Grundwert (17 €) gegeben. Gesucht ist dieses Mal der Prozentsatz. Auch der lässt sich auf verschiedenen Wegen berechnen:

Berechnung mit Hilfspfeilen:

$$17\ € \mathrel{\hat{=}} 100\ \%$$

:17 | :17

$$1\ € \mathrel{\hat{=}} \frac{100\ \%}{17}$$

·4 | ·4

$$4\ € \mathrel{\hat{=}} \frac{100\ \% \cdot 4}{17}$$

$$4\ € \mathrel{\hat{=}} \underline{\underline{23{,}53\ \%}}$$

Gesucht ist dieses Mal nicht €, sondern %, also steht die gesuchte Größe % auf der rechten Seite.

Auf beiden Seiten der Gleichung wird durch 17 geteilt, um zu ermitteln, welchem Prozentsatz 1 € entspricht.

Auf beiden Seiten wird mit dem Prozentwert multipliziert, um den Prozentsatz des Anteils zu berechnen.

Berechnung mit Dreisatz:

17 € – 100 %

4 € – x

$$x = \frac{4\ € \cdot 100\ \%}{17\ €}$$

$$x \approx \underline{\underline{23{,}53\ \%}}$$

Bedingungssatz: gesuchte Größe (hier: %) nach rechts

Fragesatz: gleiche Größe unter gleiche Größe

Beim Prozentrechnen liegt immer ein gerades Verhältnis vor, deshalb gilt wieder die Reihenfolge: ↙

Berechnung mit Formel:

$$ps = \frac{Pw \cdot 100}{Gw}$$

Die Formel zur Berechnung des Prozentsatzes findet man in vielen Formelsammlungen oder man stellt die Formel zur Berechnung des Prozentwertes um.

$$ps = \frac{4 \cdot 100}{17}$$

Die angegebenen Werte werden in die Formel eingesetzt.

$$ps \approx \underline{\underline{23{,}53\ \%}}$$

Die Gleichung wird ausgerechnet.

Vergleichen Sie hierzu auch Kapitel 4, „Gleichungen“.

Auch der Prozentsatz lässt sich auf mehrere Möglichkeiten berechnen:
1. mit Hilfspfeilen, 2. mit dem Dreisatz, 3. mit der Formel.

Aufgaben

Berechnen Sie folgende Prozentsätze nach einem Ihnen angenehmen Rechenweg:

Beispiel

60 kg von 800 kg (exemplarisch nach Dreisatz)

800 kg – 100 %

60 kg – x

$$x = \frac{60\ \text{kg} \cdot 100}{800\ \text{kg}}$$

$$x = \underline{\underline{7{,}5\ \%}}$$

210 m von 4 200 m	340 von 500 Schülern	0,6 Liter von 3 Liter
273 € von 350 €	1 770 von 3 000 Menschen	1.360 € von 680 €

Zusammenfassung

Berechnen Sie den Prozentsatz nach einem der folgenden Rechenwege:

1. Berechnung mit Hilfspfeilen:
Gesuchte Größe nach rechts (hier %) (a entspricht dem Grundwert). Beide Seiten so teilen, dass eine Einheit des Ganzen (des Grundwertes) ermittelt wird. Beide Seiten mit der Anzahl der gesuchten Einheiten malnehmen (hier: b).

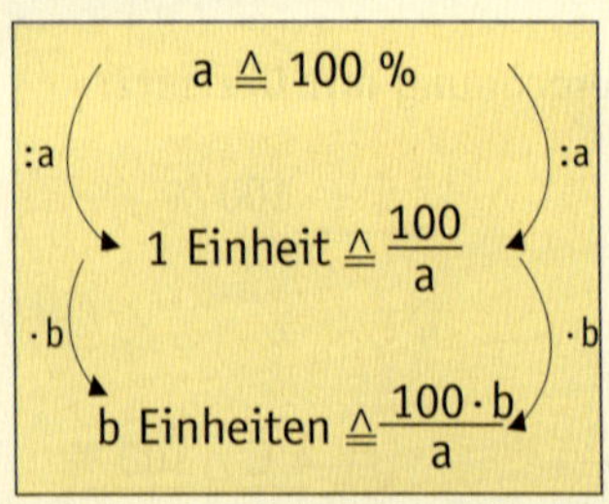

2. Berechung mit Dreisatz:
Bedingungssatz bilden, gesuchte Größe nach rechts (a entspricht dem Grundwert).
Fragesatz bilden, gleiche Größe unter gleiche Größe (b entspricht dem Prozentwert).
Bruchsatz nach der Reihenfolge: 

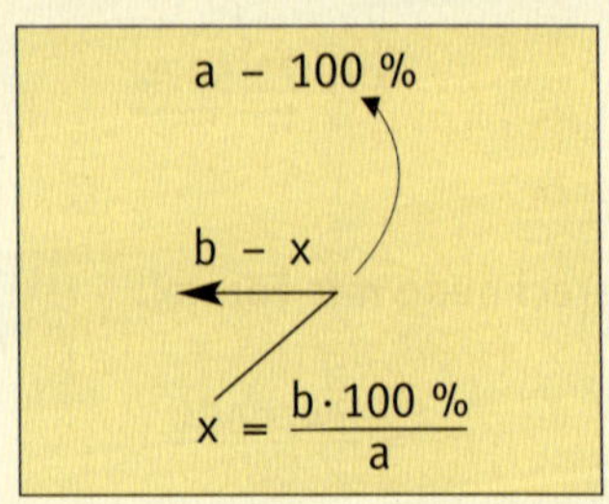

3. Berechnung mit Formel:
Formel aus einer Formelsammlung entnehmen, auswendig lernen oder von der Formel für den Prozentwert ableiten. Gegebene Größen einsetzen und Gleichung ausrechnen.

$$Ps = \frac{Pw \cdot 100}{Gw}$$

5.4 Berechnung des Grundwertes

Beispiel

Marco erzählt Anna, dass er eine CD gekauft hat, die um 16 % ermäßigt war. Sie wäre 3 € billiger gewesen als normal.

Interessant ist die Frage, wie viel die CD gekostet hat. Sie lässt sich vom ursprünglichen Preis her beantworten. Dieser ursprüngliche Preis entspricht dem Grundwert und ist hier die gesuchte Größe. Der Prozentwert (3 €) und der Prozentsatz (16 %) sind gegeben.

Berechnung mit Hilfspfeilen:

$$16\,\% \mathrel{\hat{=}} 3\,€$$

$$:16 \qquad :16$$

$$1\,\% \mathrel{\hat{=}} \frac{3\,€}{16}$$

$$\cdot 100 \qquad \cdot 100$$

$$100\,\% \mathrel{\hat{=}} \frac{3\,€ \cdot 100}{16}$$

$$100\,\% \mathrel{\hat{=}} \underline{\underline{18{,}75\,€}}$$

Gesuchte Größe (€) auf die rechte Seite.

Auf beiden Seiten der Gleichung wird durch 16 geteilt, um den Wert von 1 % zu ermitteln.

Das Ergebnis wird auf beiden Seiten mit 100 multipliziert, um den Wert von 100 % und somit den Grundwert zu errechnen.

18,75 € ist der ursprüngliche Preis der CD. Nach der Ermäßigung von 3 € musste Marco also noch 15,75 € bezahlen.

Berechnung mit Dreisatz:

$$16\,\% - 3\,€$$

$$100\,\% - x$$

$$x = \frac{100\,\% \cdot 3\,€}{16\,\%}$$

$$x \approx \underline{\underline{18{,}75\,€}}$$

Bedingungssatz: gesuchte Größe (hier: €) nach rechts

Fragesatz: gleiche Größe unter gleiche Größe

Beim Prozentrechnen liegt immer ein gerades Verhältnis vor, deshalb gilt wieder die Reihenfolge: ↙

Berechnung mit Formel:

$$Gw = \frac{Pw \cdot 100}{ps}$$

$$Gw = \frac{3 \cdot 100}{16}$$

$$Gw \approx \underline{\underline{18{,}75\,€}}$$

Die Formel zur Berechnung des Grundwertes findet man in vielen Formelsammlungen oder man stellt die Formeln zur Berechnung des Prozentwertes oder des Prozentsatzes um.

s. Kapitel 4

Die angegebenen Werte werden in die Formel eingesetzt. Die Gleichung wird ausgerechnet.

Schließlich lässt sich auch der Grundwert auf mehrere Möglichkeiten berechnen:
1. mit Hilfspfeilen, 2. mit dem Dreisatz, 3. mit der Formel.

Aufgaben

Berechnen Sie folgende Grundwerte nach einem Ihnen angenehmen Rechenweg:

Beispiel

12 % = 30 kg (exemplarisch nach Formel)

$$Gw = \frac{Pw \cdot 100}{ps}$$

$$Gw = \frac{30 \cdot 100}{12}$$

$$Gw = \underline{\underline{250}}$$

30 % = 450 m	4 % = 24 Menschen	15 % = 0,6 Liter
80 % = 420 €	95 % = 8 075 Menschen	115 % = 258,75 €

Zusammenfassung

Berechnen Sie den Grundwert nach einem der folgenden Rechenwege:

1. Berechnung mit Hilfspfeilen:
Gesuchte Größe nach rechts (hier b, entspricht dem Prozentwert, a entspricht dem Prozentsatz). Beide Seiten durch die Anzahl der % teilen, um den Wert von 1 % zu errechnen. Beide Seiten mit 100 multiplizieren, um den Wert von 100 % zu ermitteln.

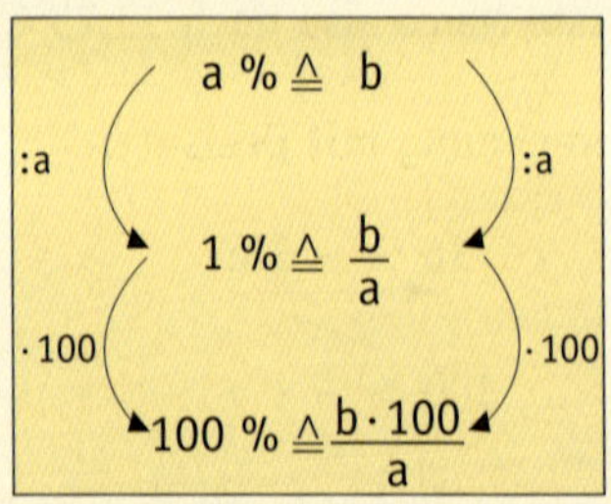

2. Berechung mit Dreisatz:
Bedingungssatz bilden, gesuchte Größe nach rechts (a entspricht dem Prozentsatz, b dem Prozentwert). Fragesatz bilden, gleiche Größe unter gleiche Größe. Bruchsatz nach der Reihenfolge: 

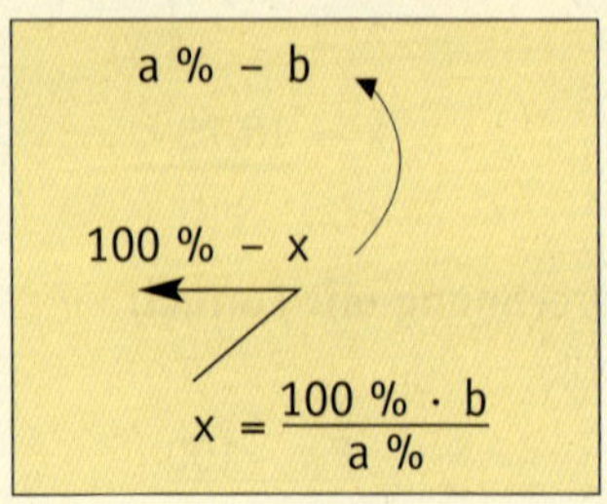

3. Berechnung mit Formel:
Formel aus einer Formelsammlung entnehmen, auswendig lernen oder von den Formeln für Prozentwert oder Prozentsatz ableiten. Gegebene Größen einsetzen und Gleichung ausrechnen.

$$Gw = \frac{Pw \cdot 100}{ps}$$

5.5 Erhöhter Grundwert

Annas Monatskarte ist 3 % teurer geworden. Sie kostet jetzt 46,35 €. Anna versucht sich zu erinnern, wie viel die Monatskarte vor der Erhöhung gekostet hat.

Beispiel

Bei der Preiserhöhung um 3 Prozent wurde vom vorherigen Preis ausgegangen. Dieser Preis entsprach 100 %. Der neue Preis ist um 3 % höher als der ursprüngliche Preis und entspricht somit 100 % + 3 % = 103 %. Man nennt dies **vermehrten Grundwert** oder **erhöhten Grundwert**, da der Grundwert über 100% hinaus erhöht wurde. Da die Erhöhung auf die 100 % aufgerechnet wird, spricht man auch von **Auf-Hundert-Rechnung**.

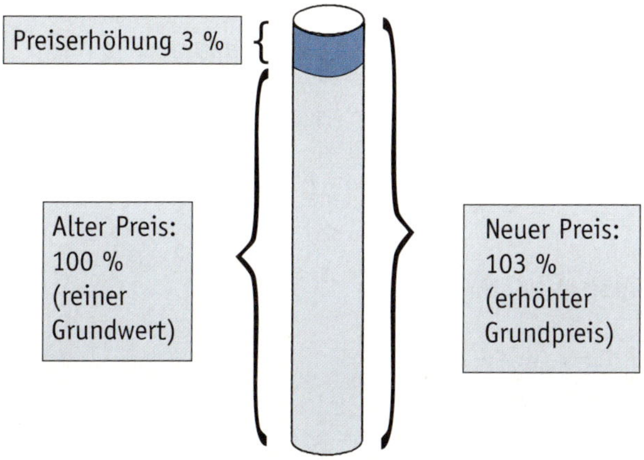

Man darf nicht vom reinen Grundwert = 100 ausgehen, sondern vom erhöhten Grundwert = 100 + Erhöhung.

Wieder gibt es mehrere Rechenwege:

Berechnung mit Hilfspfeilen:

$$103\ \% \triangleq 46{,}35\ €$$

(:103 auf beiden Seiten)

$$1\ \% \triangleq \frac{46{,}35\ €}{103}$$

(·100 auf beiden Seiten)

$$100\ \% \triangleq \frac{46{,}35\ € \cdot 100}{103}$$

$$100\ \% \triangleq \underline{\underline{45\ €}}$$

Links **100 % + Erhöhung**, rechts die gesuchte Größe (€), also der erhöhte Grundwert.

Auf beiden Seiten der Gleichung wird durch 103 geteilt, um den Wert von 1 % zu ermitteln.

Das Ergebnis wird auf beiden Seiten mit 100 multipliziert, um den Wert von 100 % und somit den Grundwert zu errechnen.

Die Monatskarte kostete vor der Preiserhöhung also 45 €.

Berechnung mit Dreisatz:

103 % – 46,35 €

100 % – x

$$x = \frac{100\ \% \cdot 46{,}35\ €}{103\ \%}$$

$$x = \underline{\underline{45\ €}}$$

Bedingungssatz: links 100 % + Erhöhung, rechts die gesuchte Einheit (hier: €)

Fragesatz: gleiche Größe unter gleiche Größe

Beim Prozentrechnen liegt immer ein gerades Verhältnis vor, deshalb gilt wieder die Reihenfolge:

Berechnung mit Formel:

$$Gw = \frac{\text{Erhöhter Gw} \cdot 100}{100 + \text{Erhöhung}}$$

$$Gw = \frac{46{,}35 \cdot 100}{103}$$

$$Gw = \underline{\underline{45\ €}}$$

Die angegebenen Werte werden in die Formel eingesetzt.

Die Gleichung wird ausgerechnet.

Beim vermehrten Grundwert geht man **nicht** von **100 %** als Ganzem aus, sondern von **100 % + Erhöhung.** Der vermehrte Grundwert lässt sich wieder auf mehrere Möglichkeiten berechnen:
1. mit Hilfspfeilen, 2. mit dem Dreisatz, 3. mit der Formel.

Aufgaben

Berechnen Sie die reinen Grundwerte nach einem Ihnen angenehmen Rechenweg:

Beispiel

Mehrwertsteuer: 16 %
Preis mit Mehrwertsteuer: 98,60 €
Gesucht: Preis ohne Mehrwertsteuer
(exemplarisch nach Dreisatz)

$116\ \% - 98{,}60\ €$

$100\ \% - x$

$$x = \frac{100\ \% \cdot 98{,}60\ €}{116\ \%}$$

$$x = \underline{\underline{85\ €}}$$

Gehaltserhöhung: 2 % Neues Gehalt: 1.377 € Gesucht: Gehalt vor der Erhöhung	Preiserhöhung: 2,5 % Neuer Preis: 18,45 € Gesucht: Preis vor der Erhöhung	Mehrwertsteuer: 16 % Preis mit Mehrwertsteuer: 14,5 € Gesucht: Preis ohne Mehrwertsteuer
Steigerung der monatl. Ausgaben: 5 % Monatliche Ausgaben: 1.181,25 € Gesucht: monatl. Ausgaben vor der Steigerung	Mieterhöhung: 4,5 % Neue Miete: 355,30 € Gesucht: Miete vor der Erhöhung	Preiserhöhung: 7 % Neuer Preis: 11,77 € Gesucht: Preis vor der Erhöhung

Zusammenfassung

Beim vermehrten Grundwert geht man nicht von 100 % aus, sondern von 100 % + Erhöhung. Berechnen Sie ihn nach einem der folgenden Rechenwege:

1. **Berechnung mit Hilfspfeilen:**
   a entspricht 100 + Erhöhung, b ist der erhöhte Grundwert. Beide Seiten durch die Anzahl der % teilen, um den Wert von 1 % zu errechnen.
   Beide Seiten mit 100 multiplizieren, um den Wert von 100 %, den reinen Grundwert, zu ermitteln.

2. **Berechung mit Dreisatz:**
   Bedingungssatz bilden, gesuchte Größe nach rechts (a entspricht 100 + Erhöhung, b dem erhöhten Grundwert).
   Fragesatz bilden, gleiche Größe unter gleiche Größe, Bruchsatz nach der Reihenfolge: ↰

3. **Berechnung mit Formel:**
   Gegebene Größen einsetzen und Gleichung ausrechnen.

$a\ \% \triangleq b$ (:a)

$1\ \% \triangleq \frac{b}{a}$ (·100)

$100\ \% \triangleq \frac{b \cdot 100}{a}$

$a\ \% - b$

$100\ \% - x$

$$x = \frac{100\ \% \cdot b}{a\ \%}$$

$$Gw = \frac{\text{Erhöhter Gw} \cdot 100}{100 + \text{Erhöhung}}$$

5.6 Verminderter Grundwert

Beispiel

Während ihres Praktikums erhält Anna auf alle Artikel 10 % Mitarbeiterrabatt. Zum Feierabend nimmt sie sich ein Eis mit und zahlt dafür 1,35 €.

Bei dem Mitarbeiterrabatt von 10 Prozent wurde vom regulären Preis ausgegangen. Dieser Preis entsprach 100 %. Der neue Preis ist um 10 % niedriger als der ursprüngliche Preis und entspricht somit 100 % – 10 % = 90 %. Man nennt dies verminderten Grundwert, da der Grundwert unter 100 % vermindert wurde. Da die Verminderung von den 100 % abgezogen wird und es somit weniger als 100 % sind, spricht man auch von **Im-Hundert-Rechnung**.

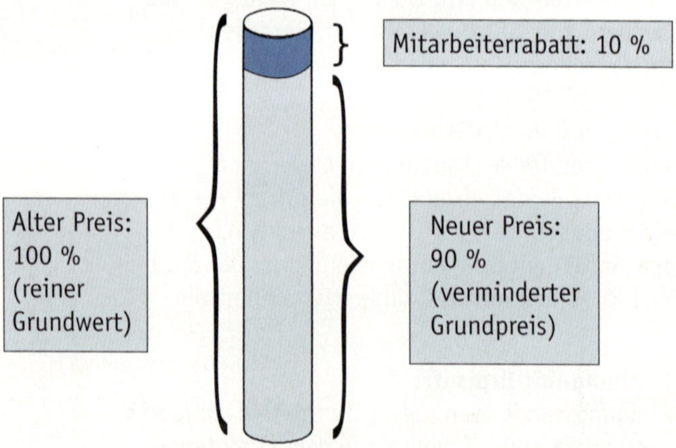

Man darf nicht vom reinen Grundwert = 100 ausgehen, sondern vom verminderten Grundwert = 100 – Verminderung.

Wieder gibt es mehrere Rechenwege:

Berechnung mit Hilfspfeilen:

$$90\,\% \triangleq 1{,}35\,€$$

$$:90 \qquad\qquad :90$$

$$1\,\% \triangleq \frac{1{,}35\,€}{90}$$

$$\cdot 100 \qquad\qquad \cdot 100$$

$$100\,\% \triangleq \frac{1{,}35\,€ \cdot 100}{90}$$

$$100\,\% \triangleq \underline{\underline{1{,}5\,€}}$$

Links 100 % – Verminderung, rechts die gesuchte Größe (€), also der verminderte Grundwert.

Auf beiden Seiten der Gleichung wird durch 90 geteilt, um den Wert von 1 % zu ermitteln.

Das Ergebnis wird auf beiden Seiten mit 100 multipliziert, um den Wert von 100 % und somit den Grundwert zu errechnen.

Das Eis würde normalerweise 1,50 € kosten.

Berechnung mit Dreisatz:

$$90\,\% - 1{,}35\,€$$

$$100\,\% - x$$

$$x = \frac{100\,\% \cdot 1{,}35\,€}{90\,\%}$$

$$x = \underline{\underline{1{,}5\,€}}$$

Bedingungssatz: links 100 – Verminderung, rechts die gesuchte Größe (hier: €)

Fragesatz: gleiche Größe unter gleiche Größe

Beim Prozentrechnen liegt immer ein gerades Verhältnis vor, deshalb gilt wieder die Reihenfolge:

Berechnung mit Formel:

$$Gw = \frac{\text{Verminderter Gw} \cdot 100}{100 - \text{Verminderung}}$$

$$Gw = \frac{1{,}35 \cdot 100}{90}$$

Die angegebenen Werte werden in die Formel eingesetzt.

$$Gw = \underline{\underline{1{,}5\,€}}$$

Die Gleichung wird ausgerechnet.

Beim verminderten Grundwert geht man **nicht** von **100 %** als Ganzem aus, sondern von **100 % – Verminderung**. Der verminderte Grundwert lässt sich wieder auf mehrere Möglichkeiten berechnen:
1. mit Hilfspfeilen, 2. mit dem Dreisatz, 3. mit der Formel.

Aufgaben

Berechnen Sie die reinen Grundwerte nach einem Ihnen angenehmen Rechenweg:

Beispiel

Anteil der Verpackung am Gewicht: 3,5 %
Gewicht ohne Verpackung: 480 kg
Gesucht: Gewicht mit Verpackung
(exemplarisch nach Formel)

$$Gw = \frac{\text{Verminderter Gw} \cdot 100}{100 - \text{Verminderung}}$$

$$Gw = \frac{480 \cdot 100}{96{,}5}$$

$$Gw \approx \underline{\underline{497{,}41\ kg}}$$

Senkung der monatlichen Ausgaben: 4 % Monatliche Ausgaben jetzt: 1.056,00 € Gesucht: monatliche Ausgaben vor der Senkung	Gehalts-Kürzung: 1,8 % Neues Gehalt: 1.227,50 € Gesucht: Gehalt vor der Kürzung	Preisnachlass: 11 % Neuer Preis: 176,22 € Gesucht: Preis vor dem Nachlass
Mietsenkung: 3,2 % Neue Miete: 561,44 € Gesucht: Miete vor der Senkung	Anteil der Verpackung am Gewicht: 14,5 % Gewicht ohne Verpackung: 109,44 kg Gesucht: Gewicht mit Verpackung	Preisnachlass: 12 % Neuer Preis: 30,36 € Gesucht: Preis vor dem Nachlass

Zusammenfassung

Beim verminderten Grundwert geht man nicht von **100 %** aus, sondern von **100 % – Verminderung**. Berechnen Sie den verminderten Grundwert nach einem der folgenden Rechenwege:

1. **Berechnung mit Hilfspfeilen:**
   a entspricht 100 – Verminderung, b ist der verminderte Grundwert. Beide Seiten durch die Anzahl der % teilen, um den Wert von 1 % zu errechnen. Beide Seiten mit 100 multiplizieren, um den Wert von 100 %, den reinen Grundwert, zu ermitteln.

2. **Berechung mit Dreisatz:**
   Bedingungssatz bilden, gesuchte Größe nach rechts (a entspricht 100 – Verminderung, b dem verminderten Grundwert).
   Fragesatz bilden, gleiche Größe unter gleiche Größe
   Bruchsatz nach der Reihenfolge: 

3. **Berechnung mit Formel:**
   Gegebene Größen einsetzen und Gleichung ausrechnen.

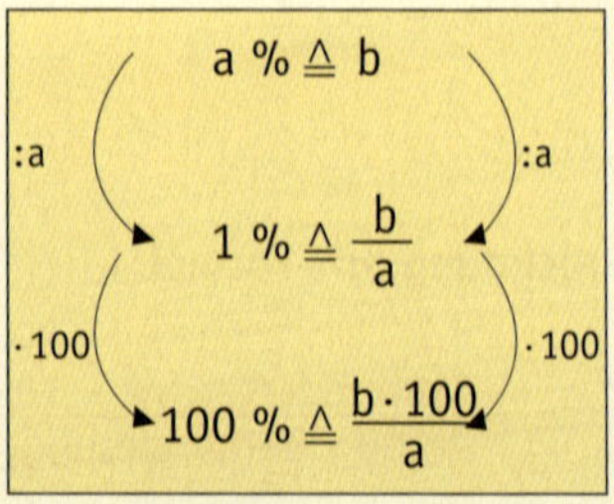

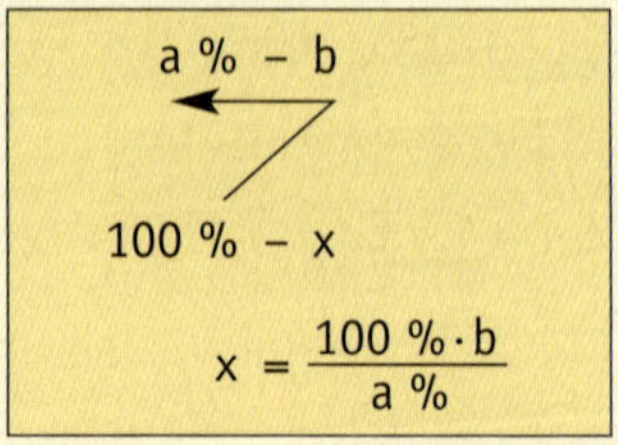

$$Gw = \frac{\text{Verminderter Gw} \cdot 100}{100 - \text{Verminderung}}$$

5.7 Promillerechnen

Beispiel

Marco hat in der Fahrschule gelernt, dass man bereits ab 0,3 Promille Alkohol im Blut bestraft werden kann, wenn es zu Fahrfehlern kommt. Er überlegt, welche Menge Alkohol dann im Blut ist, wenn man davon ausgeht, dass ein erwachsener Mensch ungefähr 5 l = 5 000 ml Blut besitzt.

Promille bedeutet „von Tausend" oder „Teile von Tausend". So wie beim Prozentrechnen einfach so getan wird, als sei eine Menge genau Hundert, wird beim Promillerechnen so getan, als sei eine Menge genau Tausend. Der angegebene Promillesatz ist dann die Anzahl der einzelnen Teile von Tausend, also die Tausendstel.
Zeichen: ‰.

Marco muss zunächst 1 Tausendstel von 5000 ml Blut ausrechnen:

$$5\,000 \text{ ml} : 1\,000 = 5 \text{ ml}$$

Da der gesuchte Wert aber nicht 1 ist, sondern 0,3, muss er das Ergebnis mit 0,3 malnehmen:

$$5 \text{ ml} \cdot 0{,}3 = 1{,}5 \text{ ml}$$

Wenn ein erwachsener Mensch einen Alkoholgehalt von 0,3 Promille hat, dann befinden sich in seinem Blut 1,5 ml Alkohol.

Die Größen beim Promillerechnen entsprechen im Prinzip den Größen beim Prozentrechen:

Grundwert:	Er entspricht wie beim Prozentrechnen dem Wert des Ganzen, allerdings wird er nicht gleich 100 % gesetzt, sondern gleich 1 000 ‰.
Promillesatz:	Er ist der Anteil am Ganzen, wenn das Ganze genau 1 000 wäre, also die Anzahl der Tausendstel, gekennzeichnet mit dem **‰**-Zeichen.
Promillewert:	Er ist der Wert des Anteils, der Wert des angegebenen Promillesatzes, ausgedrückt in der gleichen Einheit wie der Grundwert.

Die Größen werden mit denselben Zeichen wie beim Prozentrechen abgekürzt **(Gw, ps, Pw)**. Der Unterschied ist das **‰**-Zeichen.

Auch die Rechenwege sind die gleichen wie beim Prozentrechen:

5.7.1 Berechnung des Promillewertes

Berechnung mit Hilfspfeilen:

1 000 ‰ ≙ 5 000 ml

:1 000 ↓   ↓ :1 000

1 ‰ ≙ 5 ml

·0,3 ↓   ↓ ·0,3

0,3 ‰ ≙ 5 ml · 0,3

≙ <u>1,5 ml</u>

Statt 100 % verwendet man 1 000 ‰. Die gesuchte Größe steht wie immer rechts.

Auf beiden Seiten der Gleichung wird durch 1 000 geteilt, um den Wert von 1 ‰ zu ermitteln.

Das Ergebnis wird auf beiden Seiten mit dem Promillesatz multipliziert, um den Promillewert zu errechnen.

Berechnung mit Dreisatz:

1 000 ‰ – 5 000 ml

0,3 ‰ – x

Bedingungssatz: links 1 000 ‰, rechts die gesuchte Größe (hier: ml)

Fragesatz: gleiche Größe unter gleiche Größe

$$x = \frac{0{,}3\ ‰ \cdot 5\,000\ \text{ml}}{1\,000\ ‰}$$

$$x = \underline{\underline{1{,}5\ \text{ml}}}$$

Auch beim Promillerechnen liegt immer ein gerades Verhältnis vor, deshalb gilt wieder die Reihenfolge: ←↗

Berechnung mit Formel:

$$Pw = \frac{Gw \cdot ps}{\mathbf{1\,000}}$$

Die Formel entspricht der Formel zur Berechnung des Prozentwertes, allerdings wird nicht durch 100, sondern durch 1 000 geteilt.

$$Pw = \frac{5\,000 \cdot 0{,}3}{1\,000}$$

Die angegebenen Werte werden in die Formel eingesetzt.

$$Pw = \underline{\underline{1{,}5}}$$

Die Gleichung wird ausgerechnet.

5.7.2 Berechnung des Promillesatzes

Wie hoch ist der Promillesatz eines Menschen mit 5 000 ml Blutmenge, der 7 ml Alkohol im Blut hat?

Berechnung mit Hilfspfeilen:

$$5\,000\ \text{ml} \triangleq 1\,000\ ‰$$

:5 000 | :5 000

$$1\ \text{ml} \triangleq \frac{1\,000\ ‰}{5\,000}$$

·7 | ·7

$$7\ \text{ml} \triangleq \frac{1\,000\ ‰ \cdot 7}{5\,000}$$

$$\triangleq \underline{\underline{1{,}4\ ‰}}$$

Gesucht ist dieses Mal nicht ml, sondern ‰, deshalb steht diese Größe rechts.

Auf beiden Seiten der Gleichung wird durch 5 000 geteilt, um zu ermitteln, welchem Promillesatz 1 ml entspricht.

Das Ergebnis wird auf beiden Seiten mit dem Promillewert multipliziert, um den Promillesatz des Anteils zu errechnen.

7 ml in 5 000 ml Blut entsprechen 1,4 ‰.

Berechnung mit Dreisatz:

5 000 ml – 1 000 ‰

7 ml – x

Bedingungssatz: gesuchte Größe (hier: ‰) nach rechts

Fragesatz: gleiche Größe unter gleiche Größe

$$x = \frac{7\ \text{ml} \cdot 1\,000\ ‰}{5\,000\ \text{ml}}$$

$$x = \underline{\underline{1{,}4\ ‰}}$$

Gerades Verhältnis, deshalb Reihenfolge: ←↗

Berechnung mit Formel:

$ps = \frac{Pw \cdot \mathbf{1\,000}}{Gw}$	Die Formel entspricht der Formel zur Berechnung des Prozentsatzes, allerdings wird nicht mit 100, sondern mit 1 000 multipliziert.
$ps = \frac{7 \cdot 1\,000}{5\,000}$	Die angegebenen Werte werden in die Formel eingesetzt.
$ps = \underline{\underline{1{,}4}}$	Die Gleichung wird ausgerechnet.

5.7.3 Berechnung des Grundwertes

Die Blutmenge eines Menschen ist abhängig vom Körpergewicht; 5 000 ml sind nur ein Durchschnittswert. Wie viel ml Blut hat ein Mensch, bei dem eine Alkoholmenge von 2,52 ml einem Promillesatz von 0,6 ‰ entspricht?

Berechnung mit Hilfspfeilen:

$0{,}6\text{ ‰} \triangleq 2{,}52\text{ ml}$	Gesuchte Größe (ml) auf die rechte Seite.
:0,6 / :0,6 $1\text{ ‰} \triangleq \frac{2{,}52\text{ ml}}{0{,}6}$	Auf beiden Seiten der Gleichung wird durch 0,6 geteilt, um den Wert von 1 ‰ zu ermitteln.
·1 000 / ·1 000 $1\,000\text{ ‰} \triangleq \frac{2{,}52\text{ ml} \cdot 1\,000}{0{,}6}$ $\triangleq \underline{\underline{4\,200\text{ ml}}}$	Das Ergebnis wird auf beiden Seiten mit 1 000 multipliziert, um den Grundwert zu errechnen.

Ein Mensch, bei dem 2,52 ml Alkohol im Blut einem Promillesatz von 0,6 ‰ entsprechen, hat eine Gesamtblutmenge von 4 200 ml.

Berechnung mit Dreisatz:

0,6 ‰ – 2,52 ml 1 000 ‰ – x	Bedingungssatz: gesuchte Größe (hier: ml) nach rechts Fragesatz: gleiche Größe unter gleiche Größe
$x = \frac{1\,000\text{ ‰} \cdot 2{,}52\text{ ml}}{0{,}6\text{ ‰}}$ $x = \underline{\underline{4\,200\text{ ml}}}$	Gerades Verhältnis, deshalb Reihenfolge: ←

Berechnung mit Formel:

$Gw = \frac{Pw \cdot \mathbf{1\,000}}{ps}$	Die Formel entspricht der Formel zur Berechnung des Grundwertes beim Prozentrechnen, allerdings wird nicht mit 100, sondern mit 1 000 multipliziert.
$Gw = \frac{2{,}52 \cdot 1\,000}{0{,}6}$	Die angegebenen Werte werden in die Formel eingesetzt.
$Gw = \underline{\underline{4\,200}}$	Die Gleichung wird ausgerechnet.

Promillerechnen entspricht dem Prozentrechnen, mit dem Unterschied, dass das Ganze nicht gleich 100, sondern gleich 1 000 gesetzt wird. Die Größen beim Promillerechnen lassen sich auf mehreren Wegen errechnen:
1. mit Hilfspfeilen, 2. mit dem Dreisatz, 3. mit der Formel.

Aufgaben

Lösen Sie die folgenden Aufgaben nach einem Ihnen angenehmen Rechenweg:

Beispiel

Wie viel Euro sind 4 ‰ von 38.000 €? (exemplarisch nach Dreisatz)

1 000 ‰ – 38.000 €
4 ‰ – x

$$x = \frac{4 ‰ \cdot 38.000 €}{1\,000 ‰}$$

$$x = \underline{\underline{152 €}}$$

Wie viel Promille sind 32 kg von 8 000 kg?

Wie hoch ist der Grundwert, wenn 11 € gleich 5 ‰ entsprechen?

Welchem Promillesatz entsprechen 0,8 Prozent?

Wie viel ml sind 1,1 ‰ von 5 200 ml?

Wie viel Promille sind 5,94 m von 600 m?

Wie hoch ist der Grundwert, wenn 4,5 ‰ gleich 180 € sind?

Zusammenfassung

Beim Promillerechnen wird das Ganze nicht gleich 100 gesetzt, sondern gleich 1 000. Entsprechend muss bei der Berechnung der einzelnen Größen auch nicht mit 100 geteilt oder malgenommen werden, sondern mit 1 000.
Anders ausgedrückt:
1 ‰ = 0,1 %.

Prozentrechnen:

Gw = Grundwert, das Ganze; der Wert von 100 %

ps = Prozentsatz; der Anteil am Ganzen, wenn das Ganze genau 100 wäre

Pw = Prozentwert; der Wert des Anteils, ausgedrückt in der Einheit des Grundwertes

Promillerechnen :

Gw = Grundwert, das Ganze; der Wert von 1 000 ‰

ps = Promillesatz; der Anteil am Ganzen, wenn das Ganze genau 1 000 wäre

Pw = Promillewert; der Wert des Anteils, ausgedrückt in der Einheit des Grundwertes

5.8 Diagramme

Beispiel

Anna und Marco unterhalten sich. Marco sagt Anne, dass er das Prozent- und Promillerechnen zwar beherrsche, dass er aber Schwierigkeiten habe sich vorzustellen, wie groß beispielsweise 15 % im Vergleich zum Gesamtwert seien. Anna erklärt es Marco anhand einer Zeichnung.

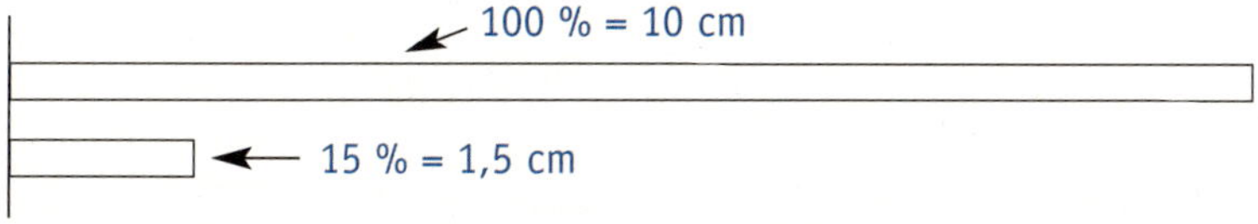

Der obere Balken ist 10 cm lang und symbolisiert 100 %. Dann müssen 15 % davon 1,5 cm sein. Auf diese Weise lassen sich Prozentsätze grafisch darstellen und werden dadurch besser vorstellbar. Die Darstellung in dieser Form nennt man **Balkendiagramm** oder **Streifendiagramm**.

Werden die Balken senkrecht dargestellt, spricht man auch von **Säulendiagramm**:

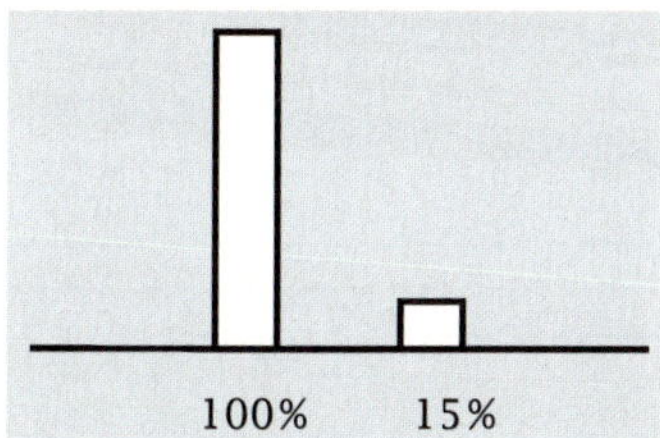

Die Diagramme lassen sich auch dreidimensional darstellen:

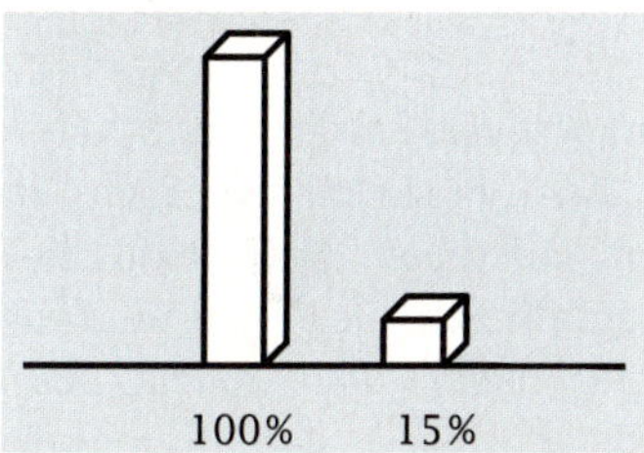

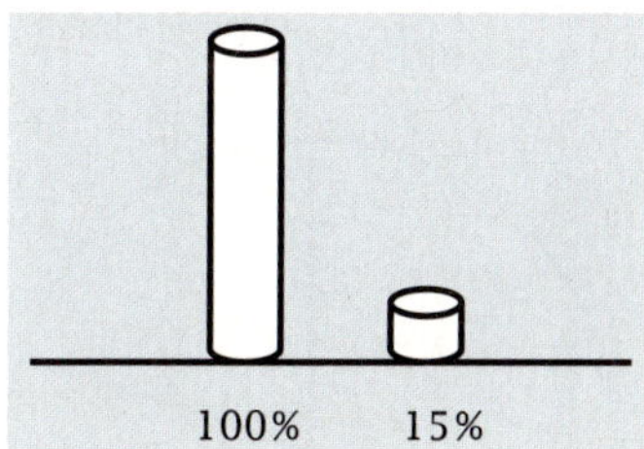

Häufig bieten Textverarbeitungsprogramme und Tabellenkalkulationen für den Computer die Möglichkeit der Diagramm-Darstellung:

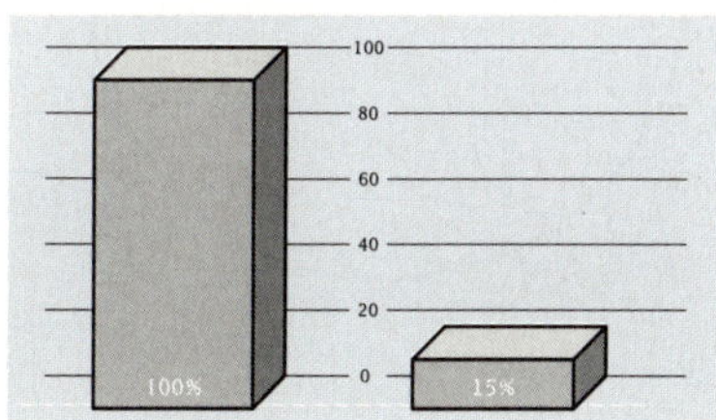

Bei der Erstellung von Streifen-, Balken- und Säulendiagrammen ist zu beachten, dass man ein günstiges Maß für den Grundwert wählt, z. B. 10 cm oder 20 cm, je nach Größe des Blattes, auf das man zeichnet. Die Maße für die einzelnen Prozentsätze entsprechen dann den Prozentsätzen der Aufgabe, z. B. 15 % von 20 cm sind 3 cm.
Für die Darstellung von Promillesätzen gilt dasselbe, wobei zu beachten ist, dass Promillesätze meistens in ihrer Relation so klein sind, dass eine Darstellung auf einem Blatt Papier üblicher Größe kaum Sinn macht; es sei denn, um genau diese relativ geringe Größe zu demonstrieren.

Bei der Darstellung von Prozentsätzen als Streifen-, Balken- oder Säulen-Diagramme wird der Grundwert 100 mit einer günstigen Länge dargestellt. Der Prozentsatz aus der Aufgabe entspricht dann dem Prozentsatz von der Länge des Balkens oder Streifens, der für 100 % steht.

Aufgaben

Stellen Sie folgende Prozent- oder Promillesätze wahlweise als Balken-, Streifen- oder Säulendiagramme dar:

Beispiel

18 %:
100 % sind 12 cm.

$$100\,\% = 12\text{ cm}$$
$$18\,\% = x$$
$$x = \frac{18\,\% \cdot 12\text{ cm}}{100\,\%}$$
$$x = \underline{\underline{2{,}16\text{ cm}}}$$

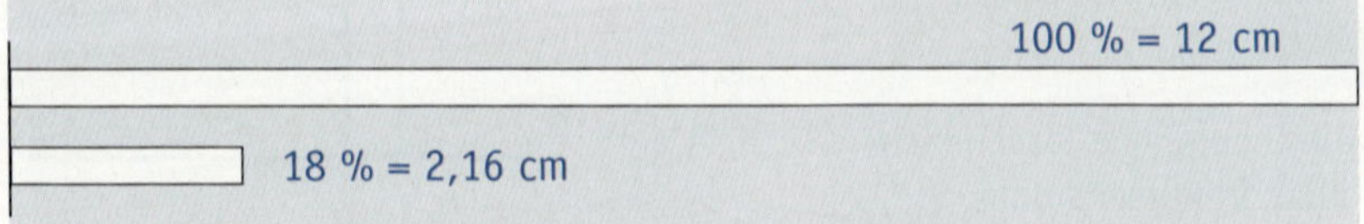

75 % 12,5 % 95 % 95 ‰ 28,4 %

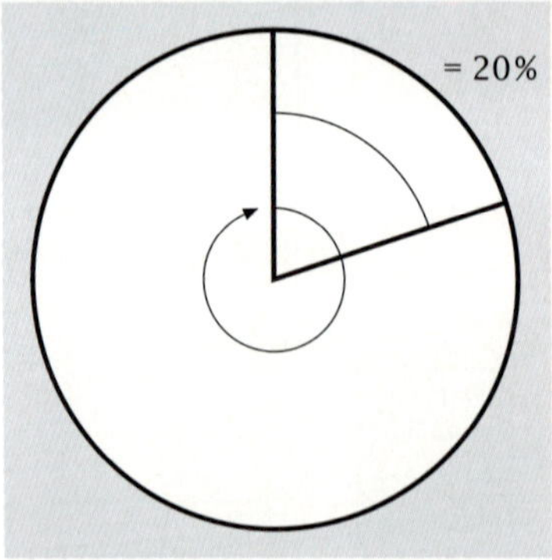

Statt in Form von Balken oder Streifen lassen sich Prozentsätze auch in Kreisform darstellen. Man nennt dies **Kreisdiagramme**. Der ganze Kreis entspricht dabei mit seinen 360° (Mittelpunktswinkel) dem Grundwert und somit 100 %. Der Winkel des Kreisausschnittes, der den Prozentsatz symbolisieren soll, muss demnach der prozentuale Anteil von 360 sein. So wären beispielsweise 20 % von 360° gleich 72°.

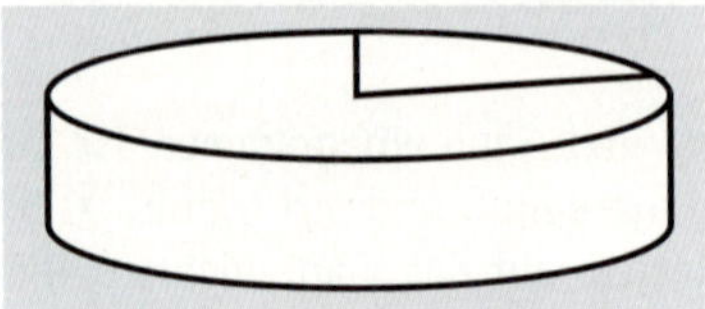

Werden diese Kreise dreidimensional dargestellt, erinnern sie an Torten. Man nennt sie daher auch **Tortendiagramme**:

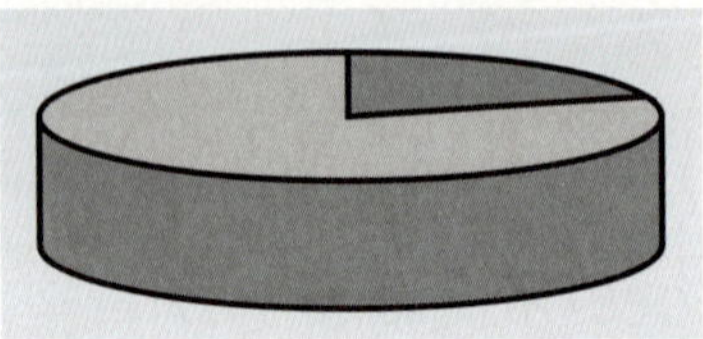

Auch diese Funktion ist in vielen Textverarbeitungsprogrammen und Tabellenkalkulationen enthalten:

Bei der Darstellung von Prozentsätzen als Kreisdiagramme entsprechen die 360° des ganzen Kreises dem Grundwert und somit 100 %. Der Prozentsatz wird auf diese 360° bezogen und als Kreisausschnitt eingezeichnet.

Aufgaben

Stellen Sie folgende Prozentsätze als Kreisdiagramme dar:

Beispiel

75 %:

$$100\,\% \;-\; 360°$$
$$75\,\% \;-\; x$$
$$x = \frac{75\,\% \cdot 360°}{100\,\%}$$
$$x = \underline{\underline{270°}}$$

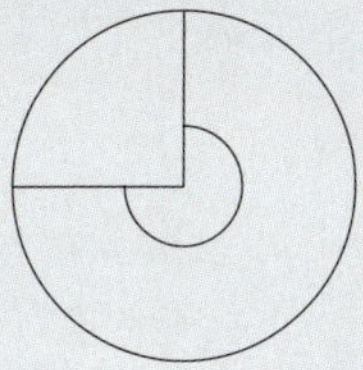

275 % = 75 %

60 %   12,5 %   95 %   95 ‰   28,4 %

Zusammenfassung

Prozent- und Promillesätze lassen sich grafisch als so genannte Diagramme darstellen.

Streifen-, Balken oder Säulendiagramme:
Für den Grundwert wird eine günstige Größe gewählt. Der Prozentsatz der Aufgabe entspricht dem Prozentsatz der Länge des Balkens, Streifens oder der Säule.

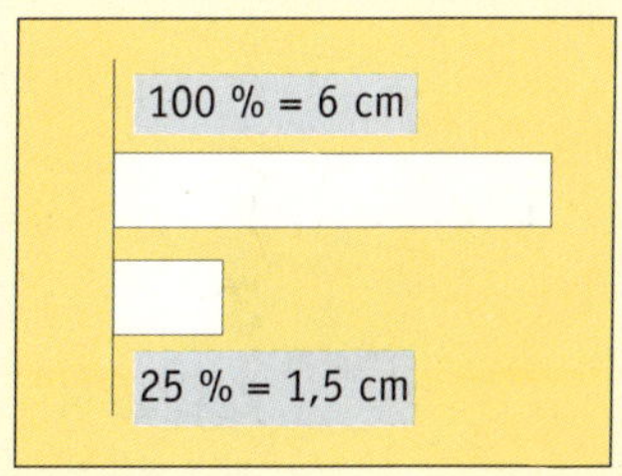

Kreisdiagramme:
Die 360° des ganzen Kreises entsprechen 100 %.

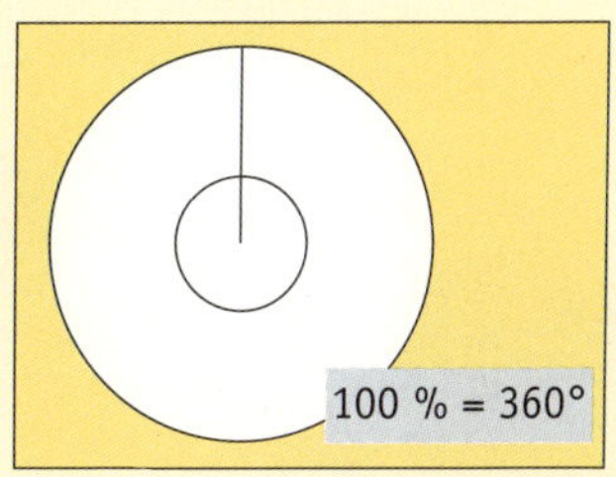

Der Prozentsatz der Aufgabe wird auf die 360° übertragen und als Kreisausschnitt eingezeichnet.

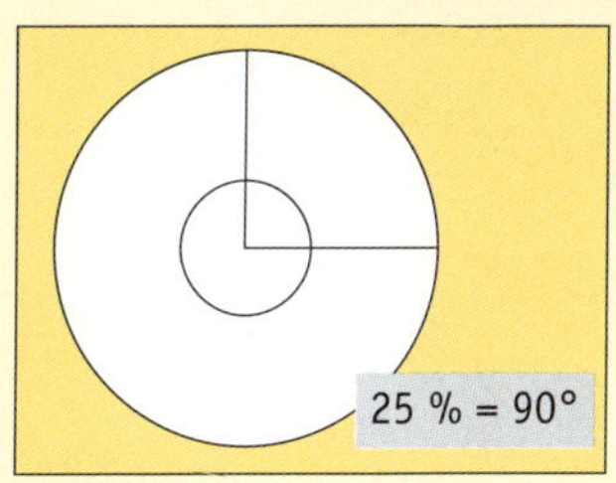

5.9 Üben

Aufgaben

1. Berechnen Sie die Prozentwerte:

a) 10 % von 650 €	f) 80 % von 800 Menschen
b) 20 % von 860 €	g) 90 % von 4 000 000 Menschen
c) 25 % von 600 km	h) 99 % von 60 kg
d) 50 % von 48 Liter	i) 110 % von 46 €
e) 75 % von 8 Std.	j) 60 % von 140 €

2. Berechnen Sie die Prozentsätze:

a) 100 € von 400 €	f) 19 Menschen von 40 Menschen
b) 150 € von 300 €	g) 4 000 Menschen von 5 000 Menschen
c) 18 km von 200 km	h) 54,6 kg von 60 kg
d) 3 Liter von 20 Liter	i) 420 € von 400 €
e) 9 Std. von 24 Std.	j) 240 € von 800 €

3. Berechnen Sie die Grundwerte:

a) 5 % = 20 €	f) 50 % = 19 Menschen
b) 40 % = 180 €	g) 2 % = 450 Menschen
c) 15 % = 30 km	h) 90 % = 18 kg
d) 20 % = 12 Liter	i) 35 % = 210 €
e) 25 % = 2 Std	j) 120 % = 840 €

4. Gemischte Aufgaben:

a) 40 % von 298 €	f) 85 % = 1 275 Menschen; Gw = ?
b) 90 % = 453,60 €; Gw = ?	g) 21 Menschen von 35 Menschen
c) 2,5 km von 80 km	h) 21 % von 84 kg
d) 1,5 Liter von 12 Liter	i) 2,5 % von 98 €
e) 70 % von 40 Std.	j) 5 € von 80 €

5. Erhöhter und verminderter Grundwert:

a)	Gehaltserhöhung: 1,6 %, neues Gehalt: 838,20 €, gesucht: Gehalt vor der Erhöhung
b)	Gehaltskürzung: 1,5 %, neues Gehalt: 738,75 €, gesucht: Gehalt vor der Kürzung
c)	Preisnachlass: 3 %, neuer Preis: 46,56 €, gesucht: Preis vor Nachlass
d)	Mehrwertsteuer: 16 %, Preis mit MWSt.: 40,60 €, gesucht: Preis ohne MWSt.
e)	Mieterhöhung: 4 %, neue Miete: 228,80 €, gesucht: Miete vor der Erhöhung
f)	Anteil Verpackung am Gewicht: 12 %, Gewicht ohne Verpackung: 528 g, gesucht: Gewicht mit Verpackung
g)	Senkung der monatl. Ausgaben: 2,5 %, Ausgaben nach Senkung: 780 €, gesucht: Ausgaben vor Senkung
h)	Steigerung der monatl. Ausgaben: 3 %, Ausgaben nach Steigerung: 669,50 €, gesucht: Ausgaben vor Steigerung
i)	Preisnachlass: 3,5 %, neuer Preis: 480,57 €, gesucht: Preis vor Nachlass
j)	Mehrwertsteuer: 7 %, Preis mit MWSt.: 4,28 €, gesucht: Preis ohne MWSt.

6. Gemischte Aufgaben zum Promillerechnen:

a)	3 € von 480 €
b)	0,6 ‰ von 5 100 ml
c)	1,4 ‰ = 6,58 ml; gesucht: Gw
d)	4,8 ‰ von 1.100 €
e)	7,56 ml von 4 200 ml
f)	Welchem Promillesatz entsprechen 0,25 %?
g)	5,2 ‰ = 73,84 €; gesucht: Gw
h)	1,2 ‰ von 5 300 ml
i)	5,5 ‰ von 12.500 €
j)	14,28 € von 3.400 €

7. Stellen Sie folgende Prozent- und Promillesätze als Balken- oder Streifendiagramme und als Kreisdiagramme dar:

a)	65 %	f)	50 %
b)	90 %	g)	55 ‰
c)	80 %	h)	70 %
d)	80 ‰	i)	25 %
e)	55 %	j)	83,5 %

6 Zinsrechnen

6.1 Wozu Zinsrechnen?

Beispiel

Anna leiht sich am 1. Januar von Timo 150 €. Sie möchte es ihm genau nach einem Jahr zurückzahlen. Allerdings verlangt Timo fürs Ausleihen 4 % Zinsen.

$$Pw = \frac{Gw \cdot ps}{100}$$

$$Pw = \frac{150 \cdot 4}{100} \qquad Pw = 6$$

1. Januar — 31. Dezember

Anna müsste also zu den 150 € noch 6 € Zinsen bezahlen.

Berechnet man die Zinsen genau für <u>1 Jahr</u>, entspricht die Zinsrechnung der Prozentrechnung, allerdings sind die Bezeichungen anders:

Prozentrechnen		Zinsrechnen
Pw = Prozentwert	entspricht	z = Zinsen
ps = Prozentsatz	entspricht	p = Zinssatz oder Zinsfuß
Gw = Grundwert	entspricht	K = Kapital
$Pw = \frac{Gw \cdot Ps}{100}$		$z = \frac{K \cdot p}{100}$

Anna kann das Geld schon nach einem halben Jahr zurückzahlen!

1. Januar — 30. Juni

Zinsen für 1 Jahr

multipliziert mit 0,5 (1/2 Jahr)

$$z = \frac{K \cdot p \cdot \mathbf{0{,}5}}{100} \qquad z = \frac{150 \cdot 4 \cdot \mathbf{0{,}5}}{100} \qquad z = 3$$

Wenn Anna nach einem halben Jahr zurückzahlt, muss sie auch nur die Hälfte der Zinsen bezahlen, nämlich 3 €.

Der Unterschied zwischen Zins- und Prozentrechnen besteht also darin, dass beim Zinsrechnen die Zeit mit eingerechnet wird.

Wie hoch wären die Zinsen, wenn Anna schon nach 110 Tagen zurückzahlen könnte?

1. Januar  110 Tage später

Hier muss der Anteil für 110 Tage eines Jahres ausgerechnet werden. Die Zinsen für das ganze Jahr sind ja durch folgende Formel berechenbar:

$$z = \frac{K \cdot p}{100}$$

Zinsen für 1 Jahr

Teilt man dies durch 365 hat man die Zinsen für einen Tag. Um es einfacher zu machen, rechnet man häufig mit 360 statt 365 Tagen:

$$z = \frac{K \cdot p}{100 \cdot \mathbf{360}}$$

geteilt durch 360 (1 Tag)

Da es aber 110 Tage sind, muss noch mit 110 multipliziert werden:

$$z = \frac{K \cdot p \cdot \mathbf{110}}{100 \cdot \mathbf{360}}$$

multipliziert mit 110 (110 Tage)

geteilt durch 360 (1 Tag)

$$z = \frac{150 \cdot 4 \cdot \mathbf{110}}{100 \cdot \mathbf{360}} \qquad z \approx 1{,}83$$

Wenn Anna bereits nach 110 Tagen zurückzahlt, fallen also nur 1,83 € an Zinsen an.

$$z = \frac{K \cdot p \cdot \mathbf{t}}{100 \cdot \mathbf{360}}$$

Berechnet man die Zinsen für genau ein Jahr, entspricht das Zinsrechnen genau dem Prozentrechnen. Um Zinsen für andere Zeiträume zu berechnen, muss in der Formel auch noch die Zeit berücksichtigt werden. Dazu teilt man einfach die Jahreszinsen durch 360 und multipliziert mit der Anzahl der Tage. Dies wird in der Formel durch den Buchstaben **t** symbolisiert.

Sind für den Zeitraum statt Tage ganze Monate angegeben, kann man natürlich auf einen Monat herunterteilen und mit der Anzahl der Monate multiplizieren:

$$z = \frac{K \cdot p \cdot \mathbf{M}}{100 \cdot \mathbf{12}}$$

M = Anzahl der Monate

Zusammenfassung

Beim Zinsrechnen gibt es vier Größen:

1. **K** = das Kapital, entspricht dem Grundwert
2. **p** = der Zinssatz oder Zinsfuß, entspricht dem Prozentsatz
3. **z** = die Zinsen, entspricht dem Prozentwert
4. **t** = die Tage

Zinsen werden nach folgender Formel berechnet:

$$z = \frac{K \cdot p \cdot t}{100 \cdot 360}$$

6.2 Berechnung der Zinsen

Im Beispiel des Kapitels 6.1 wurden die Zinsen (z) ausgerechnet, die in verschiedenen Zeiträumen anfallen. Zur Berechnung der Zinsen eignet sich am besten die Zinsformel, wie sie am Ende des letzten Kapitels vorgestellt wurde:

Berechnung der Zinsen mit der Zinsformel:

Gegeben:	Kapital (K): 150 € Zinssatz (p): 4 % Tage (t): 110 Tage	Zunächst werden alle angegebenen Größen und die gesuchte Größe aufgelistet.
Gesucht:	Zinsen (z): ?	
	$z = \frac{K \cdot p \cdot t}{100 \cdot 360}$	Dann wird die Zinsformel mit den Platzhaltern aufgeschrieben.
	$z = \frac{150 \cdot 4 \cdot 110}{100 \cdot 360}$	Schließlich werden die gegebenen Größen in die Formel eingesetzt und ausgerechnet.
	$z \approx 1{,}83$	

Zinsen werden mit der Zinsformel berechnet: $z = \frac{K \cdot p \cdot t}{100 \cdot 360}$

Aufgaben

Berechnen Sie die anfallenden Zinsen mit der Zinsformel:

Beispiel

Selma hat 350 € 200 Tage lang auf dem Sparbuch. Die Bank zahlt 1,5 %.

Gegeben: $K = 350$ €
$p = 1{,}5\ \%$
$t = 200$ Tage

Gesucht: $z = ?$

$$z = \frac{K \cdot p \cdot t}{100 \cdot 360}$$

$$z = \frac{350 \cdot 1{,}5 \cdot 200}{100 \cdot 360}$$

$$z \approx 2{,}92\ €$$

- Timo hat sein Girokonto für 95 Tage um 240 € überzogen. Die Bank berechnet ihm 12 % Zinsen.
- Anna hat 500 € für 10 Monate angelegt. Sie erhält 2,5 % Zinsen.
- Selma möchte einen Computer kaufen, aber erst in 11 Monaten bezahlen. Der Sofortpreis beträgt 980 €. An Zinsen fallen 6,8 % an.
- Marco hat sein Girokonto für 148 Tage um 820 € überzogen. Die Bank berechnet ihm 12 % Zinsen.
- Anna hat ein Sparbuch mit 1.000 €, das sie auf 10 Monate fest angelegt hat. Sie erhält dafür 2,7 % Zinsen.
- Ein Möbelhaus wirbt: Heute kaufen, in 6 Monaten bezahlen. Sofortpreis für eine Couchgarnitur: 890 €, bei Zahlung in 6 Monaten: 4,9 % Zinsen.

Zusammenfassung

- Listen Sie die gegebenen Größen und die gesuchte Größe auf.

Gegeben: $K = a$ €
$p = b\ \%$
$t = c$ Tage

Gesucht: $z = ?$

- Schreiben Sie die Zinsformel auf.

$$z = \frac{K \cdot p \cdot t}{100 \cdot 360}$$

- Setzen Sie die gegebenen Größen ein und rechnen Sie die Gleichung aus.

$$z = \frac{a \cdot b \cdot c}{100 \cdot 360}$$

6.3 Berechnung des Zinssatzes

Beispiel

In 340 Tagen wird Marco 18. Dann möchte er den Führerschein machen. Er rechnet damit, dass ihm noch 900 € fehlen. Für einen Ferienjob bekommt er 873 €. Er möchte das Geld möglichst so anlegen, dass er an seinem Geburtstag die fehlenden 900 € zusammenhat. Wie hoch müsste der Zinssatz sein?

Durch die Zinsformel, wie sie in den Kapiteln 6.1 und 6.2 vorgestellt wurde, lassen sich Zinsen errechnen, wenn die anderen Größen gegeben sind. In diesem Fall ist jedoch der Zinssatz gefragt und die Zinsen sind gegeben:

Gegeben: $K = 873$ €
$z = 27$ €
$t = 340$ Tage

Gesucht: $p = ?$

Die Zinsformel muss also so umgestellt werden, dass p allein auf einer Seite steht (p isolieren).

Vergleichen Sie hierzu Kapitel 4, „Gleichungen".

$$z = \frac{K \cdot p \cdot t}{100 \cdot 360} \quad \Big|\, : K$$

$$\frac{z}{K} = \frac{p \cdot t}{100 \cdot 360} \quad \Big|\, : t$$

$$\frac{z}{K \cdot t} = \frac{p}{100 \cdot 360} \quad \Big|\, \cdot 100$$

$$\frac{z \cdot 100}{K \cdot t} = \frac{p}{360} \quad \Big|\, \cdot 360$$

$$\frac{z \cdot 100 \cdot 360}{K \cdot t} = p$$

Andersherum aufgeschrieben: $p = \frac{z \cdot 100 \cdot 360}{K \cdot t}$

Setzt man die Werte aus der Aufgabe ein, ergeben sich: $p = \frac{27 \cdot 100 \cdot 360}{873 \cdot 340}$

$p \approx 3{,}27$ %

Er müsste also eine Anlagemöglichkeit finden, bei der er für sein Geld einen Zinssatz von 3,27 % erhält.

Der Zinssatz wird mit der umgestellten Zinsformel berechnet: $p = \frac{z \cdot 100 \cdot 360}{K \cdot t}$

Aufgaben

Berechnen Sie den Zinssatz mit der Zinsformel:

Beispiel

Selma hat 400 € 250 Tage lang auf dem Sparbuch. Die Bank zahlt 4,86 € Zinsen.

Gegeben: $K = 400$ €
$z = 4{,}86$ €
$t = 250$ Tage

Gesucht: $p = ?$

$$p = \frac{z \cdot 100 \cdot 360}{K \cdot t}$$

$$p = \frac{4{,}86 \cdot 100 \cdot 360}{400 \cdot 250}$$

$$z \approx 1{,}75\ \%$$

- Timo hat sein Girokonto für 170 Tage um 1.000 € überzogen. Die Bank berechnet ihm 63,75 € an Zinsen.
- Anna hat 600 € für 11 Monate angelegt. Sie erhält 12,65 € Zinsen.
- Ein Fernsehgerät kostet 600 €, wenn man es bar bezahlt. Wird erst in 8 Monaten gezahlt, kostet es 24 € mehr.
- Anna hat ihr Girokonto für 104 Tage um 900 € überzogen. Sie muss 29,90 € Überziehungszinsen bezahlen.
- Marco will 800 € ein halbes Jahr lang so anlegen, dass er 10 € Zinsen erhält.
- Ein Möbelhaus wirbt: Heute kaufen, in 6 Monaten bezahlen. Sofortpreis für einen Schrank: 380 €, bei Zahlung in 6 Monaten 390,45 €.

Zusammenfassung

- Listen Sie die gegebenen Größen und die gesuchte Größe auf.

  Gegeben: $K = a$ €
  $z = b$ €
  $t = c$ Tage

  Gesucht: $p = ?$

- Schreiben Sie die Zinsformel auf.

  $$z = \frac{K \cdot p \cdot t}{100 \cdot 360}$$

- Stellen Sie die Formel so um, dass p allein auf einer Seite steht.

  $$p = \frac{z \cdot 100 \cdot 360}{K \cdot t}$$

- Setzen Sie die gegebenen Größen ein und rechnen Sie die Gleichung aus.

  $$p = \frac{b \cdot 100 \cdot 360}{a \cdot c}$$

6.4 Berechnung der Zeit

Beispiel

Selma hat 12.000 € geerbt. Sie überlegt, wie lange es bei einem Zinssatz von 2,75 % dauern würde, bis sich ihr Besitz um 100 € erhöht hat.

Bei dieser Aufgabe sind Kapital, Zinsen und Zinssatz angegeben. Ausgerechnet werden soll die Anzahl der Tage:

Gegeben: K = 12.000 € Gesucht: t = ?
z = 100 €
p = 2,75 %

Die Zinsformel muss also so umgestellt werden, dass t allein auf einer Seite steht (t isolieren).

Vergleichen Sie hierzu Kapitel 4, „Gleichungen“.

$$z = \frac{K \cdot p \cdot t}{100 \cdot 360} \quad \Big| : K$$

$$\frac{z}{K} = \frac{p \cdot t}{100 \cdot 360} \quad \Big| : p$$

$$\frac{z}{K \cdot p} = \frac{t}{100 \cdot 360} \quad \Big| \cdot 100$$

$$\frac{z \cdot 100}{K \cdot p} = \frac{t}{360} \quad \Big| \cdot 360$$

$$\frac{z \cdot 100 \cdot 360}{K \cdot p} = t$$

Andersherum aufgeschrieben: $t = \frac{z \cdot 100 \cdot 360}{K \cdot p}$

Setzt man die Werte aus der Aufgabe ein, ergeben sich: $t = \frac{100 \cdot 100 \cdot 360}{12.000 \cdot 2,75}$

$t \approx 109$ Tage

Es würde also 109 Tage dauern, bis Selma 100 € an Zinsen bekommen würde.

Der Zinssatz wird mit der umgestellten Zinsformel berechnet: $t = \frac{z \cdot 100 \cdot 360}{K \cdot p}$

Aufgaben

Berechnen Sie die Zeit mit der Zinsformel:

Beispiel

Wie lange hatte Selma 500 € auf dem Sparbuch? Die Bank zahlt bei einem Zinssatz von 1,75 % 3,40 € Zinsen.

Gegeben: $K = 500$ €
$z = 3{,}40$ €
$p = 1{,}75\ \%$

Gesucht: $t = ?$

$$t = \frac{z \cdot 100 \cdot 360}{K \cdot p}$$

$$t = \frac{3{,}40 \cdot 100 \cdot 360}{500 \cdot 1{,}75}$$

$$t \approx 140 \text{ Tage}$$

- Timo hat sein Girokonto um 1.200 € überzogen. Die Bank berechnet ihm 36,55 € bei einem Zinssatz von 12,75 %. Wie lange hatte Timo überzogen?
- Anna hat 900 € angelegt. Sie erhält 18,60 € Zinsen bei einem Zinssatz von 2,4 %. Wie lange war das Geld angelegt?
- Eine Stereoanlage kostet 498 €, wenn man sie bar bezahlt. Man kann aber auch später bezahlen. Bei einer Verzinsung von 5 % kostet sie dann 12,45 € mehr. Wie viel später wäre die Zahlung fällig?
- Wie lange hat Selma ihr Girokonto um 270 € überzogen, wenn sie bei einem Zinssatz von 13 % 27,30 € bezahlen muss?
- Marco will 800 € bei einem Zinssatz von 2,5 % so lange anlegen, bis er 15 € Zinsen erhält.
- Ein Möbelhaus wirbt: Heute kaufen, später bezahlen. Sofortpreis für eine Schrankwand: 580 €. Wie viel später ist der Preis fällig, wenn man dann bei einer Verzinsung von 7,5 % 616,25 € bezahlen muss?

Zusammenfassung

- Listen Sie die gegebenen Größen und die gesuchte Größe auf.

  Gegeben: $K = a$ €
  $z = b$ €
  $p = c\ \%$

  Gesucht: $t = ?$

- Schreiben Sie die Zinsformel auf.

  $$z = \frac{K \cdot p \cdot t}{100 \cdot 360}$$

- Stellen Sie die Formel so um, dass t allein auf einer Seite steht.

  $$t = \frac{z \cdot 100 \cdot 360}{K \cdot p}$$

- Setzen Sie die gegebenen Größen ein und rechnen Sie die Gleichung aus.

  $$t = \frac{b \cdot 100 \cdot 360}{a \cdot c}$$

6.5 Berechnung des Kapitals

Beispiel

Marco träumt: Wie viel müsste er im Lotto gewinnen, damit er bei einem Zinssatz von 4 % ein monatliches Taschengeld von 2.000 € bekommen würde?

Bei dieser Aufgabe sind Zinsen, Zinssatz und die Zeit angegeben. Ausgerechnet werden soll die Höhe des Kapitals:

Gegeben: z = 2.000 €
p = 4 %
t = 30 Tage

Gesucht: K = ?

Die Zinsformel muss also so umgestellt werden, dass K allein auf einer Seite steht (K isolieren), so, wie es im Kapitel 4 „Gleichungen“ dargestellt wird.

Vergleichen Sie hierzu Kapitel 4, „Gleichungen“.

$$z = \frac{K \cdot p \cdot t}{100 \cdot 360} \quad \Big| : p$$

$$\frac{z}{p} = \frac{K \cdot t}{100 \cdot 360} \quad \Big| : t$$

$$\frac{z}{p \cdot t} = \frac{K}{100 \cdot 360} \quad \Big| \cdot 100$$

$$\frac{z \cdot 100}{p \cdot t} = \frac{K}{360} \quad \Big| \cdot 360$$

$$\frac{z \cdot 100 \cdot 360}{p \cdot t} = K$$

Andersherum aufgeschrieben: $K = \frac{z \cdot 100 \cdot 360}{p \cdot t}$

Setzt man die Werte aus der Aufgabe ein, ergeben sich: $K = \frac{2.000 \cdot 100 \cdot 360}{4 \cdot 30}$

K = 600.000 €

Um bei einem Zinssatz von 4 % monatlich 2.000 € an Zinsen zu bekommen, müsste man also 600.000 € im Lotto gewinnen.

Der Zinssatz wird mit der umgestellten Zinsformel berechnet: $K = \frac{z \cdot 100 \cdot 360}{p \cdot t}$

Aufgaben

Berechnen Sie das Kapital mit der Zinsformel:

Beispiel

Selma hat ein Sparbuch, das mit 2 % verzinst wird. Wie hoch ist ihr Guthaben, wenn sie für 306 Tage 15,64 € erhält?

Gegeben: $z = 15{,}64$ €, $p = 2$ %, $t = 306$ Tage

Gesucht: $K = ?$

$$K = \frac{z \cdot 100 \cdot 360}{p \cdot t}$$

$$K = \frac{15{,}64 \cdot 100 \cdot 360}{2 \cdot 306}$$

$$K = 920\ €$$

- Timo hat sein Girokonto 280 Tage überzogen. Die Bank berechnet ihm 35,28 € bei einem Zinssatz von 14 %. Um welchen Betrag hatte Timo überzogen?
- Selma hat einen Betrag 240 Tage angelegt. Sie erhält 15,48 € Zinsen bei einem Zinssatz von 2,7 %. Wie hoch war der Betrag?
- Wie viel Kapital bräuchte man, um bei einem Zinssatz von 3,2 % 100 € Zinsen im Monat zu erhalten?
- Um welchen Betrag hat Marco sein Girokonto 200 Tage lang überzogen, wenn er bei einem Zinssatz von 13,8 % 46 € bezahlen muss?
- Anna will einen Betrag bei einem Zinssatz von 3,2 % 250 Tage lang anlegen und dafür 20 € Zinsen erhalten. Wie hoch muss der Betrag sein?
- Ein Schuldner zahlt alle 2 Monate 150 € an Zinsen (ohne Tilgung). Sein Gläubiger verlangt 8 % Zinsen. Wie hoch sind seine Schulden?

Zusammenfassung

- Listen Sie die gegebenen Größen und die gesuchte Größe auf.

  Gegeben: $z = a$ €, $p = b$ %, $t = c$ Tage

  Gesucht: $K = ?$

- Schreiben Sie die Zinsformel auf.

  $$z = \frac{K \cdot p \cdot t}{100 \cdot 360}$$

- Stellen Sie die Formel so um, dass K allein auf einer Seite steht.

  $$K = \frac{z \cdot 100 \cdot 360}{p \cdot t}$$

- Setzen Sie die gegebenen Größen ein und rechnen Sie die Gleichung aus.

  $$K = \frac{a \cdot 100 \cdot 360}{b \cdot c}$$

6.6 Übersicht

Zinsrechnen

Zinsformel:

$$z = \frac{K \cdot p \cdot t}{100 \cdot 360}$$

Berechnung der **Zinsen:**	Berechnung des **Zinssatzes:**	Berechnung der **Zeit:**	Berechnung des **Kapitals:**
$z = \frac{K \cdot p \cdot t}{100 \cdot 360}$	$p = \frac{z \cdot 100 \cdot 360}{K \cdot t}$	$t = \frac{z \cdot 100 \cdot 360}{K \cdot p}$	$K = \frac{z \cdot 100 \cdot 360}{p \cdot t}$

6.7 Üben

Aufgaben

1. Berechnen Sie die Zinsen.

	Kapital (K)	Zinssatz (p)	Zeit (t)
a)	200 €	4,0 %	190 Tage
b)	1.000 €	5,0 %	225 Tage
c)	500 €	2,5 %	2 Monate
d)	800 €	1,0 %	104 Tage
e)	2.000 €	1,8 %	8 Monate
f)	2.500 €	11,0 %	1/2 Jahr
g)	480 €	14,0 %	1 Jahr
h)	575 €	6,0 %	63 Tage
i)	2.125 €	2,2 %	11 Monate
j)	50.000 €	4,3 %	174 Tage

2. Berechnen Sie die Zinssätze.

	Kapital (K)	Zinsen (z)	Zeit (t)
a)	400 €	6,24 €	216 Tage
b)	500 €	7,35 €	126 Tage
c)	1.500 €	8,50 €	4 Monate
d)	900 €	13,77 €	306 Tage
e)	2.000 €	155,00 €	10 Monate
f)	4.500 €	364,50 €	3/4 Jahr
g)	380 €	7,22 €	1 Jahr
h)	675 €	8,10 €	144 Tage
i)	2.800 €	196,00 €	7 Monate
j)	50.000 €	1.332,50 €	234 Tage

3. Berechnen Sie die Zeit.

	Kapital (K)	Zinsen (z)	Zinssatz (p)
a)	300 €	4,50 €	2,7 %
b)	750 €	15,90 €	4,8 %
c)	1.200 €	9,50 €	1,9 %
d)	800 €	19,98 €	2,7 %
e)	3.000 €	171,50 €	9,8 %
f)	3.300 €	242,00 €	10,0 %
g)	280 €	9,80 €	7,0 %
h)	760 €	79,80 €	12,6 %
i)	2.925 €	52 €	8,0 %
j)	42.000 €	1.417,50 €	5,4 %

Aufgaben

4. Berechnen Sie das Kapital.

	Zinsen (z)	Zinssatz (p)	Zeit (t)
a)	11,90 €	2,80 %	255 Tage
b)	48,51 €	9,00 %	132 Tage
c)	11,44 €	14,30 %	1 Monat
d)	26,95 €	6,30 %	220 Tage
e)	17,10 €	5,70 %	40 Tage
f)	70,20 €	4,00 %	162 Tage
g)	6,48 €	3,20 %	1/4 Jahr
h)	4,55 €	2,60 %	140 Tage
i)	140,25 €	4,25 %	8 Monate
j)	963,30 €	3,80 %	169 Tage

5. Gemischte Aufgaben

a) Wie viel Geld müsste auf dem Sparbuch sein, um bei einer Verzinsung von 1,6 % ein monatliches Taschengeld von 5 € zu haben?

b) Ein Autohaus wirbt für einen Pkw: Sofortpreis 12.800 €, bei Zahlung in einem halben Jahr 2,9 %.

c) Eine Bank zahlt für eine Spareinlage von 540 € für ein Jahr 11,34 €.

d) Für ein Darlehen von 6.000 € für 239 Tage sind 191,20 € an Zinsen zu bezahlen.

e) Wie lange müsste ein Betrag von 1.200 € bei einem Zinssatz von 2,7 % angelegt werden, um 27 € an Zinsen zu bekommen?

f) Um welchen Betrag wurde ein Konto überzogen, wenn die Bank bei einem Zinssatz von 12,6 % für die Zeit von 190 Tagen 31,92 € an Überziehungszinsen verlangt?

g) Ein Kreditinstitut bietet einen Sofortkredit von 2.500 € an, Laufzeit 8 Monate, Zinsen 6,9 %.

h) Timo leiht sich bei einem Bekannten 3.000 € für 126 Tage. Der Bekannte verlangt 5 % Zinsen.

i) Ein Versandhaus bietet an: Jetzt kaufen, später bezahlen. Zinssatz: 4,8 %. Wie viel später ist die Zahlung fällig, wenn ein Artikel statt 198 € im Sofortkauf dann 201,96 € kostet?

j) Für das Überziehen des Girokontos von 690 € für den Zeitraum von 5 Monaten verlangt eine Bank 34,50 €.

7 Maßeinheiten umrechnen

7.1 Längenmaße

Beispiel

Marco möchte sich ein Regal bauen. Die einzelnen Regalbretter dürfen maximal 90 cm (sprich: Zentimeter) Länge haben. Marco schaut sich im Baumarkt um. Die Länge der Bretter im Baumarkt ist in mm (sprich: Millimeter) angegeben. Es gibt welche mit 400 mm, 600 mm, 800 mm, 1 000 mm und 1 200 mm Länge.

Die Längenangabe 90 cm muss also in mm umgerechnet werden. Marco betrachtet seinen Meterstab: Die Zahlen und die längeren Striche darauf stehen für cm. Zwischen den cm-Strichen befinden sich kürzere Striche in einem Abstand von 1 mm (1 cm entspricht also 10 mm.

Wenn 1 cm 10 mm entspricht, dann entsprechen 90 cm der 90-fachen Menge, also 900 mm. Marcos Bretter dürften somit höchstens 900 mm lang sein. Er könnte also die etwas kürzeren 800-mm-Bretter nehmen oder die 1 000-mm-Bretter und sie entsprechend abschneiden.

Neben cm und mm gibt es weitere Längenmaßeinheiten: Dezimeter (dm), Meter (m) und Kilometer (km). Sie lassen sich umwandeln:

1 m = 10 dm; 1 dm = 10 cm; 1 cm = 10 mm.

Um von einer Längenmaßeinheit in die nächst kleinere Einheit umzuwandeln, muss man also mit 10 multiplizieren. Beispiele:

1 m = 10 dm, also sind 2 m = 20 dm, 4 m = 40 dm, 40 m = 400 dm
1 dm = 10 cm, also sind 2 dm = 20 cm, 4 dm = 40 cm, 40 dm = 400 cm
1 cm = 10 mm, also sind 2 cm = 20 mm, 4 cm = 40 mm, 40 cm = 400 mm

Eine Ausnahme stellt der Kilometer dar: „Kilo“ kommt aus dem Griechischen und heißt 1 000. In der Mathematik bedeutet das „k“ in Abkürzungen von Einheiten „tausendmal“.
1 km = 1 000 m (vergleiche: 1 kg = 1 000 Gramm; 1 kW = 1 000 Watt)
Um km in die nächst kleinere Einheit umzuwandeln, ist also nicht mit 10 sondern mit 1 000 zu multiplizieren. Beispiel: 1 km = 1 000 m, also sind 2 km = 2 000 m, 4 km = 4 000 m, 40 km = 40 000 m usw.

Als Schema lässt sich das folgendermaßen darstellen:

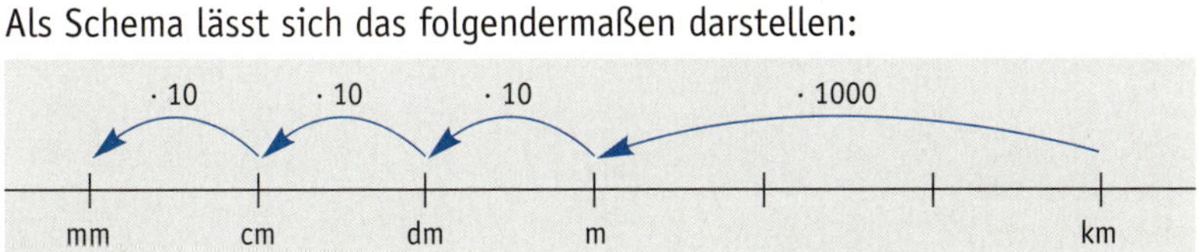

Der „Sprung“ von km zu m ist somit 10 · 10 · 10. Das liegt daran, dass es für eine Länge von 10 m und für 100 m keine gängige Abkürzung gibt.

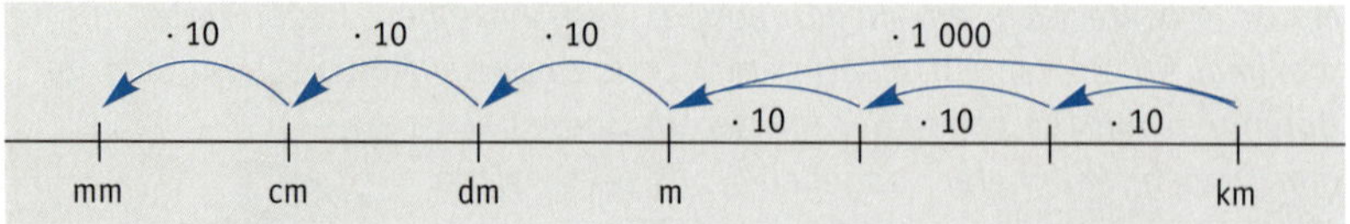

Längenmaßeinheiten lassen sich natürlich auch von kleineren in größere Einheiten umrechnen. 10 mm = 1 cm; 10 cm = 1 dm; 10 dm = 1 m; 1 000 m = 1 km.

Um von einer Längenmaßeinheit in die nächst größere umzuwandeln, muss man also mit 10 teilen (bzw. mit 1 000 bei der Umwandlung von m in km).

Beispiel:

10 mm	= 1 cm, also sind 20 mm	= 2 cm, 40 mm	= 4 cm, 400 mm	= 40 cm
10 cm	= 1 dm, also sind 20 cm	= 2 dm, 40 cm	= 4 dm, 400 cm	= 40 dm
10 dm	= 1 m, also sind 20 dm	= 2 m, 40 dm	= 4 m, 400 dm	= 40 m
1 000 m	= 1 km, also sind 2 000 m	= 2 km, 4 000 m	= 4 km, 40 000 m	= 40 km

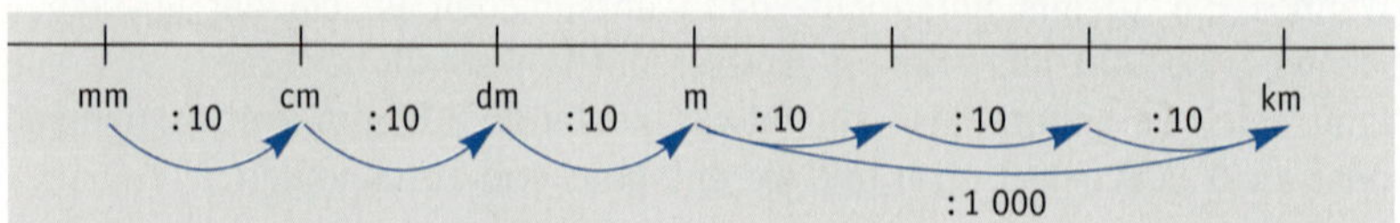

Man kann sich das Umrechnen von Längeneinheiten so vorstellen, dass man sich mit einer Spielfigur auf dem Schema nach links oder rechts bewegt und pro Station mit 10 multipliziert, wenn die Maßeinheit kleiner wird, beziehungsweise mit 10 teilt, wenn die Maßeinheit größer wird.

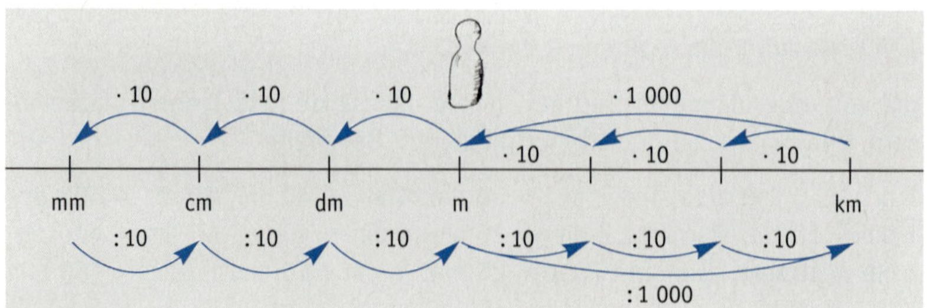

So kann auch über mehrere „Stationen“ hinweg umgewandelt werden.

Beispiel: Wie viel mm sind 3,2 m?

Die gedankliche Spielfigur steht bei m und soll zu mm.

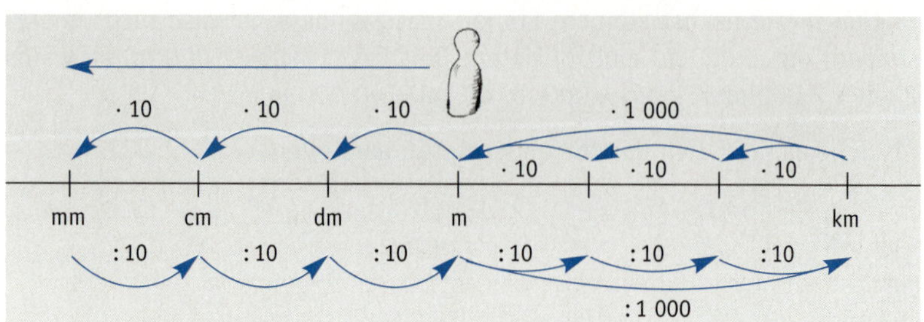

Um zu den dm zu kommen, muss mit 10 multipliziert werden, dann nochmal mit 10, um zu den cm zu kommen, und schließlich nochmals mit 10, um die mm zu erreichen.

3,2 · 10 = 32
32 · 10 = 320
320 · 10 = 3 200

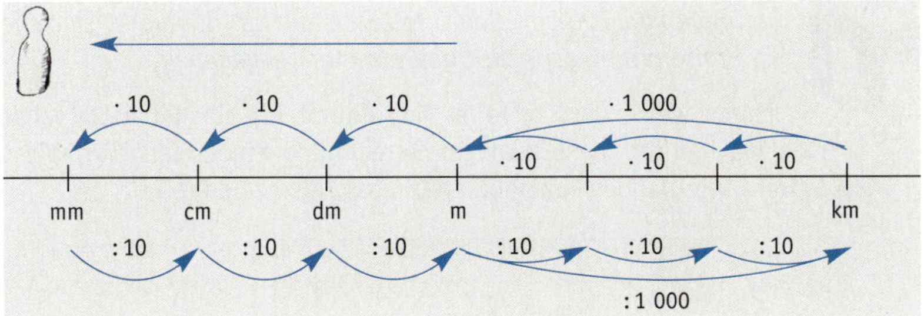

Also sind 3,2 m = 3 200 mm.

Längenmaßeinheiten werden umgewandelt, indem man von einer „Station" zur nächsten mit 10 teilt oder mit 10 multipliziert. Wird in eine kleinere Einheit umgewandelt, muss man malnehmen (die Zahl vor der Einheit wird größer). Wird in eine größere Einheit umgewandelt, muss man teilen (die Zahl vor der Einheit wird kleiner).

Aufgaben

Rechnen Sie folgende Längenmaßeinheiten um:

Beispiel

2 400 dm = ? km

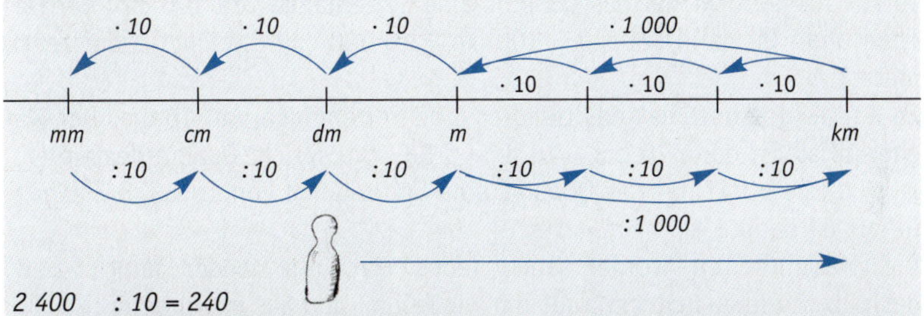

2 400 : 10 = 240
240 : 10 = 24
24 : 10 = 2,4
2,4 : 10 = 0,24
Also sind 2 400 dm = 0,24 km.

1,9 dm = ? cm   18 km = ? cm   23 m = ? km   23 m = ? mm   0,5 km = ? mm

Zusammenfassung

Längenmaßeinheiten werden umgewandelt, indem man von einer „Station" zur nächsten mit 10 teilt oder mit 10 multipliziert (Umwandlungszahl 10).
Wird die Einheit kleiner, wird die Zahl größer.
Wird die Einheit größer, wird die Zahl kleiner.

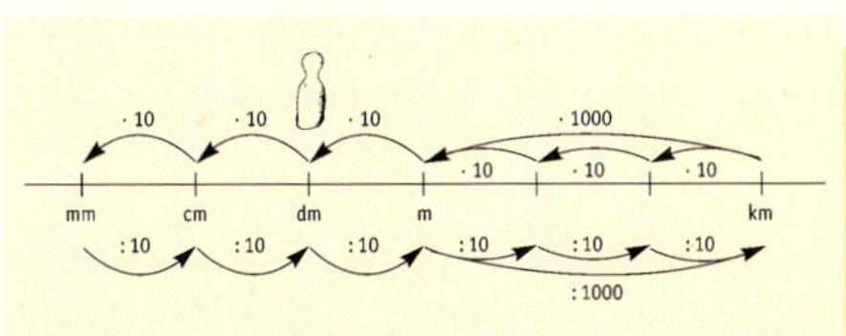

7.2 Flächenmaße

Beispiel

Für sein Zimmer möchte sich Marco selbst einen Tisch bauen. Er braucht eine quadratische Tischplatte mit einer Seitenlänge von 100 cm. Beim Holzzuschnitt im Baumarkt sind die Preise pro m^2 (sprich: Quadratmeter) angegeben.

Marco weiß, dass m^2 eine Maßeinheit für Flächen ist. Er hat auch mal gehört, dass man zur Berechnung eines Flächeninhaltes die Seiten miteinander multiplizieren muss. Also zeichnet er:

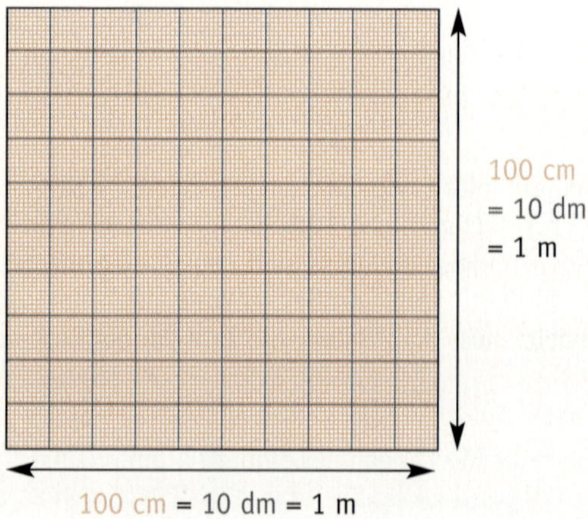

In cm ausgedrückt hat das Quadrat eine Seitenlänge von 100 cm. Der Flächeninhalt ist dann 100 cm · 100 cm = 10 000 cm^2 (sprich: Quadratzentimeter).
In dm ausgedrückt hat das Quadrat eine Seitenlänge von 10 dm. Der Flächeninhalt ist dann 10 dm · 10 dm = 100 dm^2 (sprich: Quadratdezimeter).
In m ausgedrückt hat das Quadrat eine Seitenlänge von 1 m. Der Flächeninhalt ist dann 1 m · 1 m = 1 m^2.
Die Maßeinheiten wurden auch jedes Mal miteinander multipliziert, deshalb wurde aus cm cm^2, aus dm wurde dm^2 und aus m wurde m^2.
Da es sich jedes Mal um dasselbe Quadrat handelt, muss auch der Flächeninhalt derselbe sein.
Also gilt: 10 000 cm^2 = 100 dm^2 = 1 m^2
Marco braucht also genau 1 m^2 für seinen Tisch.

Um von einer Flächenmaßeinheit zu der nächst größeren umzuwandeln, muss nicht mit 10 geteilt werden wie bei den Längenmaßen, sondern mit **100**.

Beispiel:
100 cm^2 = 1 dm^2, also sind 200 cm^2 = 2 dm^2, 400 cm^2 = 4 dm^2, 4 000 cm^2 = 40 dm^2
100 dm^2 = 1 m^2, also sind 200 dm^2 = 2 m^2, 400 dm^2 = 4 m^2, 4 000 dm^2 = 40 m^2

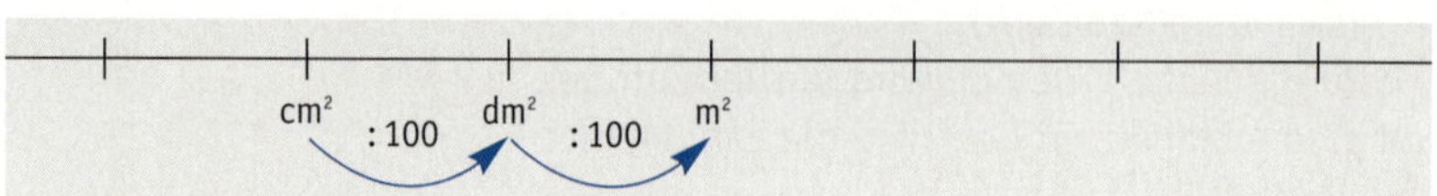

Neben cm^2, dm^2 und m^2 gibt es natürlich noch mm^2 (sprich: Quadratmillimeter) und km^2 (sprich: Quadratkilometer). Im Gegensatz zu den Längenmaßen gibt es zwischen den m^2 und den km^2 noch die entsprechenden Zwischenmaßeinheiten, sie heißen Ar (abgekürzt „a“) und Hektar (abgekürzt „ha“): Ar und Hektar bezeichnen schon relativ große Flächen und werden z. B. für Grundstücke oder in der Landwirtschaft verwendet.

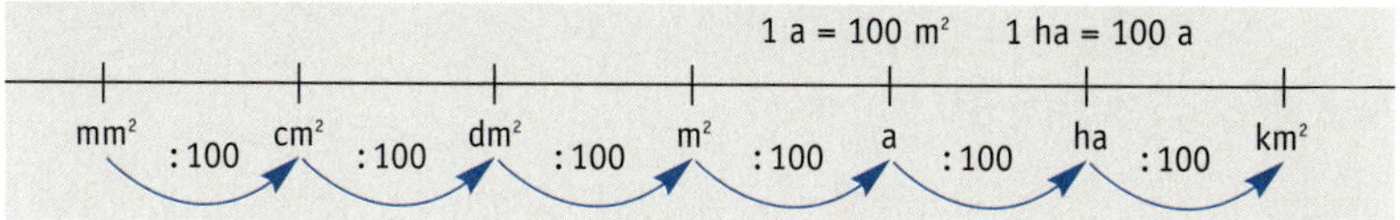

Um von einer Flächenmaßeinheit in die nächst kleinere Einheit umzuwandeln, muss man mit 100 multiplizieren. Beispiele:

$1\ km^2 = 100$ ha, also sind $2\ km^2 = 200$ ha, $4\ km^2 = 400$ ha, $40\ km^2 = 4\,000$ ha.
1 a $= 100\ m^2$, also sind 2 a $= 200\ m^2$, 4 a $= 400\ m^2$, 40 a $= 4\,000\ m^2$
$1\ m^2 = 100\ dm^2$, also sind $2\ m^2 = 200\ dm^2$, $4\ m^2 = 400\ dm^2$, $40\ m^2 = 4\,000\ dm^2$

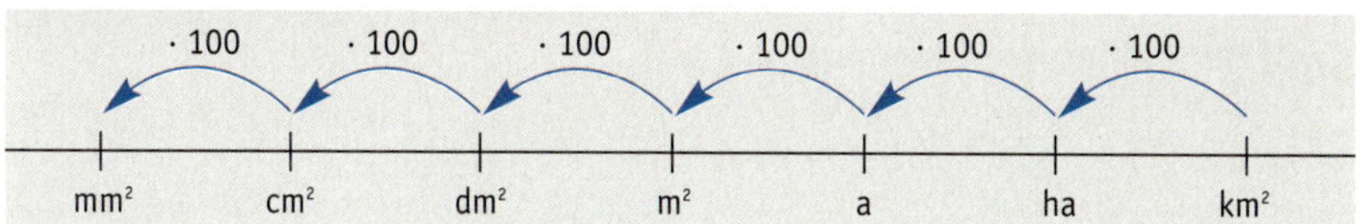

Das Umrechnen von Flächenmaßeinheiten funktioniert genauso wie das Umrechnen von Längenmaßeinheiten, wobei die Umrechnungszahl nicht 10 sondern 100 ist. Bewegt man die Spielfigur auf dem Schema, wird pro Station mit 100 multipliziert, wenn die Maßeinheit kleiner wird. Umgekehrt wird durch 100 geteilt, wenn die Maßeinheit größer wird.

siehe Kapitel 7.1

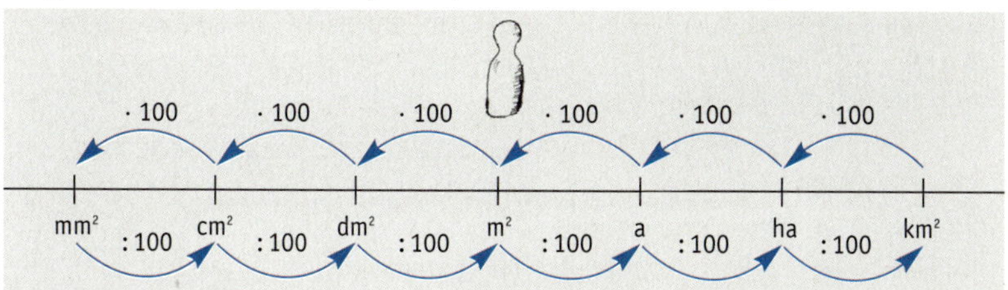

Auch hier kann über mehrere „Stationen“ hinweg umgewandelt werden.
Beispiel: Wie viel mm^2 sind 4,5 m^2?
Die gedankliche Spielfigur steht bei m^2 und soll zu mm^2.

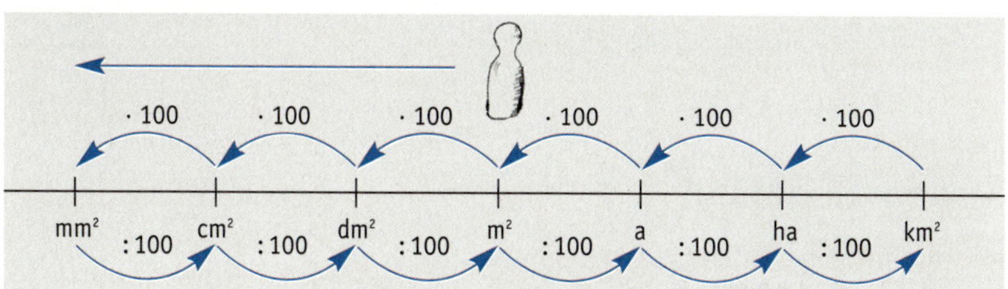

Um zu dm^2 zu kommen, muss mit 100 multipliziert werden, dann nochmal mit 100, um zu cm^2 zu kommen, und schließlich nochmals mit 100, um die mm^2 zu erreichen.

$$4{,}5 \cdot 100 = 450$$
$$450 \cdot 100 = 45\,000$$
$$45\,000 \cdot 100 = 4\,500\,000$$

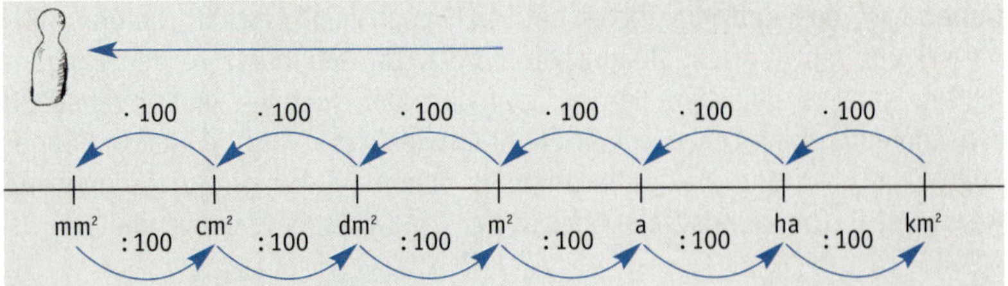

Also sind 4,5 m² = 4 500 000 mm².

Flächenmaßeinheiten werden umgewandelt, indem man von einer „Station" zur nächsten mit 100 teilt oder mit 100 multipliziert (Umwandlungszahl 100).
Wird in eine kleinere Einheit umgewandelt, muss man malnehmen (die Zahl vor der Einheit wird größer).
Wird in eine größere Einheit umgewandelt, muss man teilen (die Zahl vor der Einheit wird kleiner).

Aufgaben

Rechnen Sie folgende Flächenmaßeinheiten um:

Beispiel

39 000 m² = ? ha

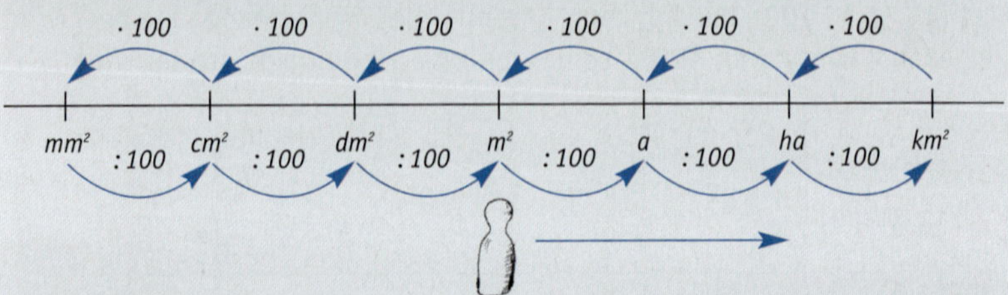

39 000 : 100 = 390

390 : 100 = 3,9

Also sind 39 000 m² = 3,9 ha.

4,7 dm² = ? cm² 29 km² = ? a 110 000 m² = ? km² 28 m² = ? cm² 0,5 ha = ? m²

Zusammenfassung

Flächenmaßeinheiten werden umgewandelt, indem man von einer „Station" zur nächsten mit 100 teilt oder mit 100 multipliziert (Umwandlungszahl 100).
Wird die Einheit kleiner, wird die Zahl größer.
Wird die Einheit größer, wird die Zahl kleiner.

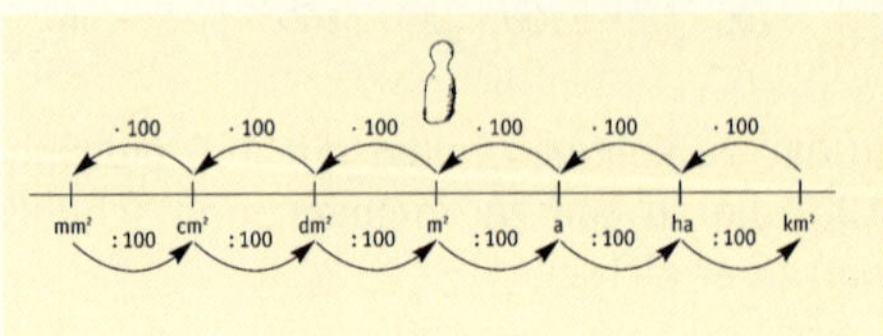

7.3 Raummaße

Beispiel

Marco hat ein leeres Aquarium geschenkt bekommen. Es ist 100 cm lang, 50 cm breit und hat eine Füllhöhe von 40 cm. Marco möchte wissen, wie viel Liter Wasser er in das Aquarium gießen muss.

Das Aquarium ist ein Körper, der durch sechs rechteckige Flächen begrenzt ist. Einen solchen Körper nennt man Quader. Marco weiß, dass man den Rauminhalt des Quaders berechnet, indem man Länge, Breite und Höhe multipliziert. Außerdem weiß Marco, dass ein Liter Wasser den Rauminhalt 1 dm³ (sprich: Kubikdezimeter) hat. Also zeichnet er:

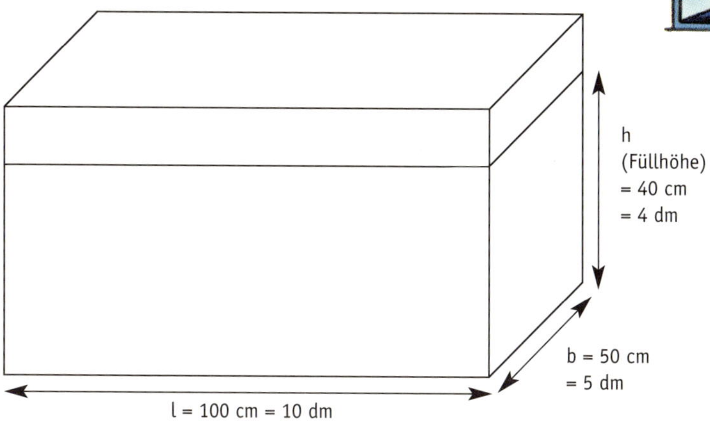

In cm hat der Quader die Maße l = 100 cm, b = 50 cm und h = 40 cm.
Der Rauminhalt ist 100 cm · 50 cm · 40 cm = 200 000 cm³ (sprich: Kubikzentimeter).
In dm hat der Quader die Maße l = 10 dm, b = 5 dm und h = 0,4 dm.
Der Rauminhalt ist 10 dm · 5 dm · 4 dm = 200 dm³.
In m hat der Quader die Maße l = 1 m, b = 0,5 m, h = 0,4 m.
Der Rauminhalt ist 1 m · 0,5 m · 0,4 m = 0,2 m³ (sprich: Kubikmeter).
Die Maßeinheiten wurden auch jedes Mal miteinander multipliziert, deshalb wurde aus cm cm³, aus dm wurde dm³ und aus m wurde m³.
Da es sich jedes Mal um denselben Quader handelt, muss auch der Rauminhalt derselbe sein. Also gilt: 200 000 cm³ = 200 dm³ = 0,2 m³.
Da 1 dm³ = 1 l entspricht, braucht Marco genau 200 Liter Wasser für sein Aquarium. Um von einer Rauminhaltsmaßeinheit zu der nächst größeren umzuwandeln, muss nicht mit 10 oder 100 geteilt werden wie bei den Längen- und Flächenmaßen, sondern mit **1 000**. Beispiel:
1 000 cm³ = 1 dm³, also sind 2 000 cm³ = 2 dm³, 4 000 cm³ = 4 dm³, 40 000 cm³ = 40 dm³
1 000 dm³ = 1 m³, also sind 2 000 dm³ = 2 m³, 4 000 dm³ = 4 m³, 40 000 dm³ = 40 m³

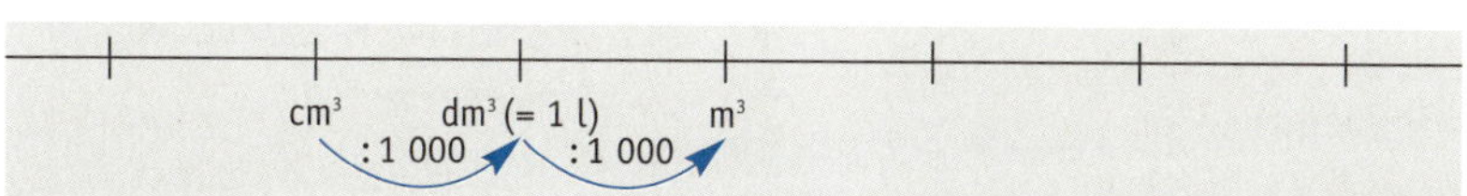

Neben cm^3, dm^3 und m^3 gibt es natürlich noch mm^3 (sprich: Kubikmillimeter) und km^3 (sprich: Kubikkilometer). Genau wie bei den Längenmaßen gibt es bei den Rauminhalten keine Einheiten zwischen m^3 und km^3. Zwischen m^3 und km^3 besteht also wieder dieser große „Sprung“:

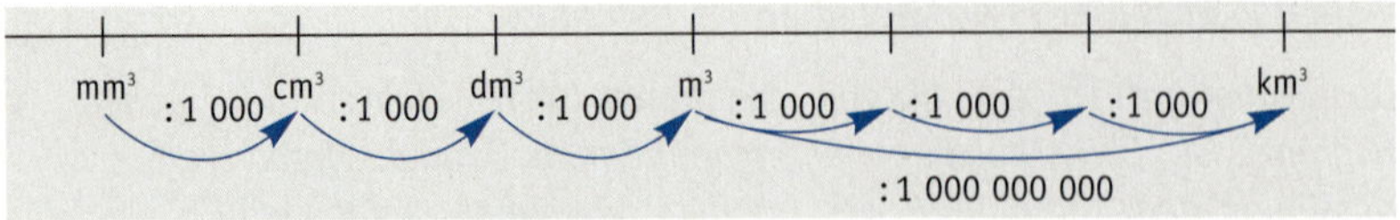

Um von einer Raummaßeinheit in die nächst kleinere umzuwandeln, muss man mit 1 000 multiplizieren. Beispiele:

1 km^3 = 1 000 000 000 m^3, also sind 2 km^3 = 2 000 000 000 m^3, 4 km^3 = 4 000 000 000 m^3, 40 km^3 = 40 000 000 000 m^3

1 m^3 = 1 000 dm^3, also sind 2 m^3 = 2 000 dm^3, 4 m^3 = 4 000 dm^3, 40 m^3 = 40 000 dm^3

1 dm^3 = 1 000 cm^3, also sind 2 dm^3 = 2 000 cm^3, 4 dm^3 = 4 000 cm^3, 40 dm^3 = 40 000 cm^3

1 cm^3 = 1 000 mm^3, also sind 2 cm^3 = 2 000 mm^3, 4 cm^3 = 4 000 mm^3, 40 cm^3 = 40 000 mm^3

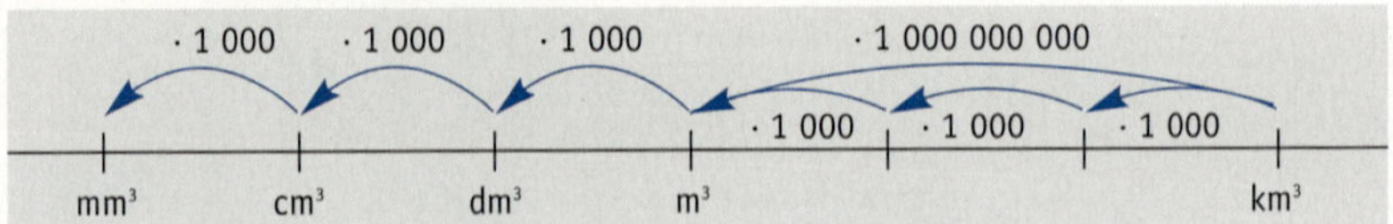

siehe Kapitel 7.1

Das Umrechnen von Raummaßeinheiten funktioniert also genauso wie das Umrechnen von Längenmaßeinheiten, wobei die Umrechnungszahl nicht 10 sondern **1 000** ist. Bewegt man die Spielfigur auf dem Schema, wird pro Station mit 1 000 multipliziert, wenn die Maßeinheit kleiner wird. Umgekehrt wird durch 1 000 geteilt, wenn sie größer wird.

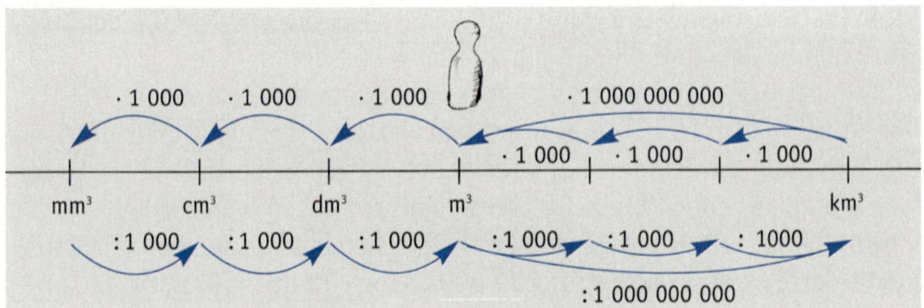

Auch hier kann über mehrere „Stationen“ hinweg umgewandelt werden.
Beispiel: Wie viel dm^3 sind 85 000 mm^3?
Die gedankliche Spielfigur steht bei mm^3 und soll zu dm^3.

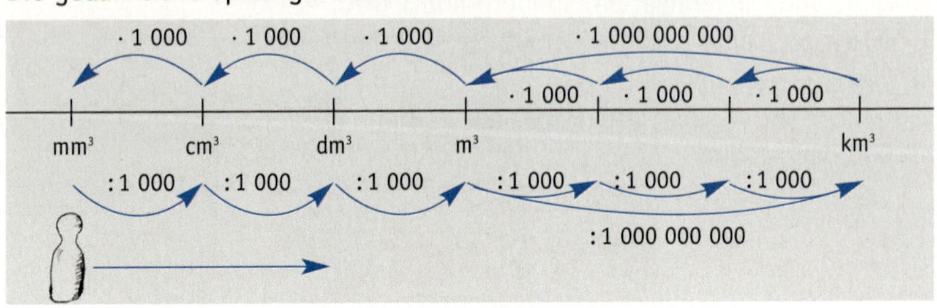

Um zu cm³ zu kommen, muss mit 1 000 dividiert werden, dann nochmal mit 1 000, um die dm³ zu erreichen.

85 000 : 1 000 = 85

85 : 1 000 = 0,085

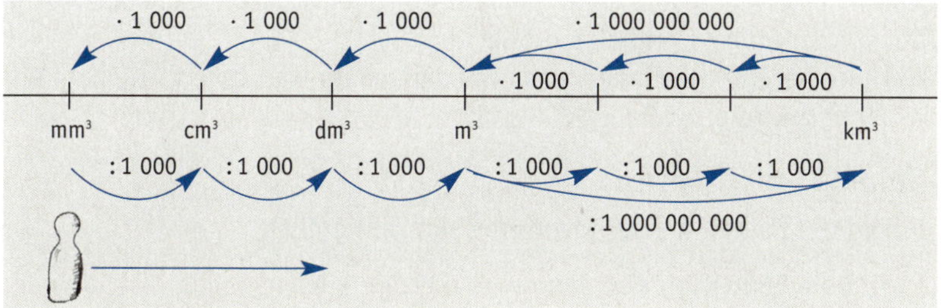

Also sind 85 000 mm³ = 0,085 dm³.

Raummaßeinheiten werden umgewandelt, indem man von einer „Station" zur nächsten mit 1 000 teilt oder mit 1 000 multipliziert (Umwandlungszahl 1 000). Wird in eine kleinere Einheit umgewandelt, muss man malnehmen (die Zahl vor der Einheit wird größer). Wird in eine größere Einheit umgewandelt, muss man teilen (die Zahl vor der Einheit wird kleiner).

Aufgaben

Rechnen Sie folgende Raummaßeinheiten um:

Beispiel

0,0004 m³ = ? cm³

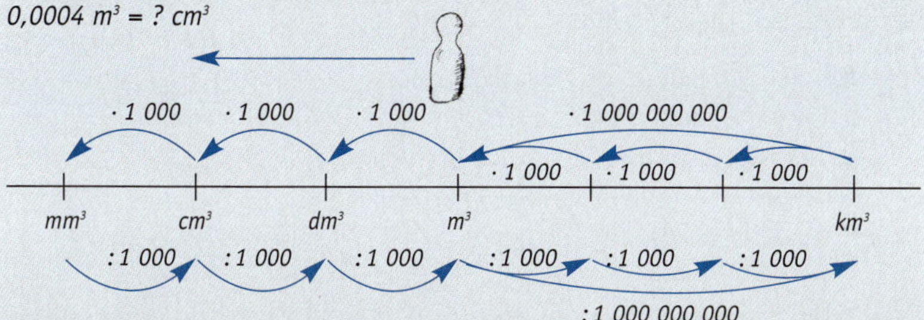

0,0004 · 1 000 = 0,4

0,4 · 1 000 = 400

Also sind 0,0004 m³ = 400 cm³.

9,7 dm³ = ? cm³	0,041 km³ = ? m³	200 000 000 m³ = ? km³
0,028 m³ = ? cm³	0,028 m³ = ? mm³	

Zusammenfassung

Raummaßeinheiten werden umgewandelt, indem man von einer „Station" zur nächsten mit 1 000 teilt oder mit 1 000 multipliziert (Umwandlungszahl 1 000).
Wird die Einheit kleiner, wird die Zahl größer.
Wird die Einheit größer, wird die Zahl kleiner.

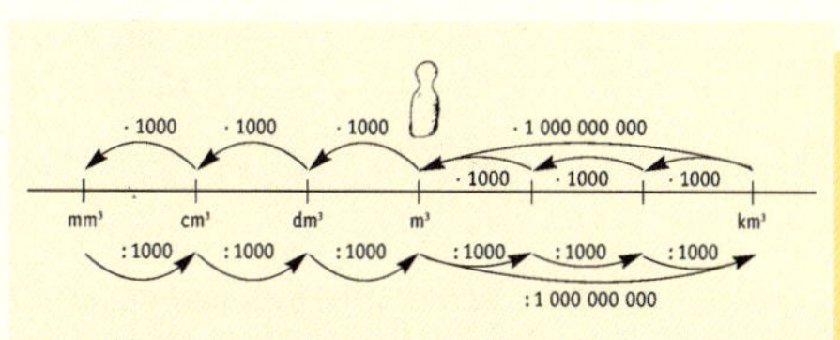

7.4 Übersicht

Maßeinheiten werden umgerechnet, indem man von einer „Station“ zur nächsten mit der Umrechnungszahl teilt oder multipliziert.
Wird in eine kleinere Einheit umgewandelt, muss man malnehmen (die Zahl vor der Einheit wird also größer).
Wird in eine größere Einheit umgewandelt, muss man teilen (die Zahl vor der Einheit wird also kleiner).

Oder kürzer ausgedrückt:

Wird die Einheit kleiner, dann wird die Zahl größer.

Wird die Einheit größer, dann wird die Zahl kleiner.

Längenmaße (Umrechnungszahl 10)

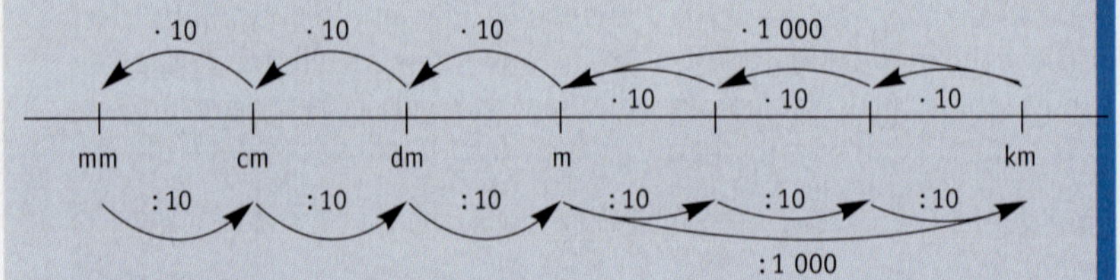

Flächenmaße (Umrechnungszahl 100)

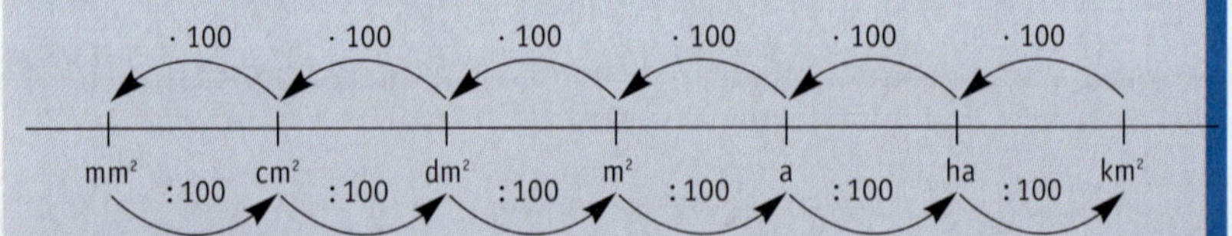

Raummaße (Umrechnungszahl 1 000)

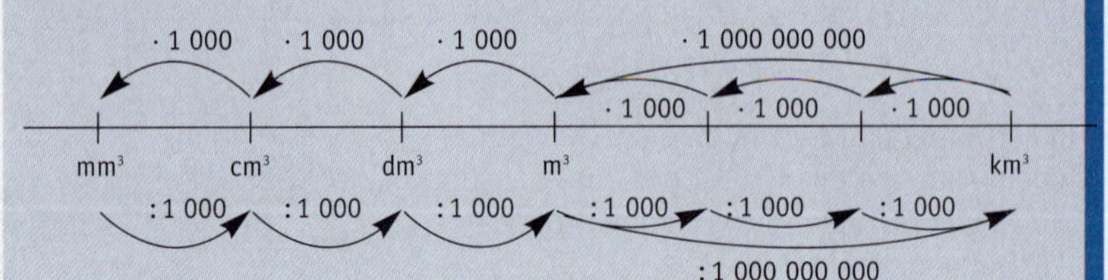

7.5 Üben

1. Rechnen Sie die Längenmaße um:

a)	45 mm in dm	f)	0,2 km in m
b)	21 m in km	g)	800 mm in m
c)	280 cm in m	h)	250 cm in dm
d)	500 dm in mm	i)	4 800 cm in mm
e)	500 dm in km	j)	3,45 m in cm

2. Rechnen Sie die Flächenmaße um:

a)	4 500 mm^2 in cm^2	f)	80 a in m^2
b)	280 dm^2 in m^2	g)	35 cm^2 in dm^2
c)	280 dm^2 in cm^2	h)	2,5 ha in a
d)	0,5 km^2 in ha	i)	5 m^2 in mm^2
e)	40 a in km^2	j)	300 m^2 in ha

3. Rechnen Sie die Raummaße um:

a)	250 cm^3 in dm^3	f)	85 000 cm^3 in m^3
b)	4 m^3 in dm^3	g)	75 000 dm^3 in m^3
c)	0,02 km^3 in m^3	h)	0,087 dm^3 in cm^3
d)	8 dm^3 in mm^3	i)	20 000 mm^3 in dm^3
e)	3 500 mm^3 in cm^3	j)	0,42 m^3 in cm^3

4. Gemischte Aufgaben:

a)	0,025 ha in m^2	f)	27 000 m^2 in a
b)	1 km^2 in a	g)	2,34 cm in mm
c)	5 500 dm in m	h)	0,8 ha in km^2
d)	0,75 m^2 in cm^2	i)	200 dm in cm
e)	0,0001 cm^3 in mm^3	j)	290 a in ha

8 Längen, Flächen, Körper

Paul Klee:
Kompositionen mit Dreiecken,
1918

8.1 Umfang allgemein

Beispiel

Marco braucht neue Fußbodenleisten. Sein Zimmer ist quadratisch, jede Seite ist 3,20 m lang.

Wenn Marco den Rand des Fußbodens seines Zimmers abmisst, erhält er den Umfang. Der Umfang einer Fläche ist die Summe seiner Seitenlängen. Er wird mit dem Großbuchstaben „U" abgekürzt.

U = die Länge des Randes einer Fläche

8.2 Umfang beim Quadrat

Eine Seite des Zimmers hat eine Länge von 3,20 m. Da bei einem Quadrat alle 4 Seiten gleich lang sind, muss die Länge von 3,20 m mit 4 multipliziert werden.

Seitenlänge · 4 = Umfang des Quadrats

3,20 m · 4 = 12,80 m

Marco braucht also insgesamt 12,80 m an Fußbodenleisten. Die Türöffnung und möglicherweise anfallender Verschnitt sind dabei nicht berücksichtigt.

Bezeichnet man beim Quadrat die Seitenlänge mit l, dann gilt für das Quadrat:

$$U = 4 \cdot l$$

Manchmal wird die Seitenlänge beim Quadrat auch mit dem Buchstaben a bezeichnet. Dann gilt entsprechend:

$$U = 4 \cdot a$$

Beispiel

Marco sagt zu Anna, dass er schon begriffen habe, wie er die Länge der Fußbodenleisten für sein Zimmer abmessen kann. Die Formel $U = 4 \cdot l$ würde er jedoch nicht checken. Anna erklärt es ihm mit einem Beispiel:

Eine Ameise fährt mit ihrem Mini-Mofa an einem Quadrat die äußeren Linien ab. Bevor sie startet, stellt sie ihren Tageskilometerzähler auf null. Das Quadrat hat eine Seitenlänge von 5,1 cm.

Da beim Quadrat alle Seiten gleich lang sind und das Quadrat 4 Seiten hat, müsste die Ameise nach dem Abfahren des Quadrats 4-mal 5,1 cm zurückgelegt haben, auf ihrem Tageskilometerzähler müssten also 20,4 cm angezeigt sein.

Der Umfang einer Fläche hat die Länge, die eine Ameise zurückgelegt hat, wenn sie mit ihrem Mofa die Seiten abgefahren hat. Beim Quadrat sind das 4 gleiche Seitenlängen, also gilt:

$U = 4 \cdot l$ bzw. $U = 4 \cdot a$

Aufgaben

Berechnen Sie den Umfang von Quadraten mit folgenden Seitenlängen:

Beispiel

$l = 6{,}25$ m
$U = 4 \cdot l$
$U = 4 \cdot 6{,}25$ m
$U = 25$ m

$l = 3{,}8$ mm
$l = 24{,}7$ dm
$l = 12{,}75$ m
$l = 46{,}8$ km
$l = 9{,}4$ cm

Zusammenfassung

Für den Umfang des Quadrates wird die Seitenlänge mit 4 multipliziert.

$U = 4 \cdot l$

bzw. $U = 4 \cdot a$

8.3 Umfang beim Rechteck

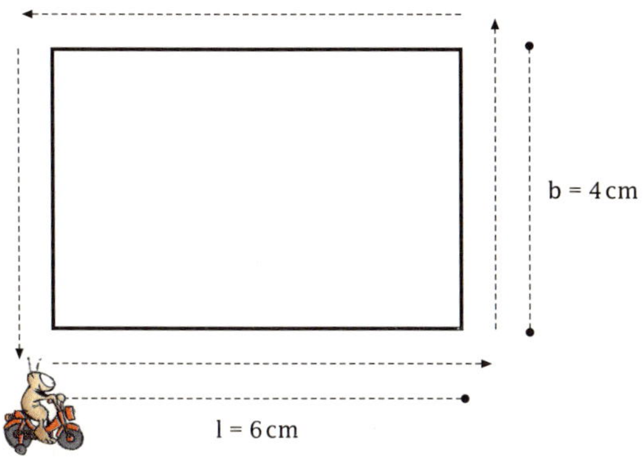

Beispiel

Dieses Mal fährt die Ameise ein Rechteck ab. Wieder stellt sie den Kilometerzähler auf null. Sie startet unten links und fährt im Gegenuhrzeigersinn. Wenn sie bei der ersten Ecke ankommt, hat sie die Seite l („l" für „Länge") des Rechtecks abgefahren. Sie biegt scharf links ab und fährt die Seite b („b" = „Breite") ab.
Nach der nächsten Ecke wiederholt sich im Prinzip die Länge l und als Letztes fährt sie noch einmal die Länge b herunter, um wieder am Ausgangspunkt anzukommen. Sie ist also 2-mal die Länge l und 2-mal die Breite b gefahren:

$U = 2 \cdot l + 2 \cdot b$
$U = 2 \cdot 6\text{ cm} + 2 \cdot 4\text{ cm}$
$U = 12\text{ cm} + 8\text{ cm}$
$U = 20\text{ cm}$

Beachten Sie die Punkt-vor-Strich-Regel (siehe Kapitel 1.10).

Bezeichnet man den Umfang mit U, die Länge mit l und die Breite mit b, dann gilt für das Rechteck:

$$U = 2 \cdot l + 2 \cdot b$$

Manchmal werden die Seiten beim Rechteck auch mit den Buchstaben a und b bezeichnet. Dann gilt entsprechend:

$$U = 2 \cdot a + 2 \cdot b$$

Aufgaben

Berechnen Sie den Umfang von Rechtecken mit folgenden Seitenlängen:

Beispiel

l = 4,5 m, b = 3,2 m
$U = 2 \cdot l + 2 \cdot b$
$U = 2 \cdot 4{,}5\text{ m} + 2 \cdot 3{,}2\text{ m}$
$U = 9\text{ m} + 6{,}4\text{ m}$
$U = 15{,}4\text{ m}$

l = 11,8 mm, b = 7 mm
l = 48,7 dm, b = 33,3 dm
l = 4,75 m, b = 1,8 m
l = 19,1 km, b = 2,4 km
l = 6,58 cm, b = 5,71 cm

Zusammenfassung

Für den Umfang des Rechtecks werden Länge und Breite des Rechtecks jeweils mit 2 multipliziert und dann zusammengezählt.

$$U = 2 \cdot l + 2 \cdot b$$

bzw. $$U = 2 \cdot a + 2 \cdot b$$

8.4 Umfang beim Dreieck

Beispiel

Wenn die Ameise ein Dreieck abfährt, wird anschließend die Summe der 3 Seitenlängen auf ihrem Kilometerzähler angezeigt, sie ist also je einmal die Länge c, a und b gefahren:

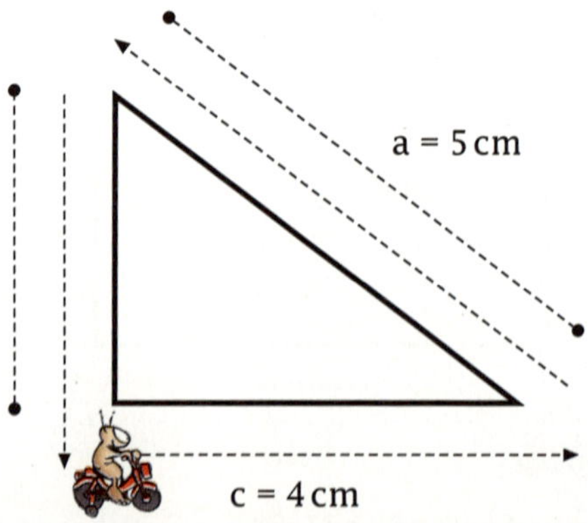

U = a + b + c
U = 5 cm + 3 cm + 4 cm
U = 12 cm

Für das Dreieck gilt: U = a + b + c

Aufgaben

Berechnen Sie den Umfang von Dreiecken mit folgenden Seitenlängen:

Beispiel

a = 5,5 m,
b = 4,2 m,
c = 6,8 m
U = a + b + c
U = 5,5 m + 4,2 m + 6,8 m
U = 16,5 m

a = 4,6 mm, b = 5,3 mm, c = 8,5 mm
a = 9,7 dm, b = 2,4 dm, c = 5,8 dm
a = 11 m, b = 4,9 m, c = 6,75 m
a = 4,2 km, b = 0,8 km, c = 3,7 km
a = 2,54 cm, b = 0,99 cm, c = 4,17 cm

Zusammenfassung

Für den Umfang des Dreiecks werden die drei Seitenlängen zusammengezählt.

U = a + b + c

8.5 Umfang beim Kreis

Beispiel

Bei allen Kreisen ist der Umfang ca. 3,14-mal so groß wie der Durchmesser. Man bezeichnet diese Zahl, mit der man den Durchmesser multiplizieren muss, um den Umfang zu erhalten, mit π. Sie hat unendlich viele Stellen hinter dem Komma und beginnt mit 3,14159...

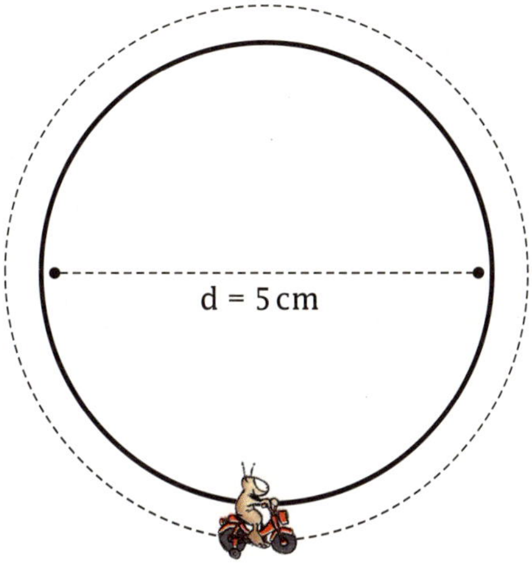

$U = \pi \cdot d$
$U = 3{,}14 \cdot 5\ \text{cm}$
$U = 15{,}7\ \text{cm}$

Auf manchen Taschenrechnern befindet sich eine eigene Taste für π. In dem Fall kann man den Umfang leichter und etwas genauer berechnen. Hat man keinen solchen Taschenrechner, benutzt man die Zahl 3,14 zur Berechnung.
Manchmal ist statt des Durchmessers („d") der Radius („r") angegeben. Der Radius ist die Strecke vom Mittelpunkt eines Kreises bis zu dessen Rand und ist somit halb so groß wie der Durchmesser. Der Umfang des Kreises ist demnach π · 2 · Radius.

Für den Kreis gilt: $U = \pi \cdot d$

bzw.: $U = \pi \cdot 2 \cdot r$

Aufgaben

Berechnen Sie den Umfang der folgenden Kreise:

Beispiel

$r = 7\ m$
$U = \pi \cdot 2 \cdot 7\ m$
$U = 3{,}14 \cdot 14$
$U = 43{,}96\ m$

r = 9,5 mm d = 10 dm d = 3,5 m r = 0,5 km r = 56 cm

Zusammenfassung

Für den Umfang des Kreises wird der Durchmesser bzw. der doppelte Radius mit π malgenommen.

$U = \pi \cdot d$

bzw. $U = \pi \cdot 2 \cdot r$

8.6 Umfang bei zusammengesetzten Flächen

Beispiel

Bei zusammengesetzten Flächen müssen fehlende Längenangaben durch logisches Denken ermittelt und die Formeln entsprechend angepasst werden. Auch hierbei kann die Vorstellung einer Ameise, welche die Seiten der Fläche mit einem Mofa abfährt, hilfreich sein.

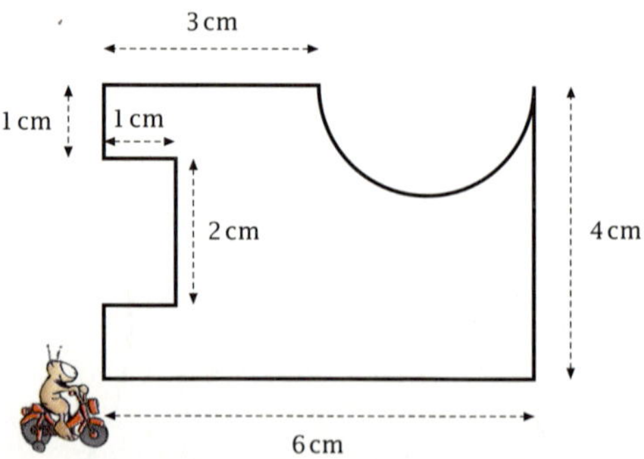

Beginnt man im linken unteren Eck und bewegt sich im Gegenuhrzeigersinn, ist es zunächst ganz einfach. Wir haben eine Seite mit 6 cm und dann eine Seite mit 4 cm. Ab dem rechten oberen Eck wird es etwas schwieriger. Es kommt ein Halbkreis, von dem die Länge des Durchmessers nicht angegeben ist. Da der Abstand der beiden oberen Ecken genau gleich groß sein muss wie der Abstand der beiden unteren Ecken, nämlich 6 cm, und weil das restliche Stück zwischen Halbkreis und linkem oberem Eck 3 cm lang ist, muss der Durchmesser des Halbkreises 3 cm sein.
Die Formel zur Berechnung des Kreisumfanges lässt sich nun leicht zur Berechnung der Länge des Umfanges eines Halbkreises anpassen:

U (vom Kreis) = $\pi \cdot d$
U (vom Halbkreis) = $\pi \cdot d : 2$

U (vom Halbkreis) = 3,14 · 3 cm : 2
U (vom Halbkreis) = 4,71 cm

Die nächsten 4 Strecken sind wieder angegeben: 3 cm, 1 cm, 1 cm und 2 cm. Die beiden restlichen Strecken lassen sich ermitteln: Die vorletzte Strecke muss 1 cm Länge haben, da sie der Strecke 2 cm darüber entspricht. Das letzte Stück muss 1 cm lang sein, da der Abstand der beiden linken Ecken genau so groß ist wie der Abstand der beiden rechten Ecken. Von oben nach unten gerechnet sind bereits 3 cm „verbraucht“, sodass 1 cm übrig bleibt. Nun muss man nur noch die einzelnen Strecken addieren:

6	cm	(die „untere“ Seitenlänge)
4	cm	(die „rechte“ Seitenlänge)
4,71	cm	(der Halbkreis)
3	cm	(das „restliche Stück oben“)
1	cm	
1	cm	
2	cm	(die Strecken an der linken Seite)
1	cm	
+1	cm	
23,71	cm	

Für zusammengesetzte Flächen gilt die allgemeine Definition:
U = die Länge des Randes einer Fläche
Dabei müssen die einzelnen Strecken und Teile des Randes manchmal durch Logik und angepasste Formeln ermittelt werden.

Aufgaben

Berechnen Sie den Umfang der folgenden zusammengesetzten Flächen:

Beispiel

1 cm
1 cm
3,5 cm
1 cm (wie „gegenüber")
1 cm
6,28 cm (siehe Kasten!)
5,5 cm
+ 4 cm
= 23,28 cm

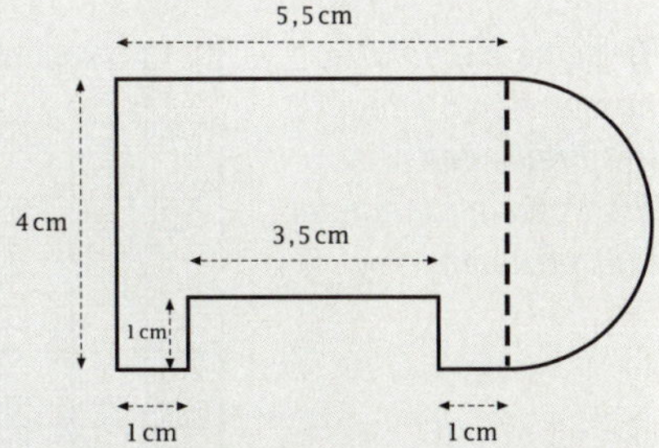

U vom Halbkreis = $\pi \cdot d : 2$
= 3,14 · 4 cm : 2
= 6,28 cm

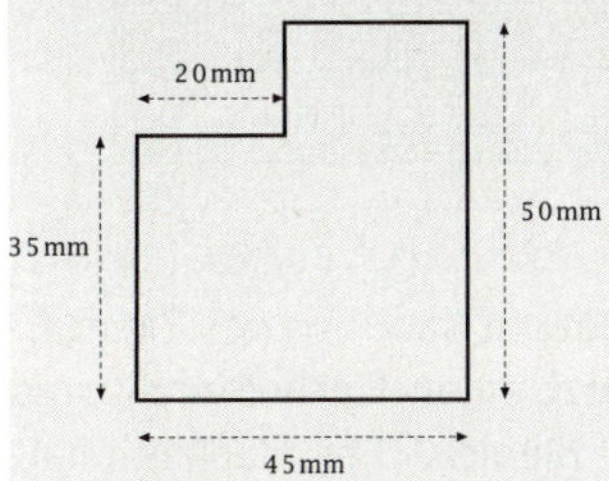

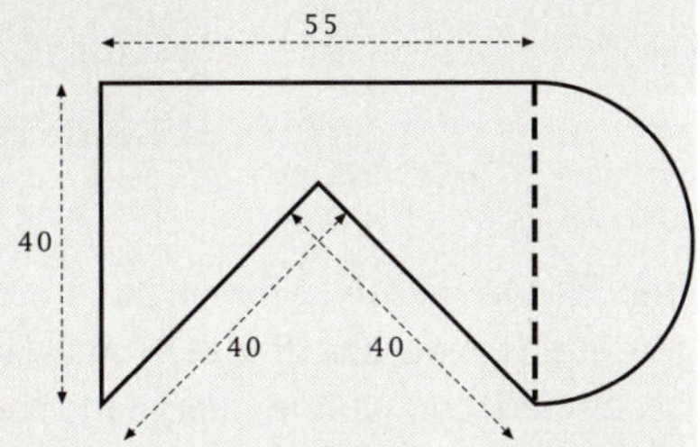

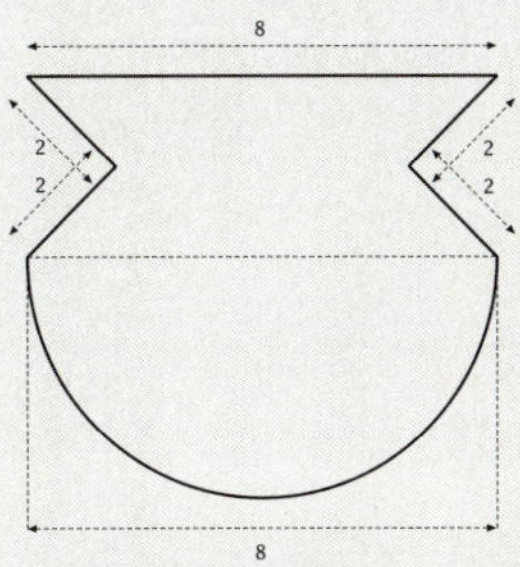

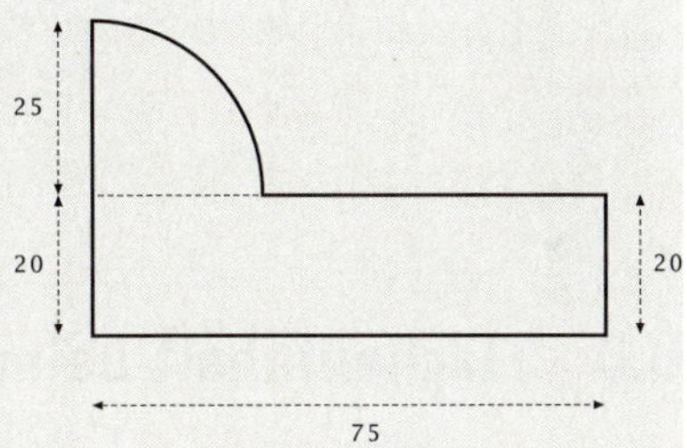

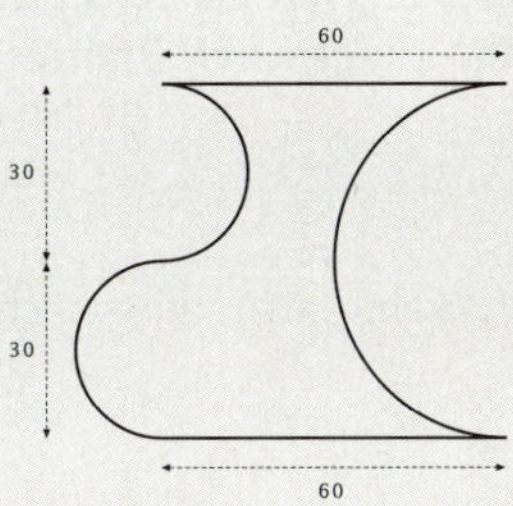

Zusammenfassung

Bei zusammengesetzten Flächen werden alle Teile des Randes einer Fläche zusammengezählt. Manchmal müssen fehlende Angaben durch Logik und angepasste Formeln ermittelt werden.

U = die Länge des Randes

8.7 Flächeninhalt allgemein

Beispiel

Für seine Tischplatte musste Marco Länge und Breite des Quadrates miteinander multiplizieren.

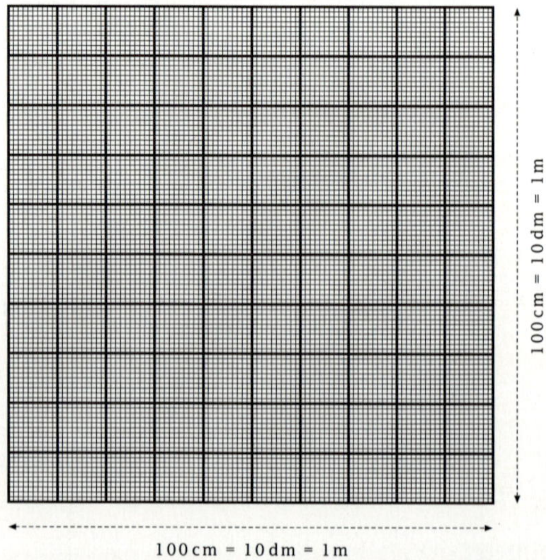

Eine Fläche hat zwei Dimensionen, d. h., sie dehnt sich in zwei Richtungen aus (Länge und Breite). Eine Fläche besitzt einen Flächeninhalt und ist ein ebener, von einem Rand begrenzter Bereich. Der Flächeninhalt wird mit dem Großbuchstaben „A" abgekürzt.

A = Flächeninhalt

8.8 Flächeninhalt beim Quadrat

Vergleichen Sie hierzu auch Kap. 1.9, „Potenzen und Quadratwurzeln".

Um den Flächeninhalt der Tischplatte auszurechnen, hat Marco die Länge und die Breite miteinander multipliziert. Da Länge und Breite beim Quadrat gleich lang sind, gilt die Formel:

$$A = l \cdot l$$

Wird eine Zahl mit sich selbst multipliziert, kann man dies auch als Potenz ausdrücken:

$$A = l^2$$

Bezeichnet man den Flächeninhalt mit A und die Seitenlänge mit l, dann gilt für das Quadrat: $A = l \cdot l$ bzw. $A = l^2$

Manchmal wird die Seitenlänge beim Quadrat auch mit dem Buchstaben a bezeichnet. Dann gilt entsprechend: $A = a \cdot a$ bzw. $A = a^2$

Beispiel

Marco sagt zu Anna, dass er schon begriffen habe, wie er die Fläche der Tischplatte ausrechnen kann. Die Formeln würde er jedoch wieder mal gar nicht checken. Anna erklärt es ihm mit einer quadratischen Schokolade:

Wenn man sich der Einfachheit halber vorstellt, ein Stückchen von dieser Schokolade sei genau 1 cm^2 groß, dann lässt sich die Fläche der gesamten Tafel einfach errechnen, indem man die Stückchen zusammenzählt.

Man kann auch einfach die Stückchen pro Reihe mit der Anzahl der Reihen malnehmen. Die Stückchen pro Reihe entsprächen somit der Länge und die Anzahl der Reihen der Breite des Quadrats. Da im Quadrat Länge und Breite gleich lang sind und tatsächlich die Anzahl der Stückchen und die Anzahl der Reihen gleich groß sind, nämlich 4, kann man den Flächeninhalt der Quadrats errechnen, wenn man die Stückchen pro Reihe mit sich selbst multipliziert.

Flächeninhalt der quadratischen Schokoladentafel:
A = 4 Reihen · 4 Stückchen = 16 Stückchen, also 16 cm^2
(wenn ein Stückchen genau 1 cm^2 groß wäre)

Übertragen bedeutet das:
A (vom Quadrat) = Länge des Quadrats · Länge des Quadrats

Der Flächeninhalt der Schokoladentafel entspricht der Anzahl der Stückchen pro Reihe mal der Anzahl der Reihen. Im Quadrat sind diese Zahlen gleich, also gilt:

$A = l \cdot l$ bzw. $A = a \cdot a$

als Potenz ausgedrückt: $A = l^2$ bzw. $A = a^2$

Aufgaben

Berechnen Sie den Flächeninhalt von Quadraten mit folgenden Seitenlängen:

Beispiel

$l = 7$ m
$A = l \cdot l$
$A = 7\ m \cdot 7\ m$
$A = 49\ m^2$

l = 2,8 mm
l = 12,5 m
l = 8,9 cm
l = 10 dm
l = 1,8 km

Zusammenfassung

Für den Flächeninhalt des Quadrats wird die Seitenlänge mit sich selbst multipliziert.

$A = l \cdot l = l^2$

bzw. $A = a \cdot a = a^2$

8.9 Flächeninhalt beim Rechteck

Beispiel

Anna zeigt Marco eine Tafel Schokolade einer anderen Marke. Diese Tafel ist nicht quadratisch, sondern rechteckig. In einer Reihe sind 4 Stückchen, die jeweils 1 cm² groß sein sollen. Die Tafel hat 6 solcher Reihen.

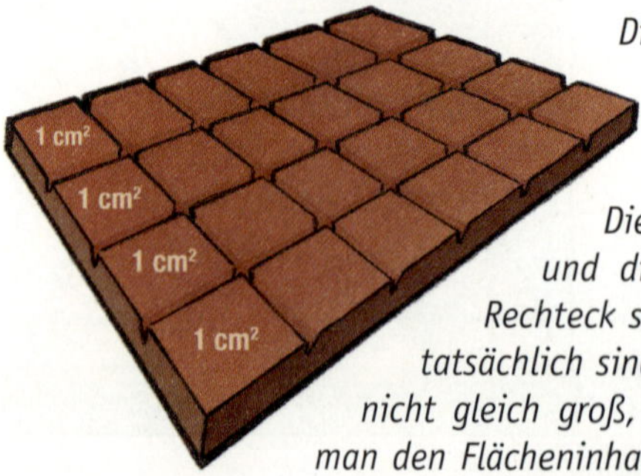

Die Fläche der gesamten Tafel lässt sich wieder einfach errechnen, indem man die Stückchen zusammenzählt oder einfacher, indem man die Stückchen pro Reihe mit der Anzahl der Reihen malnimmt. Die Stückchen pro Reihe entsprächen somit der Breite und die Anzahl der Reihen der Länge des Rechtecks. Im Rechteck sind allerdings Länge und Breite nicht gleich lang und tatsächlich sind die Anzahl der Reihen und die Anzahl der Stückchen nicht gleich groß, nämlich 6 Reihen zu je 4 Stückchen. Deshalb kann man den Flächeninhalt des Rechtecks errechnen, wenn man die Anzahl der Reihen mit der Anzahl der Stückchen pro Reihe multipliziert.

Flächeninhalt der rechteckigen Schokoladentafel:
A = 6 Reihen · 4 Stückchen = 24 Stückchen, also 24 cm²
(wenn ein Stückchen genau 1 cm² groß wäre)

Übertragen bedeutet das:
A (vom Rechteck) = Länge des Rechtecks · Breite des Rechtecks

Der Flächeninhalt der Schokoladentafel entspricht der Anzahl der Stückchen pro Reihe mal der Anzahl der Reihen. Also gilt:

$A = l \cdot b$ bzw. $A = a \cdot b$

Aufgaben

Berechnen Sie den Flächeninhalt von Rechtecken mit folgenden Seitenlängen:

Beispiel

$l = 7$ m, $b = 3$ m
$A = l \cdot b$
$A = 7\text{ m} \cdot 3\text{ m}$
$A = 21\text{ m}^2$

l = 3,5 mm	b = 2 mm
l = 10 dm	b = 4,2 dm
l = 12,5 m	b = 6,5 m
l = 2 km	b = 0,9 km
l = 0,7 cm	b = 0,8 cm

Zusammenfassung

Für den Flächeninhalt des Rechtecks wird die Seitenlänge mit sich selbst multipliziert.

$A = l \cdot b$

bzw. $A = a \cdot b$

8.10 Flächeninhalt beim Parallelogramm

Anna schneidet von der rechteckigen Tafel Schokolade ein dreieckiges Stück ab und legt es auf der anderen Seite der Tafel an.

Beispiel

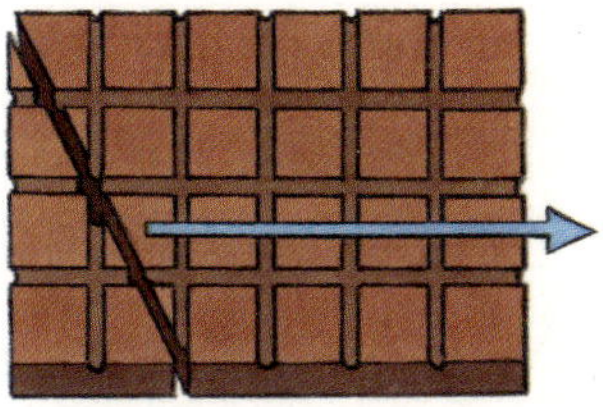

An der Größe der Fläche hat sich nichts geändert. Die Schokoladentafel ist immer noch gleich groß. Als sie noch ein Rechteck war, errechnete sich der Flächeninhalt durch Multiplikation der Seiten l und b. Die bisherige Seite b des Rechtecks ist jetzt die „Höhe" des Parallelogramms, abgekürzt mit dem Buchstaben „h".

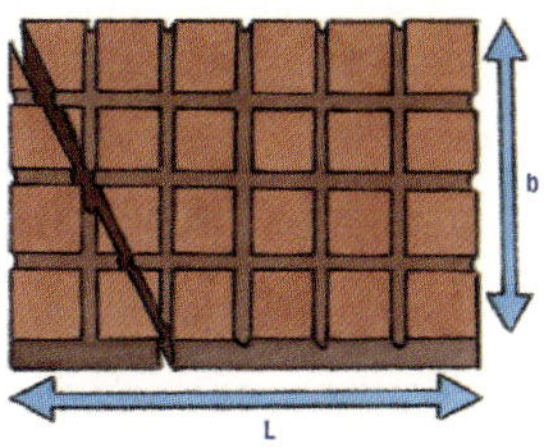

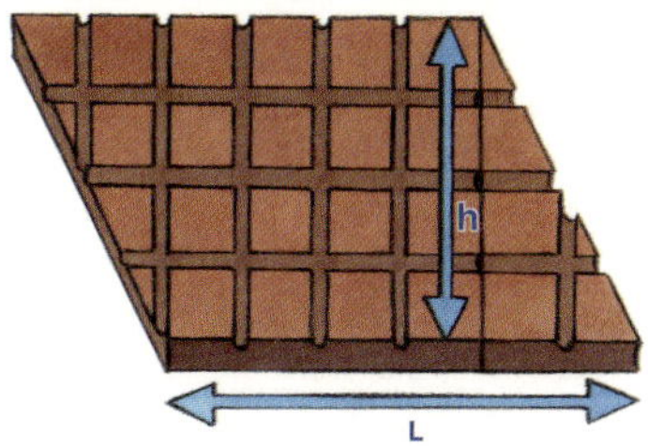

Das Parallelogramm lässt sich aus dem „zerschnittenen" Rechteck zusammensetzen. Man kann den Flächeninhalt des Parallelogramms ermitteln, wenn man die Länge mit der Höhe (der bisherigen Breite) multipliziert.

A (vom Parallelogramm) = Länge des Parallelogramms · Höhe des Parallelogramms

Für das Parallelogramm gilt: $A = l \cdot h$ bzw. $A = a \cdot h$

Aufgaben

Berechnen Sie den Flächeninhalt von folgenden Parallelogrammen:

Beispiel
l = 7 m, h = 2,50 m
A = l · h
A = 7 m · 2,50 m
A = 17,50 m²

l = 8,5 mm	h = 3 mm
l = 10,2 dm	h = 4 dm
l = 14,5 m	h = 5,5 m
l = 0,4 km	h = 0,9 km
l = 1,7 cm	h = 0,8 cm

Zusammenfassung

Für den Flächeninhalt des Parallelogramms wird die Seitenlänge mit der Höhe multipliziert.

$$A = l \cdot h$$
bzw. $$A = a \cdot h$$

8.11 Flächeninhalt beim Dreieck

Beispiel

Anna zerschneidet das Schokoladenparallelogramm, sodass zwei gleich große Dreiecke entstehen.

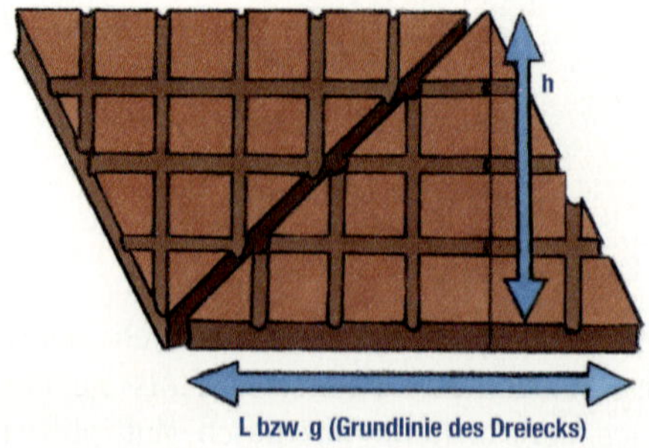

Durch den Schnitt wurde das Parallelogramm in 2 gleich große Dreiecke zerteilt. Also ist jedes dieser Dreiecke halb so groß wie das Parallelogramm. Der Flächeninhalt des Parallelogramms berechnet sich nach der Formel: $A = l \cdot h$

Weil die Dreiecke jeweils halb so groß sind, muss man noch durch 2 teilen.

A (vom Dreieck) = Länge des Dreiecks · Höhe des Dreiecks : 2

Für das Dreieck gilt: $A = l \cdot h : 2$ bzw. $A = g \cdot h : 2$

Oder in Bruchschreibweise: $A = \frac{l \cdot h}{2}$ bzw. $A = \frac{g \cdot h}{2}$

Aufgaben

Berechnen Sie den Flächeninhalt von folgenden Dreiecken:

Beispiel

$l = 7$ m, $h = 2{,}50$ m
$A = l \cdot h : 2$
$A = 7\ m \cdot 2{,}50\ m : 2$
$A = 8{,}75\ m^2$

l = 4,5 mm	h = 2 mm
l = 11,3 dm	h = 5 dm
l = 15,5 m	h = 3,6 m
l = 0,8 km	h = 0,6 km
l = 2,7 cm	h = 0,6 cm

Zusammenfassung

Für den Flächeninhalt des Dreiecks wird die Grundlinie mit der Höhe multipliziert und durch 2 geteilt.

$A = l \cdot h : 2$ oder $A = \frac{l \cdot h}{2}$

bzw. $A = g \cdot h : 2$ oder $A = \frac{g \cdot h}{2}$

8.12 Flächeninhalt beim Trapez

Beispiel

Anna nimmt eine neue rechteckige Schokoladentafel, schneidet wieder ein Dreieck ab und legt es ***verkehrt herum*** *an die andere Seite des Rechtecks an, sodass ein Trapez entsteht.*

An der Größe der Fläche hat sich nichts geändert, die Schokoladentafel ist immer noch gleich groß. Als sie noch ein Rechteck war, errechnete sich der Flächeninhalt durch Multiplikation der Seiten l und b. Die bisherige Seite b des Rechtecks ist jetzt die „Höhe" des Parallelogramms, abgekürzt mit dem Buchstaben „h". Die Länge l ist nicht mehr vorhanden, stattdessen gibt es zwei neue Längen, eine oben und eine unten. Die untere Länge (l_1) ist kürzer, die obere Länge (l_2) länger als die „alte Länge l". l ist der Durchschnitt von l_1 und l_2.

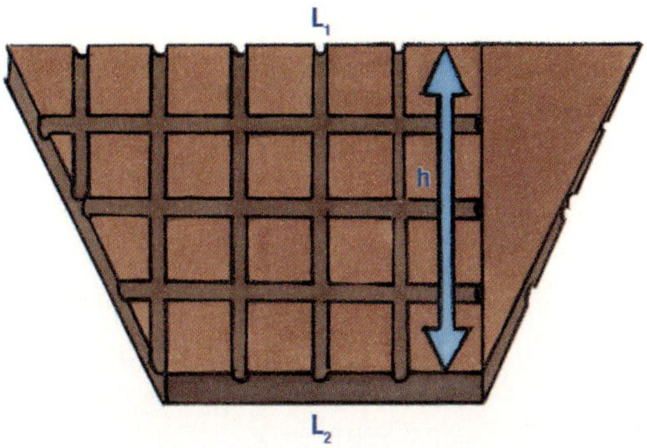

Zählt man l_1 und l_2 zusammen und teilt sie dann durch 2, erhält man die Länge der „alten Länge l" wieder. Die Formel des Rechtecks, nämlich $A = l \cdot h$, lautet daher übertragen auf das Trapez:

A (vom Trapez) = (obere Länge + untere Länge) : 2 · Höhe des Trapez

Für das Trapez gilt:	$A = (l_1 + l_2) : 2 \cdot h$
Oder in Bruchschreibweise:	$A = \frac{l_1 + l_2}{2} \cdot h$

Aufgaben

Berechnen Sie den Flächeninhalt von folgenden Trapezen:

Beispiel

$l_1 = 4$ m, $l_2 = 6$m, $h = 3{,}50$ m
$A = (l_1 + l_2) : 2 \cdot h$
$A = (4\ m + 6\ m) : 2 \cdot 3{,}50\ m$
$A = 10\ m : 2 \cdot 3{,}50\ m$
$A = 5\ m \cdot 3{,}50\ m$
$A = 17{,}5\ m^2$

$l_1 =$ 6 mm	$l_2 =$ 10 mm	h = 2,5 mm
$l_1 =$ 12,6 dm	$l_2 =$ 7,4 dm	h = 5,4 dm
$l_1 =$ 16,3 m	$l_2 =$ 6,5 m	h = 5,1 m
$l_1 =$ 0,3 km	$l_2 =$ 0,1 km	h = 1 km
$l_1 =$ 4,4 cm	$l_2 =$ 4,6 cm	h = 0,9 cm

Zusammenfassung

Für den Flächeninhalt des Trapezes wird der Durchschnitt der oberen und der unteren Länge mit der Höhe multipliziert.

$$A = (l_1 + l_2) : 2 \cdot h$$

bzw. $$A = \frac{l_1 + l_2}{2} \cdot h$$

8.13 Flächeninhalt beim Kreis

Beispiel

Anna zeigt Marco die Flächenberechnung des Kreises anhand eines runden Kekses. Zur Berechnung des Flächeninhaltes eines Kreises benötigt man wieder den Durchmesser (d) oder den Radius (r).

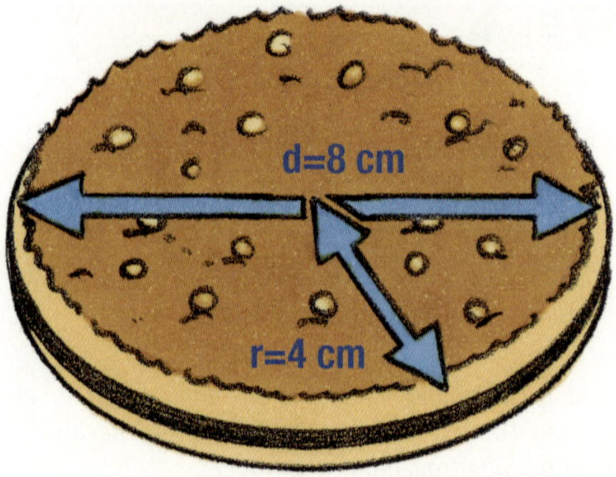

Zur Berechnung des Flächeninhalts des Kreises muss man den Radius mit sich selbst und anschließend mit der Zahl π multiplizieren.

$A = \pi \cdot r \cdot r$
Oder als Potenz ausgedrückt:
$A = \pi \cdot r^2$

$A = 3{,}14 \cdot 4\ cm \cdot 4\ cm$
$A = 3{,}14 \cdot 16\ cm^2$
$A = 50{,}24\ cm^2$

Anstelle des Radius kann auch der Durchmesser angegeben sein, der doppelt so lang ist. Dann lautet die Formel:

$$A = \pi \cdot \frac{d}{2} \cdot \frac{d}{2}$$

Oder als Potenz ausgedrückt:

$$A = \pi \cdot \frac{d^2}{4}$$

$$A = 3{,}14 \cdot \frac{8\text{ cm}}{2} \cdot \frac{8\text{ cm}}{2}$$

$$A = 3{,}14 \cdot 4\text{ cm} \cdot 4\text{ cm}$$

$$A = 3{,}14 \cdot 16\text{ cm}^2$$

$$A = 50{,}24\text{ cm}^2$$

Für den Kreis gilt:

$A = \pi \cdot r \cdot r$

oder $A = \pi \cdot r^2$

oder $A = \pi \cdot \frac{d}{2} \cdot \frac{d}{2}$

oder $A = \pi \cdot \frac{d^2}{4}$

Aufgaben

Berechnen Sie den Flächeninhalt von folgenden Kreisen:

Beispiel

d = 6 m

$A = \pi \cdot \frac{d}{2} \cdot \frac{d}{2}$

$A = \pi \cdot \frac{6\text{ cm}}{2} \cdot \frac{6\text{ cm}}{2}$

$A = \pi \cdot 3\text{ cm} \cdot 3\text{ cm}$

$A = \pi \cdot 9\text{ cm}^2$

$A = 28{,}26\text{ cm}^2$

d = 10 mm

r = 12 dm

r = 9 m

d = 2 km

d = 4 cm

Zusammenfassung

Für den Flächeninhalt des Kreises wird der Radius mit sich selbst multipliziert und dann mit π malgenommen.

Statt des Radius kann auch der halbe Durchmesser genommen werden.

$A = \pi \cdot r \cdot r$

oder $A = \pi \cdot r^2$

oder $A = \pi \cdot \frac{d}{2} \cdot \frac{d}{2}$

oder $A = \pi \cdot \frac{d^2}{4}$

8.14 Flächeninhalt beim Kreisausschnitt

Beispiel

Anna schneidet ein Stück des Kekses weg und fragt Marco nach dem Flächeninhalt des verbliebenen dreiviertel großen Kreises.

Marco sagt, dass es ihm in diesem Fall schon klar sei. Drei Viertel des Kreises seien leicht zu berechnen: Die Formel zur Berechnung des Flächeninhaltes des Kreises geteilt durch 4, um ein Viertel zu erhalten, und dann wieder mit 3 multiplizieren, da es ja 3 Viertel sind.

$$A = \pi \cdot r \cdot r : 4 \cdot 3$$

Anna schneidet von einem neuen Keks ein kleineres Stück ab und fragt Marco nach der Größe des Flächeninhaltes dieses kleinen Stückes:

Genau wie im ersten Beispiel des Kreisausschnitts muss man zunächst auf einen kleineren Teil des Kreises herunterrechnen, den der Kreis und der Kreisausschnitt gemeinsam haben. Im ersten Fall war das offensichtlich ein Viertel des Kreises. Da ein Kreis 360 Grad hat, kann man hier auf ein Grad herunterrechnen und dann mit der Gradanzahl im Winkel des Kreisausschnittes multiplizieren. Diesen Winkel kann man mit α (sprich: Alpha) bezeichnen.

Es muss also die gesamte Kreisfläche durch 360 geteilt und dann mit den 20° des Winkels α multipliziert werden:

$$A = \pi \cdot r \cdot r : 360 \cdot 20$$
$$A = 3{,}14 \cdot 4\text{ cm} \cdot 4\text{ cm} : 360 \cdot 20$$
$$A \approx 2{,}79\text{ cm}^2$$

Für den Kreisausschnitt gilt:

$$A = \pi \cdot r \cdot r : 360 \cdot \alpha$$

oder $$A = \pi \cdot r \cdot r \cdot \frac{\alpha}{360}$$

oder $$A = \pi \cdot r^2 \cdot \frac{\alpha}{360}$$

Aufgaben

Berechnen Sie den Flächeninhalt von folgenden Kreisausschnitten:

Beispiel

$r = 10\ m,\ \alpha = 50°$

$A = \pi \cdot \frac{r \cdot r \cdot 50}{360}$

$A = 3{,}14 \cdot \frac{10 \cdot 10 \cdot 50}{360}$

$A = 3{,}14 \cdot \frac{5\,000}{360}$

$A = 3{,}14 \cdot 13{,}89$

$A \approx 43{,}61\ cm^2$

r = 6 mm	$\alpha = 100°$
r = 9 dm	$\alpha = 124°$
r = 3 m	$\alpha = 186°$
r = 0,2 km	$\alpha = 180°$
r = 4,8 cm	$\alpha = 60°$

Zusammenfassung

Für den Flächeninhalt des Kreisausschnittes wird zunächst der Flächeninhalt des ganzen Kreises ausgerechnet, indem man den Radius mit sich selbst multipliziert und dann mit π malnimmt. Anschließend wird diese Fläche durch 360 geteilt und mit der Größe des Winkels α multipliziert.

$A = \pi \cdot r \cdot r : 360 \cdot \alpha$

oder

$A = \pi \cdot r \cdot r \cdot \frac{\alpha}{360}$

oder

$A = \pi \cdot r^2 \cdot \frac{\alpha}{360}$

8.15 Flächeninhalt bei zusammengesetzten Flächen

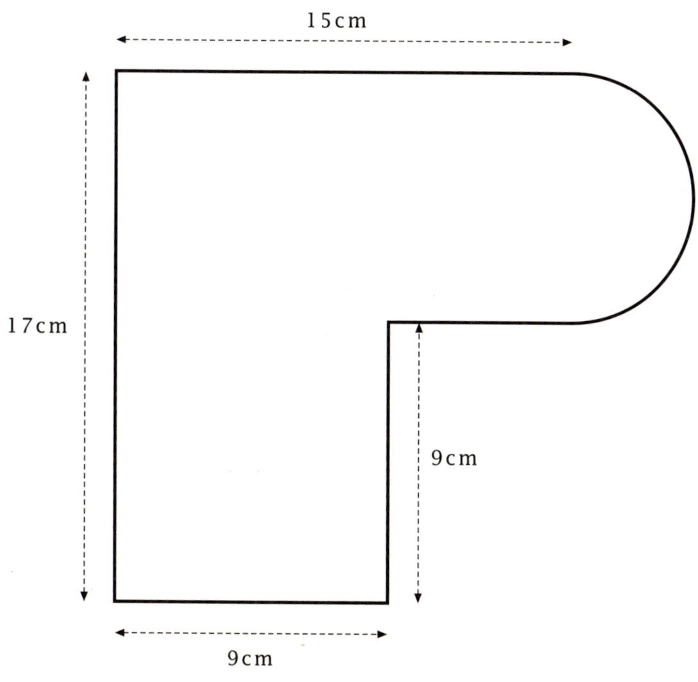

Beispiel

Zusammengesetzte Flächen müssen in die einzelnen Teilflächen zerlegt werden. Von den Teilflächen werden einzeln die Flächeninhalte ausgerechnet und dann miteinander verrechnet. Fehlende Längenangaben müssen durch Kombinieren und logisches Denken ermittelt werden.

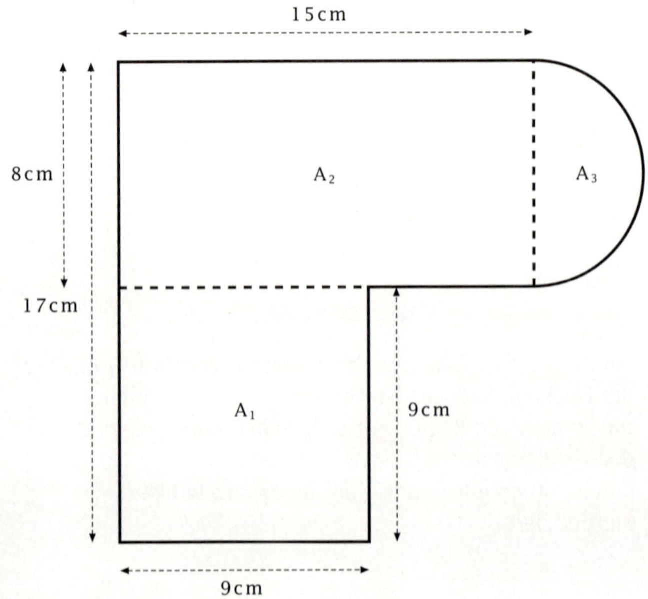

Quadrat (A_1)
$A_1 = l \cdot l$
$A_1 = 9\text{ cm} \cdot 9\text{ cm}$
$A_1 = 81\text{ cm}^2$

Rechteck (A_2)
$A_2 = l \cdot b$
$A_2 = 15\text{ cm} \cdot 8\text{ cm}$
$A_2 = 120\text{ cm}^2$

Gesamte linke Seite – Seitenlänge des Quadrats 17 cm – 9 cm = 8 cm

Halbkreis (A_3)
$A_3 = \pi \cdot r \cdot r : 2$
$A_3 = 3{,}14 \cdot 4\text{ cm} \cdot 4\text{ cm} : 2$
$A_3 = 25{,}12\text{ cm}^2$

Die Hälfte der Breite des Rechtecks

$A_{Gesamt} = A_1 + A_2 + A_3$
$A_{Gesamt} = 81\text{ cm}^2 + 120\text{ cm}^2 + 25{,}12\text{ cm}^2$
$A_{Gesamt} = 226{,}12\text{ cm}^2$

Zusammengesetzte Flächen müssen in einzelne Teilflächen zerlegt werden. Die Flächeninhalte der Teilflächen werden durch Formeln oder angepasste Formeln ausgerechnet und am Ende zu einer Gesamtfläche verrechnet. Manchmal müssen fehlende Längenangaben durch logisches Denken und Kombinieren ermittelt werden.

Aufgaben

Berechnen Sie den Flächeninhalt der folgenden zusammengesetzten Flächen:

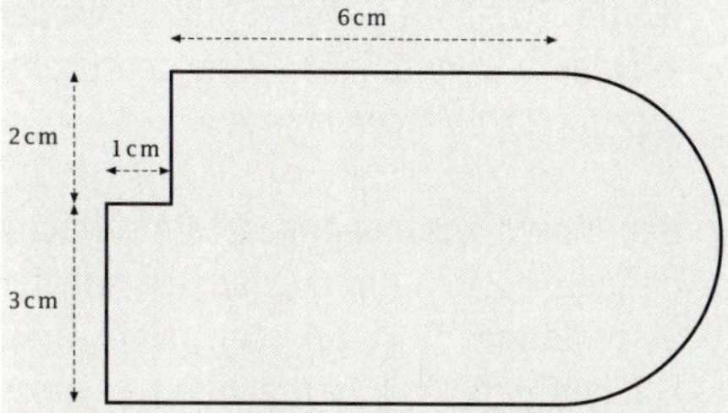

Zunächst in Teilflächen einteilen:

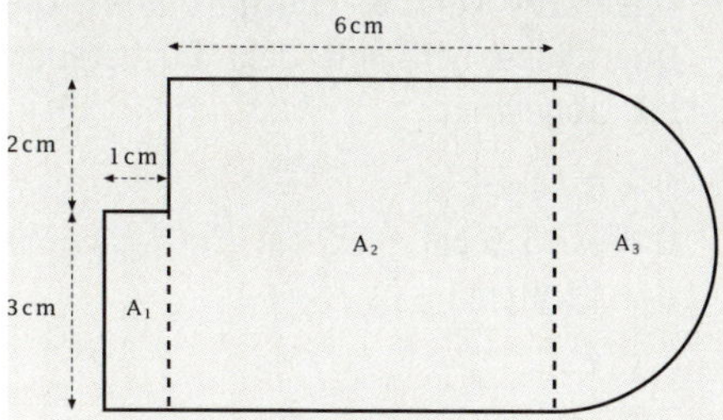

Beispiel

$A_1 = l \cdot b$
$A_1 = 3\ cm \cdot 1\ cm$
$A_1 = 3\ cm^2$

$A_2 = l \cdot b$
$A_2 = 6\ cm \cdot 5\ cm$
$A_2 = 30\ cm^2$

l von $A_1 + 2\ cm$

$A_3 = \pi \cdot r \cdot r : 2$
$A_3 = 3{,}14 \cdot 2{,}5\ cm \cdot 2{,}5\ cm : 2$
$A_3 \approx 9{,}81\ cm^2$

$\frac{1}{2}\ b$ von A_2

$A_{Gesamt} = A_1 + A_2 + A_3$
$A_{Gesamt} = 3\ cm^2 + 30\ cm^2 + 9{,}81\ cm^2$
$A_{Gesamt} = 42{,}81\ cm^2$

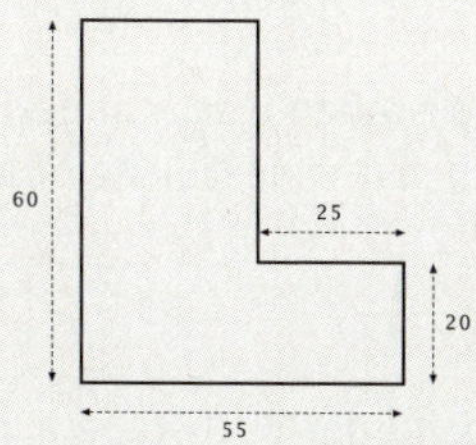

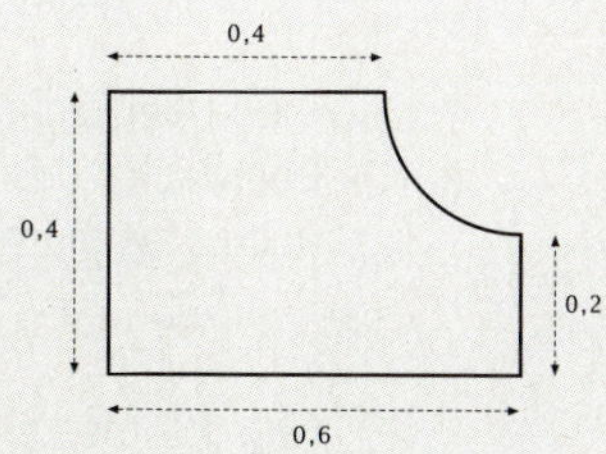

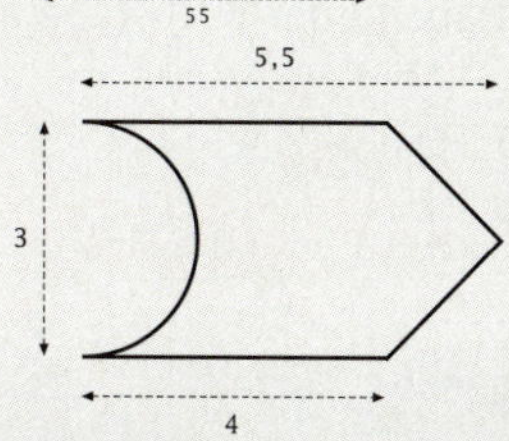

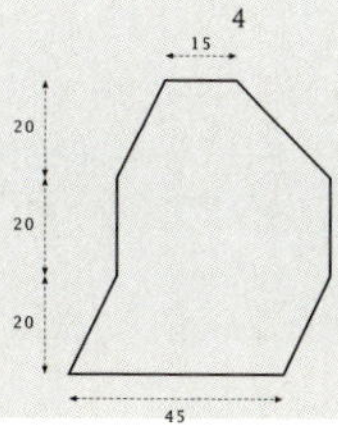

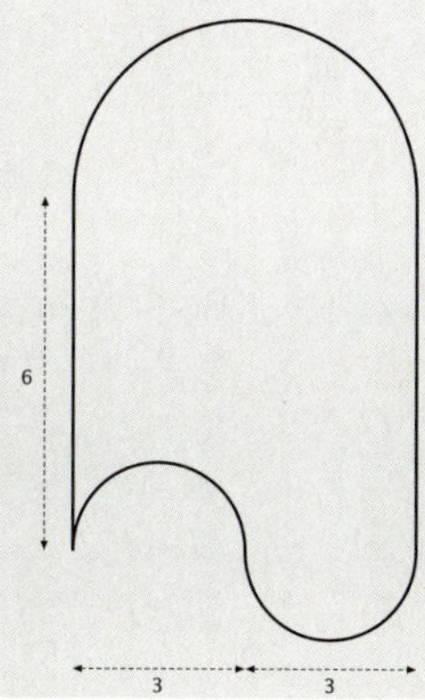

Zusammenfassung

Zusammengesetzte Flächen werden in Teilflächen zerlegt. Die Flächeninhalte der Teilflächen werden durch angepasste Formeln ausgerechnet und am Ende zu einer Gesamtfläche zusammengezählt oder voneinander abgezogen. Fehlende Angaben müssen durch Logik und Kombinieren ermittelt werden.

$A_{Gesamt} = A_1 +/- A_2 +/- A_3$ usw.

Teilflächen

8.16 Oberfläche beim Würfel

Beispiel

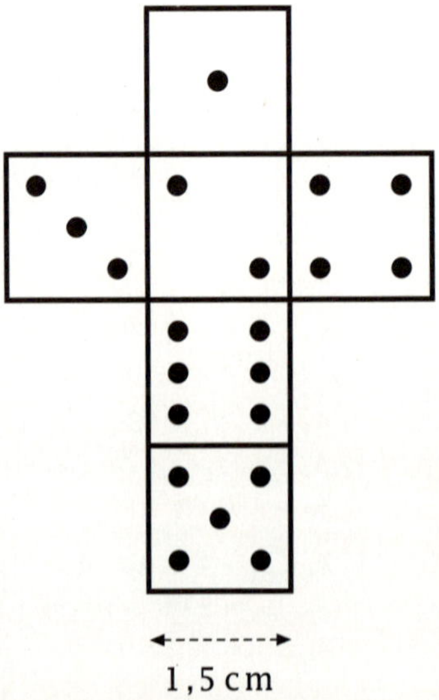

Würde man einen Würfel „auseinander klappen“, könnte sich folgende zusammengesetzte Fläche ergeben.

Bei dieser zusammengesetzten Fläche handelt es sich um 6 Quadrate mit der Seitenlänge l = 1,5 cm. Um ihren Flächeninhalt auszurechnen, muss man also den Flächeninhalt eines Quadrates mit 6 multiplizieren. Die Oberfläche wird mit dem Buchstaben „O“ abgekürzt

$O = 6 \cdot l \cdot l$
$O = 6 \cdot 1{,}5\ \text{cm} \cdot 1{,}5\ \text{cm}$
$O = 13{,}5\ \text{cm}^2$

Die Oberfläche wird mit dem Buchstaben „O“ abgekürzt. Die Oberfläche des Würfels berechnet sich aus dem Flächeninhalt eines Quadrates multipliziert mit 6:

$$O = 6 \cdot l \cdot l$$
$$O = 6 \cdot l^2$$

Falls für die Länge statt dem Buchstaben l der Buchstabe a verwendet wird, gilt entsprechend:

$$O = 6 \cdot a \cdot a$$
$$O = 6 \cdot a^2$$

Aufgaben

Berechnen Sie die Oberfläche der folgenden Würfel:

Beispiel

$l = 2{,}5$ cm
$O = 6 \cdot 2{,}5\ \text{cm} \cdot 2{,}5\ \text{cm}$
$O = 37{,}5\ \text{cm}^2$

l = 8 mm
l = 14 dm
l = 2,8 m
l = 0,3 km
l = 8,8 cm

Zusammenfassung

Zur Berechnung der Oberfläche eines Würfels wird der Flächeninhalt eines Quadrates mit 6 multipliziert.

$O = 6 \cdot l \cdot l$
$O = 6 \cdot l^2$
bzw. $O = 6 \cdot a \cdot a$
$O = 6 \cdot a^2$

8.17 Oberfläche beim Quader

Der Quader ist ein Körper, der von sechs rechteckigen Flächen begrenzt wird, wobei immer zwei sich gegenüber liegende Flächen gleich groß sind. Würde man einen Quader, z. B. eine Schachtel, „auseinander klappen", könnte sich folgende zusammengesetzte Fläche ergeben.

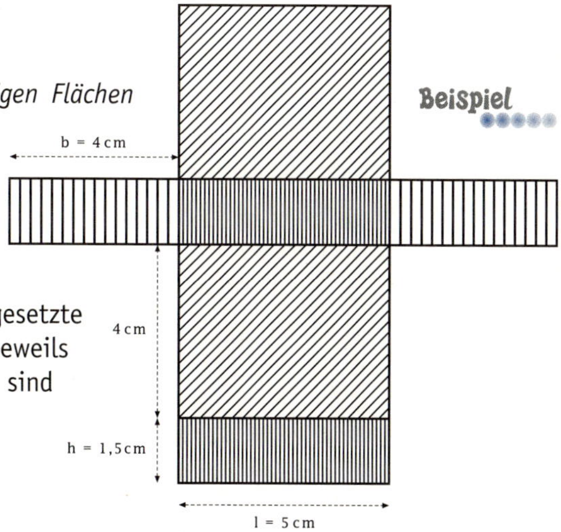

Beispiel

Der aufgeklappte Quader ergibt eine zusammengesetzte Fläche, die aus 6 Rechtecken besteht, von denen jeweils 2 gleich groß sind. Die gleich großen Rechtecke sind jeweils gleich schraffiert.

O = 2 · Grundfläche + 2 · Seitenfläche + 2 · Vorderfläche

$O = 2 \cdot l \cdot b + 2 \cdot b \cdot h + 2 \cdot l \cdot h$

$O = 2 \cdot 5\text{ cm} \cdot 4\text{ cm} + 2 \cdot 4\text{ cm} \cdot 1{,}5\text{ cm} + 2 \cdot 5\text{ cm} \cdot 1{,}5\text{ cm}$

$O = 2 \cdot 20\text{ cm}^2 + 2 \cdot 6\text{ cm}^2 + 2 \cdot 7{,}5\text{ cm}^2$

$O = 40\text{ cm}^2 + 12\text{ cm}^2 + 15\text{ cm}^2$

$O = 67\text{ cm}^2$

Die Oberfläche des Quaders berechnet sich aus der Summe von der doppelten Grundfläche (Unter- und Oberseite), der beiden Seitenflächen (links und rechts) und der doppelten Vorderseite (vorne und hinten):

$$O = 2 \cdot l \cdot b + 2 \cdot b \cdot h + 2 \cdot l \cdot h$$

Falls für die Länge statt dem Buchstaben l der Buchstabe a verwendet wird, gilt entsprechend:

$$O = 2 \cdot a \cdot b + 2 \cdot b \cdot h + 2 \cdot a \cdot h$$

Aufgaben

Berechnen Sie die Oberfläche der folgenden Quader:

Beispiel

$l = 7{,}5$ cm, $b = 5$ cm, $h = 2$ cm

$O = 2 \cdot l \cdot b + 2 \cdot b \cdot h + 2 \cdot l \cdot h$

$O = 2 \cdot 7{,}5\text{ cm} \cdot 5\text{ cm} + 2 \cdot 5\text{ cm} \cdot 2\text{ cm} + 2 \cdot 7{,}5\text{ cm} \cdot 2\text{ cm}$

$O = 2 \cdot 37{,}5\text{ cm}^2 + 2 \cdot 10\text{ cm}^2 + 2 \cdot 15\text{ cm}^2$

$O = 75\text{ cm}^2 + 20\text{ cm}^2 + 30\text{ cm}^2$

$O = 125\text{ cm}^2$

l = 9 mm	b = 7	h = 5,2 mm
l = 15 dm	b = 8,5 dm	h = 5 dm
l = 3,8 m	b = 3 m	h = 2,5 m
l = 0,2 km	b = 0,1 km	h = 0,1 km
l = 9,8 cm	b = 4,3 cm	h = 6 cm

Zusammenfassung

Zur Berechnung der Oberfläche eines Quaders werden Grundfläche, Seitenfläche und Vorderfläche jeweils mit 2 multipliziert und dann zusammengezählt.

$$O = 2 \cdot l \cdot b + 2 \cdot b \cdot h + 2 \cdot l \cdot h$$

bzw. $O = 2 \cdot a \cdot b + 2 \cdot b \cdot h + 2 \cdot a \cdot h$

8.18 Rauminhalt allgemein

Beispiel

Um den Rauminhalt seines Aquariums zu ermitteln, musste Marco zunächst die Seitenlängen abmessen.

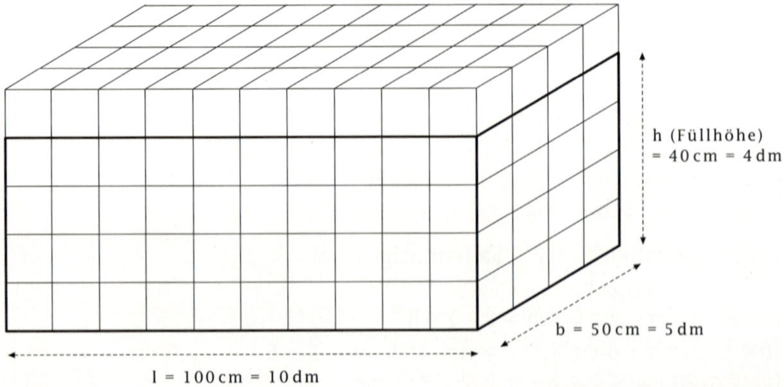

Ein Körper hat drei Dimensionen, d. h., er dehnt sich in drei Richtungen aus (Länge, Breite und Höhe). Ein Körper besitzt einen Rauminhalt und ist eine von Grenzflächen umgebene Form. Der Rauminhalt wird mit dem Großbuchstaben „V" abgekürzt.

V = Rauminhalt

8.19 Rauminhalt beim Quader

Beispiel

Um auszurechnen, wie viel Liter sein Aquarium fasst, hat Marco die Seitenlängen miteinander multipliziert:

$$V = l \cdot b \cdot h$$

Bezeichnet man den Rauminhalt mit V und die Länge mit l, die Breite mit b und die Höhe mit h, dann gilt für den Quader:

$$V = l \cdot b \cdot h$$

Manchmal wird die Länge beim Quader auch mit dem Buchstaben a bezeichnet. Dann gilt entsprechend:

$$V = a \cdot b \cdot h$$

Beispiel

Marco sagt zu Anna, dass er schon begriffen habe, wie er den Rauminhalt des Aquariums ausrechnen könne. Aber die Formel ... Anna geht rechteckige Schokolade holen ...

Die 4 Tafeln Schokolade aufeinander bilden ungefähr einen Quader. Wenn man sich der Einfachheit halber vorstellt, ein Stückchen von dieser Schokolade sei genau 1 cm^3 groß, dann lässt sich der Rauminhalt des gesamten Schokoladenquaders errechnen, indem man die Stückchen zusammenzählt.
Man kann auch einfach die Stückchen pro Reihe mit der Anzahl der Reihen malnehmen. Die Stückchen pro Reihe entsprächen somit der Länge und die Anzahl der Reihen der Breite des Quaders. Das wäre dann die Grundfläche des Quaders. Wenn man nun die Anzahl der Stückchen der Grundfläche mit der Anzahl der Schichten, also der Höhe des Quaders, malnimmt, erhält man die Gesamtzahl der Stückchen. Wäre ein Stückchen 1 cm^3, dann wäre die Anzahl der Stückchen gleich dem Rauminhalt des Quaders in cm^3.

Rauminhalt des Schokoladenquaders:

V = 6 Reihen · 4 Stückchen · 4 Schichten = 96 Stückchen, also 96 cm^3 (wenn ein Stückchen genau 1 cm^3 groß wäre)

Übertragen bedeutet das:

V (vom Quader) = Länge des Quaders · Breite des Quaders · Höhe des Quaders

Der Rauminhalt des Schokoladenquaders entspricht der Anzahl der Stückchen pro Reihe mal der Anzahl der Reihen mal der Anzahl der Schichten. Übertragen bedeutet das:

$$V = l \cdot b \cdot h \quad \text{bzw.} \quad V = a \cdot b \cdot h$$

Aufgaben

Berechnen Sie den Rauminhalt folgender Quader:

Beispiel

$l = 7$ m, $b = 5$ m, $h = 4$ m
$V = l \cdot b \cdot h$
$V = 7\,m \cdot 5\,m \cdot 4\,m$
$V = 140\,m^3$

l = 4,8 mm	b = 2 mm	h = 3 mm
l = 9 dm	b = 8,5 dm	h = 7,5 dm
l = 20,8 m	b = 15,6 m	h = 10 m
l = 0,8 km	b = 0,5 km	h = 0,2 km
l = 8,2 cm	b = 6,4 cm	h = 5 cm

Zusammenfassung

Für den Rauminhalt des Quaders werden Länge, Breite und Höhe miteinander multipliziert.

$$V = l \cdot b \cdot h$$
$$\text{bzw. } V = a \cdot b \cdot h$$

8.20 Rauminhalt beim Würfel

Beispiel

Anna holt 4 Tafeln Schokolade einer anderen Marke. Diese Tafeln sind nicht rechteckig, sondern quadratisch. In einer Reihe sind 4 Stückchen, die Tafel hat 4 Reihen. Ein Stückchen soll einen Rauminhalt von 1 cm³ haben.

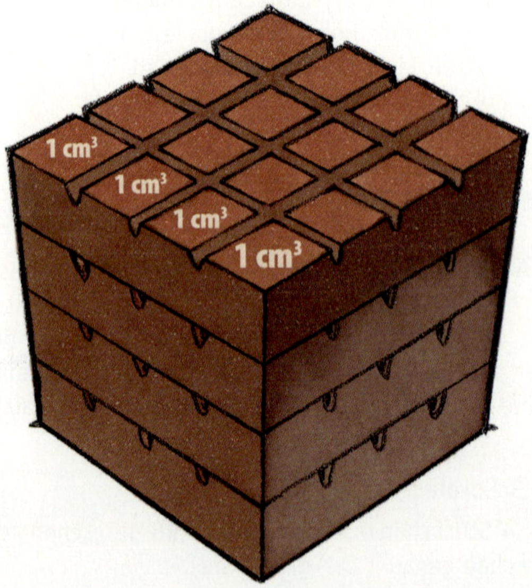

Wenn man sich vorstellt, die 4 Tafeln quadratische Schokolade würden einen Würfel bilden und sich weiter vorstellt, der Rauminhalt eines Stückchen Schokolade sei genau 1 cm^3, dann lässt sich der Rauminhalt des gesamten Schokoladenwürfels errechnen, indem man die Stückchen zusammenzählt.
Man kann auch wieder einfach die Stückchen pro Reihe mit der Anzahl der Reihen malnehmen. Die Stückchen pro Reihe entsprächen somit der Länge und die Anzahl der Reihen der Breite des Würfels. Das wäre dann die Grundfläche des Würfels. Wenn man nun die Anzahl der Stückchen der Grundfläche mit der Anzahl der Schichten, also der Höhe des Würfels, malnimmt, erhält man die Gesamtzahl der Stückchen. Wäre ein Stückchen 1 cm^3, dann wäre die Anzahl der Stückchen gleich dem Rauminhalt des Würfels in cm^3.
Da beim Würfel Länge, Breite und Höhe gleich sind, kann man auch einfach die Länge des Würfels mit sich selber multiplizieren und dann nochmals mit sich selber multiplizieren.

Rauminhalt des Schokoladenwürfels:

V = 4 Reihen · 4 Stückchen · 4 Schichten = 64 Stückchen, also 64 cm^3 (wenn ein Stückchen genau 1 cm^3 groß wäre)

Übertragen bedeutet das:

V (vom Würfel) = Länge des Würfels · Breite des Würfels · Höhe des Würfels

Oder, da Länge, Breite und Höhe gleich sind:

V (vom Würfel) = Länge des Würfels · Länge des Würfels · Länge des Würfels

Oder als Potenz ausgedrückt:

V (vom Würfel) = $(\text{Länge des Würfels})^3$

Der Rauminhalt des Schokoladenwürfels entspricht der Anzahl der Stückchen pro Reihe mal der Anzahl der Reihen mal der Anzahl der Schichten.

Übertragen bedeutet das: $V = l \cdot l \cdot l$

Als Potenz ausgedrückt: $V = l^3$

Wird für die Seitenlänge des Würfels statt dem Buchstaben l der Buchstabe a verwendet, gilt entsprechend:

$V = a \cdot a \cdot a$

bzw.: $V = a^3$

Aufgaben

Berechnen Sie den Rauminhalt folgender Würfel:

Beispiel

l = 7 m,
$V = l \cdot l \cdot l$
$V = 7\,m \cdot 7\,m \cdot 7\,m$
$V = 343\,m^3$

l = 23 mm l = 3,5 dm l = 9,4 m l = 0,9 km l = 8,8 cm

Zusammenfassung

Zur Berechnung des Rauminhaltes des Würfels multipliziert man Länge mal Länge mal Länge.

$V = l \cdot l \cdot l$

bzw. $V = l^3$

8.21 Rauminhalt beim Zylinder

Beispiel

Der Rauminhalt von Quader und Würfel wurde berechnet, indem man die Grundfläche mit der Höhe multipliziert hat. Beim Zylinder ist die Grundfläche ein Kreis. Der Flächeninhalt des Kreises kann mit der entsprechenden Formel berechnet werden.

Wäre ein Keks genau 1 cm dick, wäre der Rauminhalt einer Keksrolle der Flächeninhalt eines Kekses (= Grundfläche) multipliziert mit der Anzahl der Kekse (Höhe).

Rauminhalt der Keksrolle:

V = Fläche eines Kekses ($\pi \cdot r \cdot r$) · Anzahl der Keksschichten

Übertragen bedeutet das:

V (vom Zylinder) = $\pi \cdot r \cdot r \cdot h$

Oder als Potenz ausgedrückt:

V (vom Zylinder) = $\pi \cdot r^2 \cdot h$

Der Rauminhalt des Kekszylinders entspricht der Grundfläche mal der Höhe. Übertragen bedeutet das:

$V = \pi \cdot r \cdot r \cdot h$

Als Potenz ausgedrückt: $V = \pi \cdot r^2 \cdot h$

Aufgaben

Berechnen Sie den Rauminhalt folgender Zylinder:

Beispiel

$r = 5$ m, $h = 10$ m
$V = \pi \cdot r \cdot r \cdot h$
$V = 3{,}14 \cdot 5\text{ m} \cdot 5\text{ m} \cdot 10\text{ m}$
$V = 785\text{ m}^3$

r = 24 mm, h = 50 mm   r = 4,4 dm, h = 6 dm   r = 8,6 m, h = 2,5 m
r = 0,9 km, h = 1,2 km   r = 6,2 cm, h = 6,8 cm

Zusammenfassung

Zur Berechnung des Rauminhaltes des Zylinders multipliziert man die Grundfläche mit der Höhe.

$V = \pi \cdot r \cdot r \cdot h$

bzw. $V = \pi \cdot r^2 \cdot h$

8.22 Rauminhalt beim Kegel

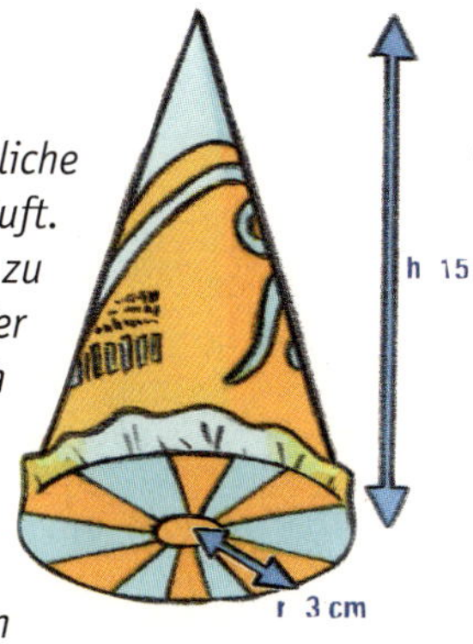

Beispiel

Die „auf den Kopf gestellte Eistüte" hat eine ähnliche Form wie der Zylinder, nur dass sie oben spitz zuläuft. Um den Rauminhalt von solchen Körpern zu berechnen, wird ebenfalls die Grundfläche mit der Höhe multipliziert, allerdings teilt man dann noch durch 3.

Körper mit einem Kreis als Grundfläche, die oben spitz zulaufen, nennt man „Kegel". Für die Berechnung des Rauminhaltes eines Kegels berechnet man den Flächeninhalt der Grundfläche (Kreis), multipliziert ihn mit der Höhe und teilt das Ergebnis durch 3.

Rauminhalt der Eistüte:

V = Fläche des Deckels ($\pi \cdot r \cdot r$) · Höhe : 3

Übertragen bedeutet das:

V (vom Kegel) = $\pi \cdot r \cdot r \cdot h : 3$

Oder als Potenz ausgedrückt:

V (vom Kegel) = $\pi \cdot r^2 \cdot h : 3$

Der Rauminhalt des Eis-Kegels entspricht der Grundfläche mal der Höhe geteilt durch 3. Übertragen bedeutet das:

$V = \pi \cdot r \cdot r \cdot h : 3$

Als Potenz ausgedrückt: $V = \pi \cdot r^2 \cdot h : 3$

Aufgaben

Berechnen Sie den Rauminhalt folgender Kegel:

Beispiel

r = 6 m, h = 9 m
$V = \pi \cdot r \cdot r \cdot h : 3$
V = 3,14 · 6 m · 6 m · 9 m : 3
V = 339,12 m^3

r = 20 mm	h = 60 mm
r = 4,5 dm	h = 6 dm
r = 6,2 m	h = 2,5 m
r = 0,8 km	h = 1,2 km
r = 1,4 cm	h = 6,9 cm

Zusammenfassung

Zur Berechnung des Rauminhaltes des Kegels multipliziert man die Grundfläche mit der Höhe und teilt durch 3.

$V = \pi \cdot r \cdot r \cdot h : 3$

bzw. $V = \pi \cdot r^2 \cdot h : 3$

8.23 Rauminhalt bei der Pyramide

Pyramide mit rechteckiger Grundfläche

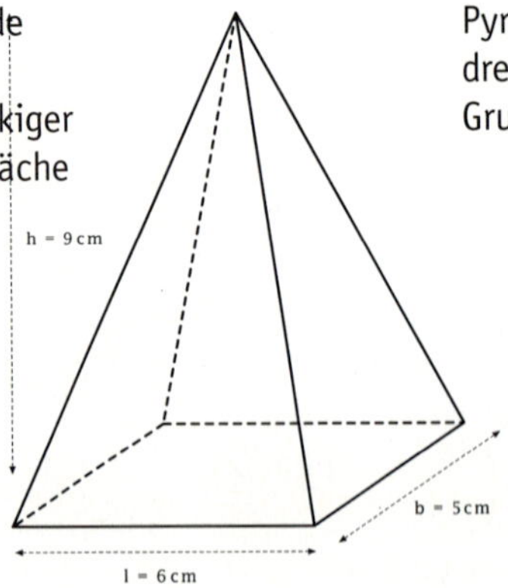

Pyramide mit dreieckiger Grundfläche

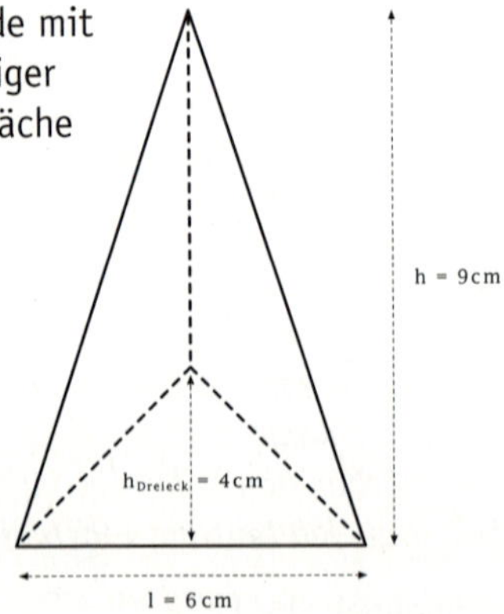

Pyramide mit quadratischer Grundfläche

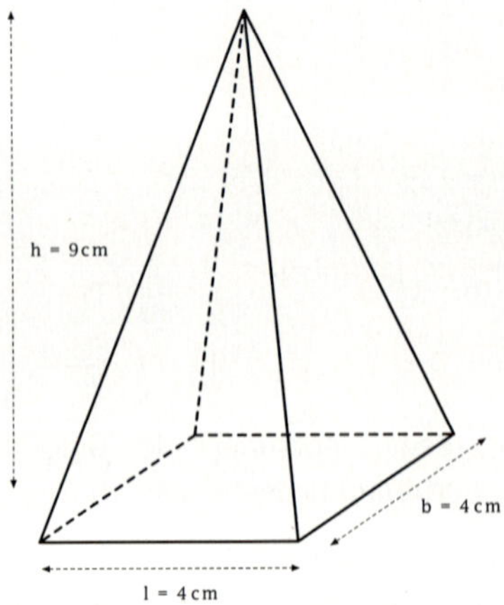

Beispiel

Genau wie Kegel laufen Pyramiden oben spitz zu. Ihre Grundflächen sind aber keine Kreise, sondern Vielecke, z. B. Rechtecke, Dreiecke oder Quadrate.

Wie bereits erwähnt wird der Rauminhalt von solchen Körpern berechnet, indem man die Grundfläche mit der Höhe multipliziert und durch 3 teilt. Die Berechnung der jeweiligen Grundfläche geschieht mithilfe der zugehörigen Formel.

Rauminhalt der Pyramide mit rechteckiger Grundfläche:

V = Grundfläche (Rechteck) · Höhe : 3

V (von der rechteckigen Pyramide) = l · b · h : 3

V (von der rechteckigen Pyramide) = 6 cm · 5 cm · 9 cm : 3

V (von der rechteckigen Pyramide) = 90 cm^3

Rauminhalt der Pyramide mit dreieckiger Grundfläche:

V = Grundfläche (Dreieck) · Höhe : 3

V (von der dreieckigen Pyramide) = $\frac{c \cdot h_{Dreieck}}{2} \cdot h_{Pyramide} : 3$

V (von der dreieckigen Pyramide) = $\frac{6\ cm \cdot 4\ cm}{2} \cdot 9\ cm : 3$

V (von der dreieckigen Pyramide) = $12\ cm^2 \cdot 9\ cm : 3$

V (von der dreieckigen Pyramide) = $108\ cm^3 : 3$

V (von der dreieckigen Pyramide) = $36\ cm^3$

Rauminhalt der Pyramide mit quadratischer Grundfläche:

V = Grundfläche (Quadrat) · Höhe : 3

V (von der quadratischen Pyramide) = l · l · h : 3

V (von der quadratischen Pyramide) = 4 cm · 4 cm · 9 cm : 3

V (von der quadratischen Pyramide) = $48\ cm^3$

Den Rauminhalt bei Pyramiden berechnet man, indem man die Grundfläche mit der Höhe multipliziert und durch 3 teilt.

Pyramide mit rechteckiger Grundfläche: V = l · b · h : 3

Pyramide mit dreieckiger Grundfläche: $V = \frac{c \cdot h_{Dreieck}}{2} \cdot h_{Pyramide} : 3$

Pyramide mit quadratischer Grundfläche: V = l · l · h : 3

Aufgaben

Berechnen Sie den Rauminhalt folgender Pyramiden:

Beispiel

Pyramide mit rechteckiger Grundfläche:
l = 7 m, b = 5 m, h = 12 m
V = 7 m · 5 m · 12 m : 3
V = $420\ m^3$: 3
V = $140\ m^3$

Pyramide mit dreieckiger Grundfläche:
c = 80 mm, $h_{Dreieck}$ = 60 mm, $h_{Pyramide}$ = 90 mm

Pyramide mit quadratischer Grundfläche:
l = 5,5 dm, h = 4,2 dm

Pyramide mit rechteckiger Grundfläche:
l = 7,4 m, b = 6 m, h = 2,5 m

Pyramide mit dreieckiger Grundfläche:
c = 0,3 km, $h_{Dreieck}$ = 0,2 km, $h_{Pyramide}$ = 1 km

Pyramide mit quadratischer Grundfläche:
l = 2,4 cm, h = 3,9 cm

Zusammenfassung

Zur Berechnung des Rauminhaltes der Pyramide multipliziert man die Grundfläche mit der Höhe und teilt durch 3.

V = A · h : 3

8.24 Rauminhalt bei zusammengesetzten Körpern

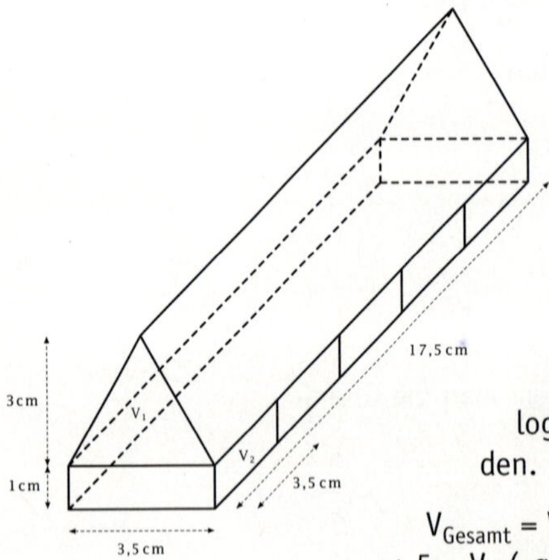

Solche zusammengesetzten Körper müssen in die einzelnen Teilkörper zerlegt werden. Von diesen Teilkörpern werden einzeln die Rauminhalte ausgerechnet und dann miteinander verrechnet. Fehlende Längenangaben müssen durch Kombinieren und logisches Denken ermittelt werden.

$V_{Gesamt} = V_1$ („dreieckige“ Schokolade)
$+ 5 \cdot V_2$ („quaderförmige“ Schokolade)

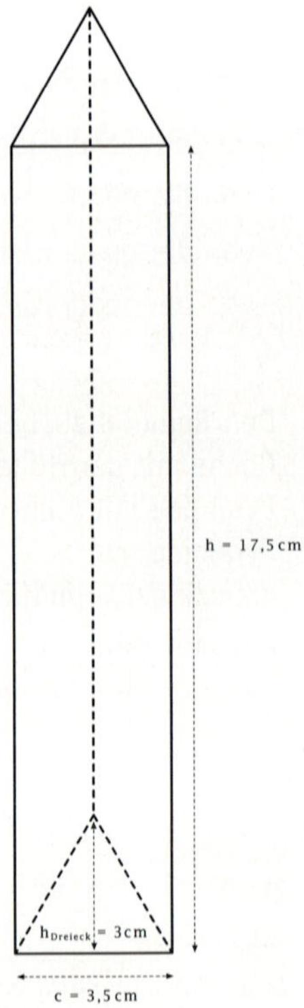

Die Grundfläche der „dreieckigen“ Schokolade ist ein Dreieck, Grundfläche und Oberseite sind gleich groß, also gilt $V = A \cdot h$.

$$V_{Gesamt} = A_{Dreieck} \cdot h + 5 \cdot l \cdot b \cdot h_{Quader}$$

$$V_{Gesamt} = \frac{c \cdot h_{Dreieck}}{2} \cdot h + 5 \cdot l \cdot b \cdot h_{Quader}$$

$$V_{Gesamt} = \frac{3{,}5\ cm \cdot 3\ cm}{2} \cdot 17{,}5\ cm + 5 \cdot 3{,}5\ cm \cdot 3{,}5\ cm \cdot 1\ cm$$

$$V_{Gesamt} = 91{,}875\ cm^3 + 5 \cdot 12{,}25\ cm^3$$

$$V_{Gesamt} = 91{,}875\ cm^3 + 61{,}25\ cm^3$$

$$V_{Gesamt} = 153{,}125\ cm^3$$

Zusammengesetzte Körper müssen in einzelne Teilkörper zerlegt werden. Die Rauminhalte der Teilkörper werden durch Formeln oder angepasste Formeln ausgerechnet und am Ende zu einer Gesamtfläche verrechnet. Manchmal müssen fehlende Längenangaben durch logisches Denken und Kombinieren ermittelt werden.

Berechnen Sie den Rauminhalt der folgenden zusammengesetzten Körper:

Aufgaben

Beispiel

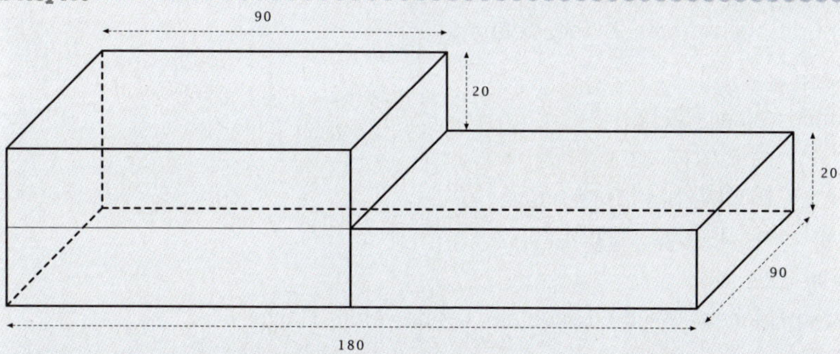

$V_{\text{Gesamt}} = V_1 + V_2 + V_3$ oder, da alle 3 Quader gleich sind:

$V_{\text{Gesamt}} = 3 \cdot V_1$

$V_{\text{Gesamt}} = 3 \cdot l \cdot b \cdot h$

$V_{\text{Gesamt}} = 3 \cdot 90\text{ mm} \cdot 90\text{ mm} \cdot 20\text{ mm}$

$V_{\text{Gesamt}} = 486\,000\text{ mm}^3$

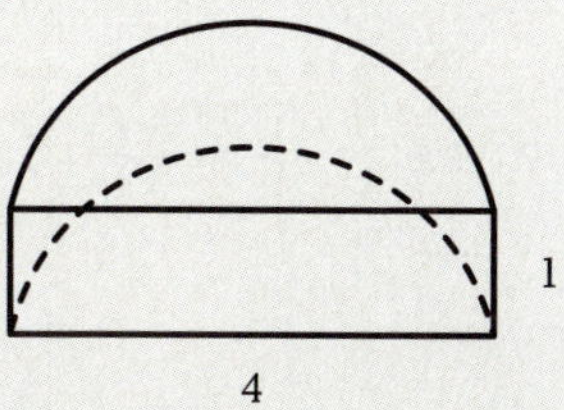

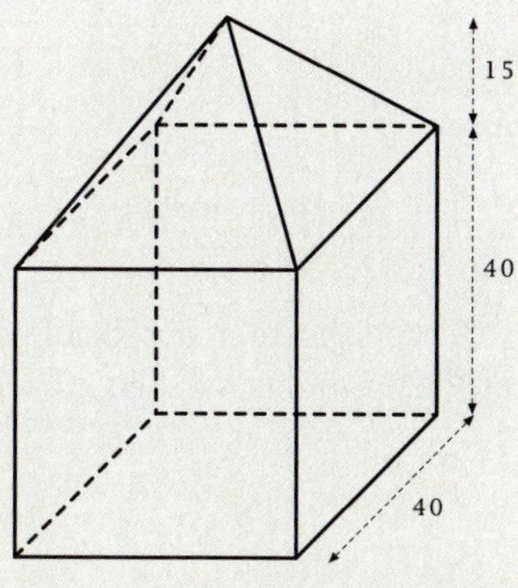

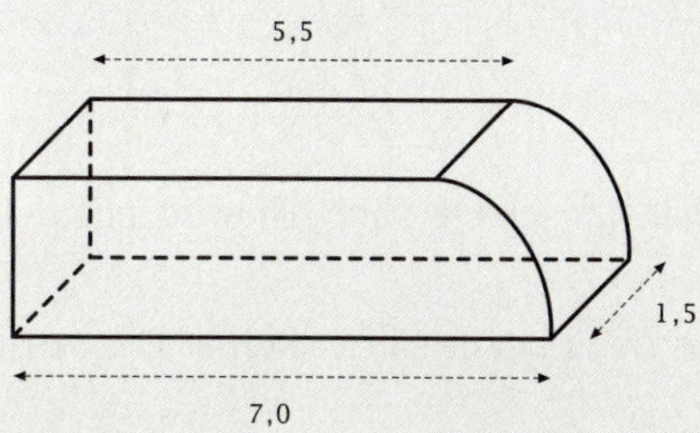

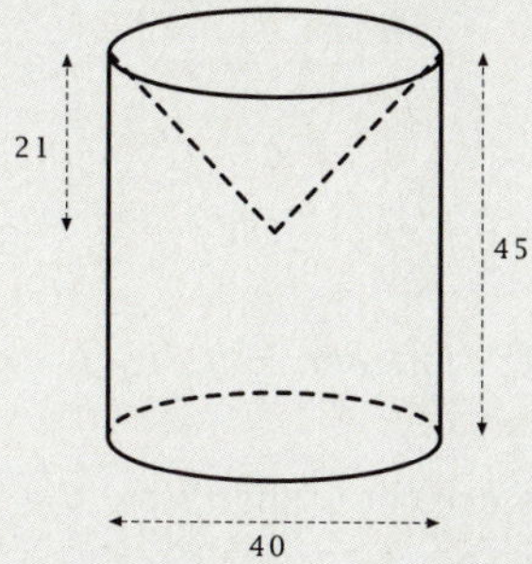

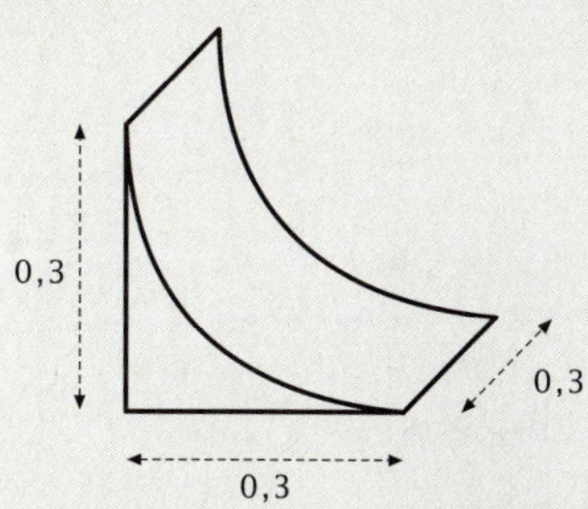

8.25 Übersicht

Der **Umfang** einer Fläche wird berechnet, in dem man alle Seitenlängen zusammenzählt. Der Umfang wird mit dem Großbuchstaben „U" bezeichnet.

Allgemein:
U = die Länge des Randes einer Fläche
Quadrat: $U = 4 \cdot l$
Rechteck: $U = 2 \cdot l + 2 \cdot b$
Dreieck: $U = a + b + c$
Kreis: $U = \pi \cdot d$; $U = \pi \cdot 2 \cdot r$
Bei zusammengesetzten Flächen: U = die Länge des Randes einer Fläche

Der **Flächeninhalt** wird mit Großbuchstaben „A" abgekürzt.

Quadrat: $A = l \cdot l$; $A = l^2$
Rechteck: $A = l \cdot b$
Parallelogramm: $A = l \cdot h$
Dreieck: $A = \frac{g \cdot h}{2}$
Trapez: $A = \frac{l_1 + l_2}{2} \cdot h$
Kreis: $A = \pi \cdot r \cdot r$; $A = \pi \cdot \frac{d}{2} \cdot \frac{d}{2}$
Kreisausschnitt: $A = \pi \cdot r \cdot r \cdot \frac{\alpha}{360}$
Bei zusammengesetzten Flächen: $A_{Gesamt} = A_1 +/- A_2 +/- A_3$ usw.

Die **Oberfläche** eines Körpers besteht aus der Gesamtheit aller Flächen, die ihn von außen begrenzen. Sie wird mit dem Großbuchstaben „O" abgekürzt.

Würfel: $O = 6 \cdot A$; $O = 6 \cdot l \cdot l$
Quader: $O = 2 \cdot l \cdot b + 2 \cdot b \cdot h + 2 \cdot l \cdot h$

Der **Rauminhalt** eines Körpers ist eine von Grenzflächen umgebene Form. Er wird mit dem Großbuchstaben „V" abgekürzt.

Für Körper, deren Oberseite und Grundfläche gleich sind (man nennt solche Körper Prismen), gilt: $V = A \cdot h$
Quader: $V = l \cdot b \cdot h$
Würfel: $V = l \cdot l \cdot l$
Zylinder: $V = \pi \cdot r \cdot r \cdot h$

Für Körper, die oben „spitz" zulaufen, gilt: $V = A \cdot h : 3$
Kegel: $V = \pi \cdot r \cdot r \cdot h : 3$
Bei der Pyramide mit rechteckiger Grundfläche: $V = l \cdot b \cdot h : 3$
Bei der Pyramide mit dreieckiger Grundfläche: $V = \frac{c \cdot h_{Dreieck}}{2} \cdot h_{Pyramide} : 3$
Bei der Pyramide mit quadratischer Grundfläche: $V = l \cdot l \cdot h : 3$

8.26 Üben

1. Berechnen Sie den Umfang:

a) Rechteck: $l = 9{,}9$ cm, $b = 3{,}9$ cm
b) Dreieck: $a = 36$ mm, $b = 42$ mm, $c = 53$ mm
c) Kreis: $r = 4$ km
d) Quadrat: $l = 0{,}45$ m
e)

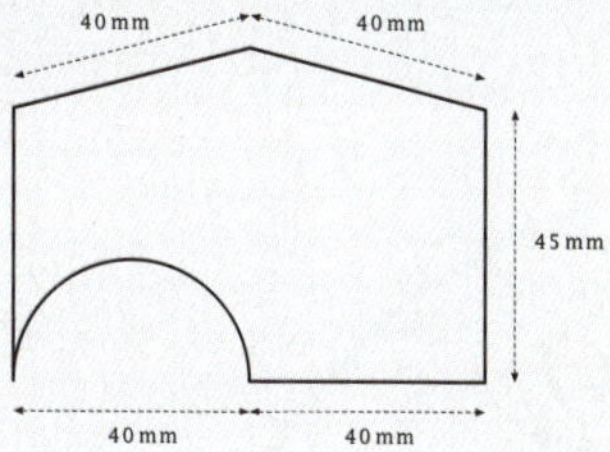

f) Quadrat: $l = 3{,}6$ dm
g) Kreis: $d = 8{,}4$ cm
h) Dreieck: $a = 2{,}4$ dm, $b = 3{,}2$ dm, $c = 3{,}9$ dm
i) Rechteck: $l = 2{,}3$ m, $b = 1{,}8$ m
j)

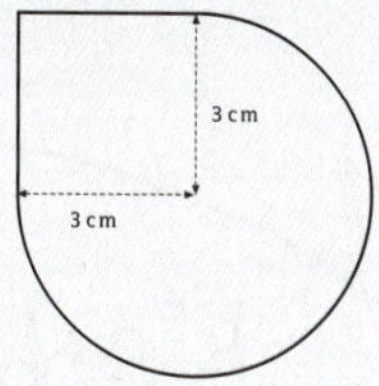

2. Berechnen Sie den Flächeninhalt:

a) Parellelogramm: $l = 4{,}8$ cm, $h = 3{,}2$ cm
b) Quadrat: $l = 5{,}3$ m
c) Kreis: $r = 28$ mm
d) Trapez: $l_1 = 50$ mm, $l_2 = 32$ mm, $h = 24$ mm
e)

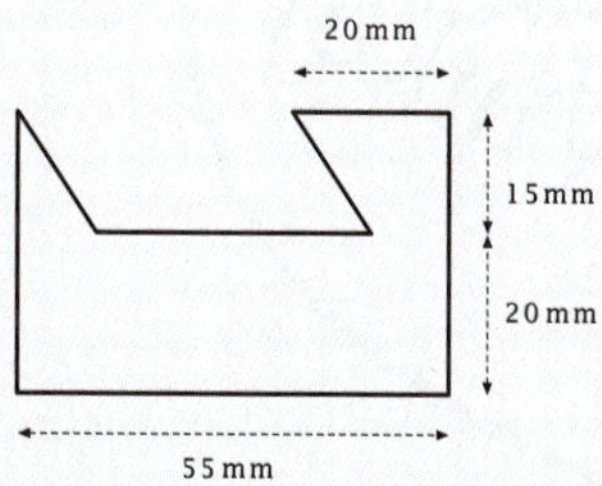

f) Kreis: $d = 36$ cm
g) Kreisausschnitt: $r = 9$ dm, $\alpha = 72°$
h) Dreieck: $c = 1{,}8$ m, $h = 0{,}45$ m
i) Rechteck: $l = 1{,}4$ km, $b = 0{,}3$ km
j)

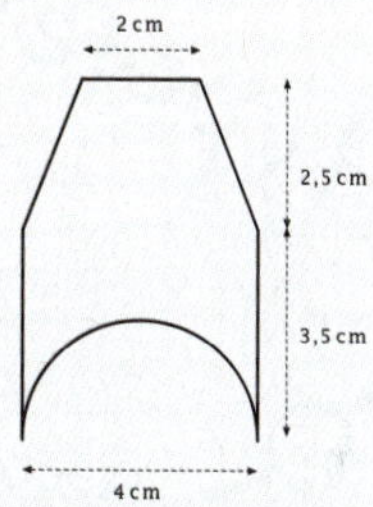

3. Berechnen Sie die Oberfläche:

a) Würfel: $l = 2{,}1$ cm
b) Würfel: $l = 3{,}6$ m
c) Quader: $l = 2{,}5$ mm, $b = 1{,}4$ mm, $h = 2{,}8$ mm
d) Quader: $l = 4$ dm, $b = 2{,}6$ dm, $h = 1{,}8$ dm

4. Berechnen Sie den Rauminhalt:

a) Zylinder: $r = 2{,}8$ dm, $h = 6$ dm
b) Quader: $l = 82$ mm, $b = 65$ mm, $h = 39$ mm
c) Pyramide mit quadrat. Grundfläche:
$l = 4{,}8$ cm, $h = 5$ cm
d) Kegel: $r = 1{,}2$ m, $h = 1{,}5$ m
e)

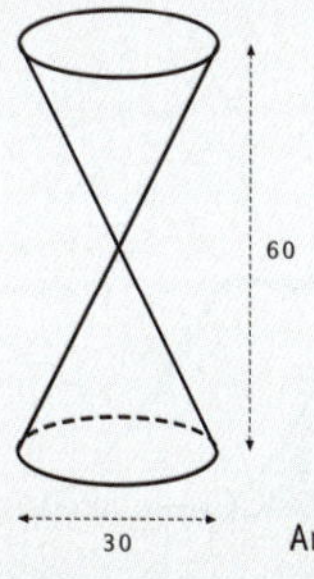

Angaben in mm

f) Pyramide mit rechteck. Grundfläche:
$l = 5{,}2$ cm, $b = 2{,}7$ cm, $h = 6$ cm
g) Würfel: $l = 0{,}8$ dm
h) Zylinder: $r = 3$ cm, $h = 3{,}9$ cm
i) Pyramide mit dreieck. Grundfläche:
$c = 4{,}6$ m, $h_{Dreieck} = 2{,}7$ m, $h_{Pyramide} = 4{,}5$
j)

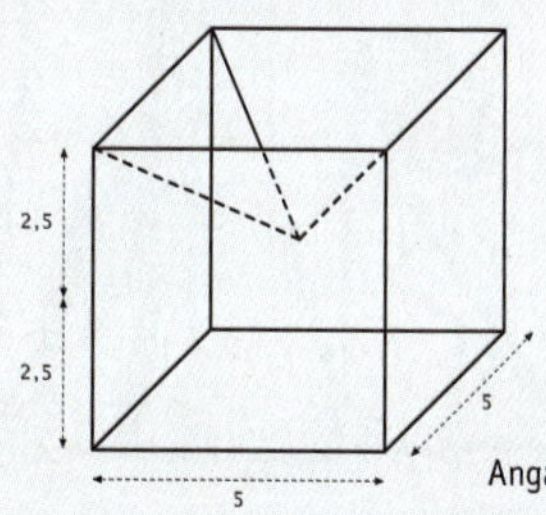

Angaben in cm

9 Der Satz des Pythagoras

9.1 Was sagt der „Satz des Pythagoras"?

Beispiel

Marco fragt Anna: „Satz des Pythagoras – klar: $a^2 + b^2 = c^2$. Aber was bedeutet das eigentlich?" Anna holt kleine quadratische Schokoladentäfelchen.

Anna sagt: „Wenn man 3 Quadrate nebeneinander legt und 4 weitere Quadrate im rechten Winkel dazu, muss die Diagonale genau 5 Quadrate lang sein."

Die Schokoladenquadrate bilden zusammen ein rechtwinkliges Dreieck, wobei die Seiten mit den 3 und den 4 Quadraten am rechten Winkel anliegen und die Seite mit den 5 Quadraten dem rechten Winkel gegenüber liegt. Die Seiten am rechten Winkel nennt man Katheten, sie werden häufig mit den Buchstaben a und b abgekürzt. Die Seite gegenüber dem rechten Winkel heißt Hypotenuse, sie hat häufig den Buchstaben c.

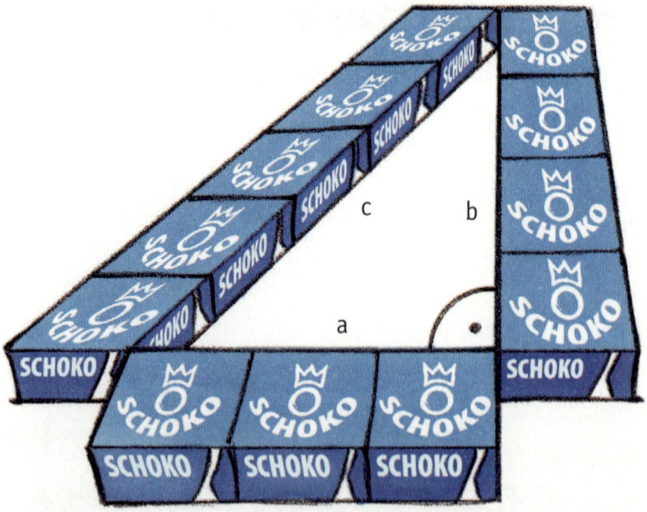

Der Satz des Pythagoras sagt aus, dass Kathete a mit 2 potenziert und Kathete b mit 2 potenziert zusammen genauso groß sind wie Hypotenuse c mit 2 potenziert, einfacher ausgedrückt: $a^2 + b^2 = c^2$

Vergleichen Sie zum Potenzieren auch Kapitel 1.9, „Potenzen und Quadratwurzeln".

Auf das Schokoladendreieck übertragen bedeutet das: $3^2 + 4^2 = 5^2$

Rechnet man die Potenzen aus, sieht man,
dass die Rechnung aufgeht: $9 + 16 = 25$

Der Satz des Pythagoras lässt sich auch mit den Schokoladentäfelchen aufzeigen. Man kann die Seiten des Dreiecks mit 2 potenzieren, indem man die Quadrate über ihnen bildet:

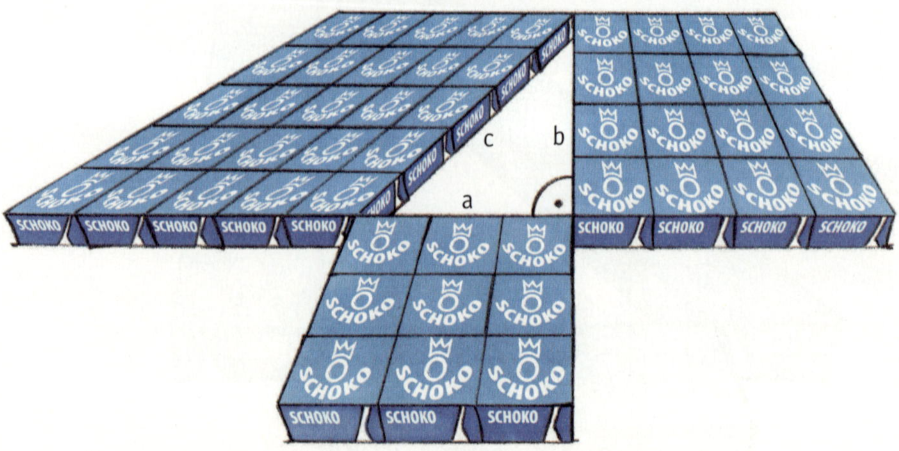

Zusammenfassung

Im rechtwinkligen Dreieck nennt man die am rechten Winkel anliegenden Seiten Katheten und die dem rechten Winkel gegenüber liegende Seite Hypotenuse.

Der Satz des Pythagoras sagt aus, dass Kathete a mit 2 potenziert und Kathete b mit 2 potenziert zusammen genauso groß sind wie Hypotenuse c mit 2 potenziert, einfacher ausgedrückt: $a^2 + b^2 = c^2$

9.2 Wozu „Satz des Pythagoras“?

Beispiel

„Toll …“, staunt Marco, „aber was bringt mir das?“

„Im Wesentlichen gibt es zwei Anwendungsbereiche für den Satz des Pythagoras“, antwortet Anna, „zum einen kann man in einem rechtwinkligen Dreieck die Länge einer beliebigen Seite ausrechnen, wenn man die Längen der beiden anderen Seiten kennt.“

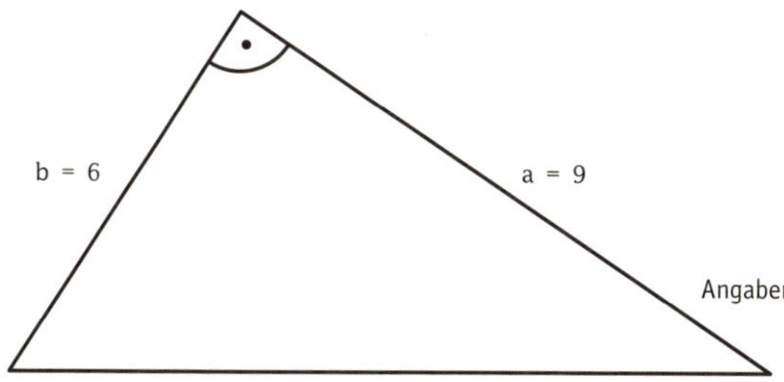

Satz des Pythagoras: $a^2 + b^2 = c^2$

Gesuchte Größe ist c: $c^2 = a^2 + b^2$

$c = \sqrt{a^2 + b^2}$

$c = \sqrt{9^2 + 6^2}$

$c = \sqrt{81 + 36}$

$c = \sqrt{117}$

$c \approx 10{,}82$

Die Hypotenuse c ist ungefähr 10,82 cm lang.

Beachten Sie die richtige Reihenfolge beim Ausrechnen der Gleichung: zuerst Potenzieren und dann Addieren bzw. Subtrahieren (vergleiche Kapitel 1.10)

Vergleichen Sie zum Rechnen mit Gleichungen auch Kapitel 4.

Durch Umstellen der Gleichung lassen sich auch die anderen Seiten im rechtwinkligen Dreieck berechnen:

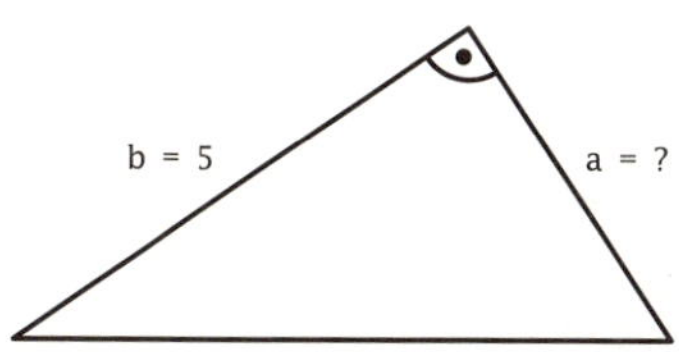

Satz des Pythagoras: $a^2 + b^2 = c^2$

Gesuchte Größe ist a: $a^2 = c^2 - b^2$

$a = \sqrt{c^2 - b^2}$

$a = \sqrt{6^2 - 5^2}$

$a = \sqrt{36 - 25}$

$a = \sqrt{11}$

$a \approx 3{,}32$

Die Kathete a ist ungefähr 3,32 cm lang.

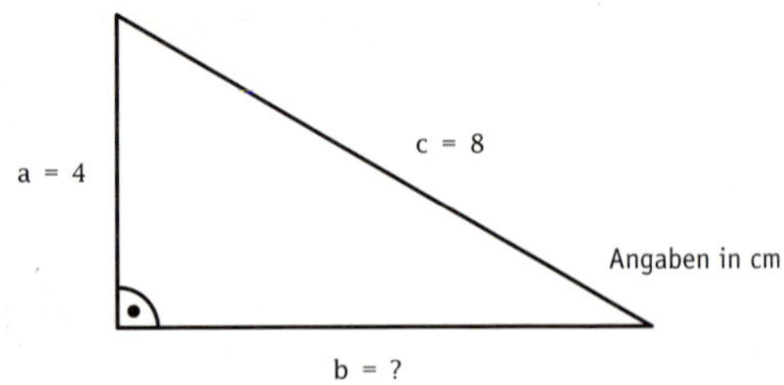

Satz des Pythagoras: $a^2 + b^2 = c^2$

Gesuchte Größe ist b: $b^2 = c^2 - a^2$

$b = \sqrt{c^2 - a^2}$

$b = \sqrt{8^2 - 4^2}$

$b = \sqrt{64 - 16}$

$b = \sqrt{48}$

$b \approx 6{,}93$

Die Kathete b ist ungefähr 6,93 cm lang.

Sind in einem rechtwinkligen Dreieck zwei Seitenlängen bekannt, lässt sich mit dem Satz des Pythagoras die dritte Seite berechnen.

Aufgaben

Berechnen Sie die Länge der fehlenden Seite:

Beispiel

Gesucht:
Die Länge der Diagonale d

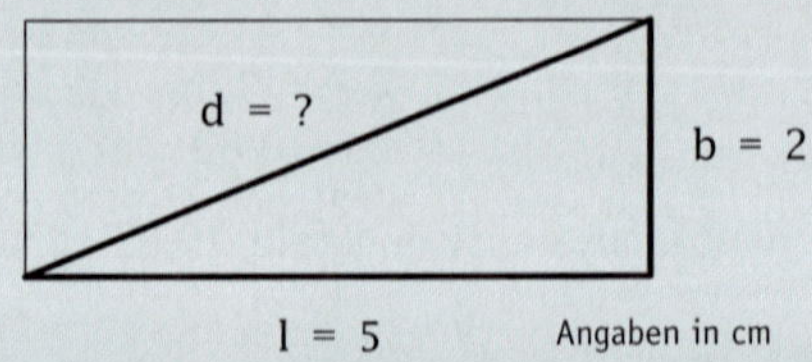

Zusammen mit den Seiten l und b bildet die Diagonale d ein rechtwinkliges Dreieck, von dem l und b die Katheten und d die Hypotenuse sind. Also gilt der Satz des Pythagoras in der folgenden Form:

$l^2 + b^2 = d^2$

Gesuchte Größe ist d: $l^2 + b^2 = d^2$

$d^2 = l^2 + b^2$

$d = \sqrt{l^2 + b^2}$

$d = \sqrt{25 + 4}$

$d = \sqrt{29}$

$d \approx 5{,}39$

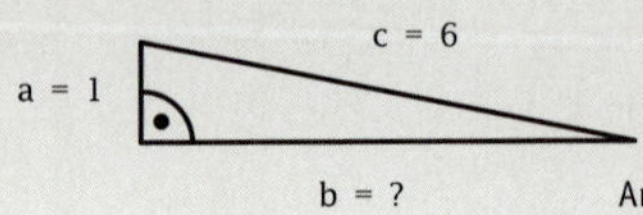

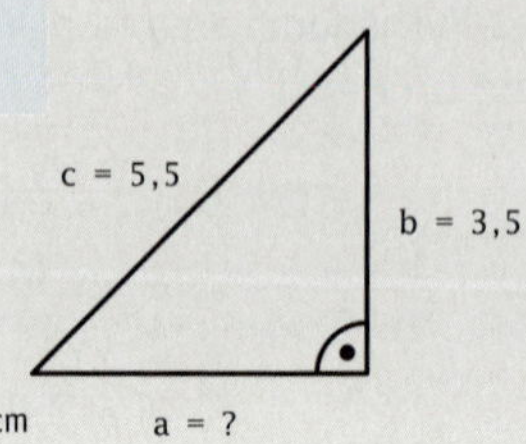

Gesucht:
Die Diagonale des Quadrates

Gesucht:
Die Breite b des Rechtecks

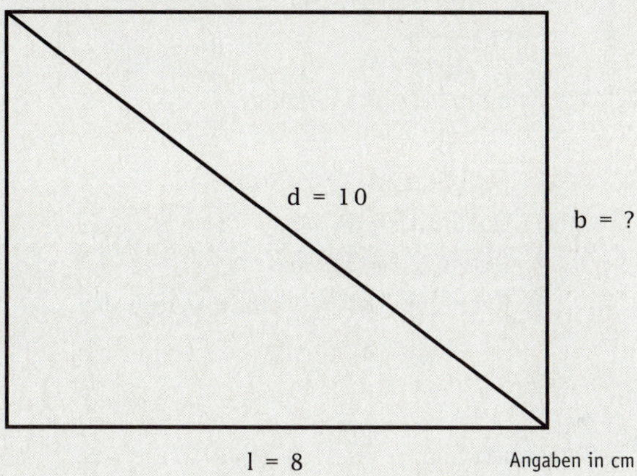

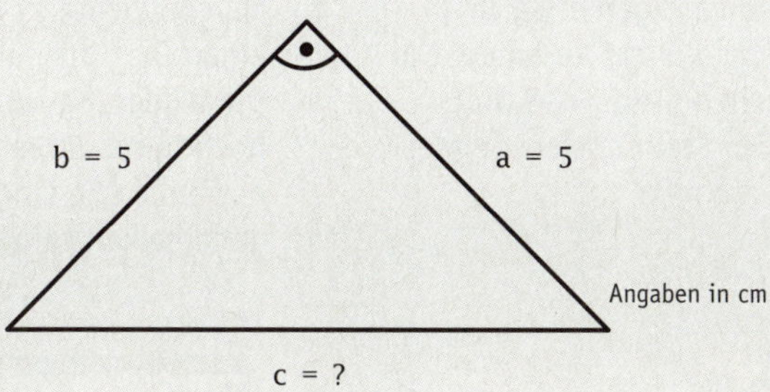

Zusammenfassung

Sind in einem rechtwinkligen Dreieck zwei Seitenlängen bekannt, lässt sich mit dem Satz des Pythagoras die dritte Seite berechnen. Achtung: Beim Berechnen der Gleichung auf die richtige Reihenfolge achten – erst potenzieren, dann addieren bzw. subtrahieren.

$$a = \sqrt{c^2 - b^2}$$

$$b = \sqrt{c^2 - a^2}$$

$$c = \sqrt{a^2 + b^2}$$

9.3 Üben

Aufgaben

1. Bestimmen Sie die fehlenden Größen folgender rechtwinkliger Dreiecke:

a)	Kathete a: 6,2 cm, Kathete b: 6,6 cm
b)	Hypotenuse c: 12 dm, Kathete a: 8,4 dm
c)	Hypotenuse c: 10,8 m, Kathete b: 8,2 m
d)	Kathete a: 4,2 m, Kathete b: 3,7 m
e)	Hypotenuse c: 85 mm, Kathete a: 41 mm
f)	Hypotenuse c: 3,6 m, Kathete b: 3,2 m
g)	Beide Katheten: 275 mm
h)	Kathete a: 3,5 cm, Kathete b: 2,9 cm
i)	Hypotenuse c: 12,8 mm, Kathete b: 8,5 mm
j)	Hypotenuse c: 3,6 m, Kathete a: 3,2 m

2. Wie lang sind die Diagonalen?

a)	Rechteck: l = 5,3 cm, b = 5 cm
b)	Quadrat: l = 94 mm
c)	Quadrat: l = 3,5 m
d)	Rechteck: l = 24,7 dm, b = 18,5 dm

3. Berechnen Sie:

a) Kinder legen ein 2 m langes Brett an einen 1 m hohen Stein. Wie weit vom Stein entfernt endet das Brett?

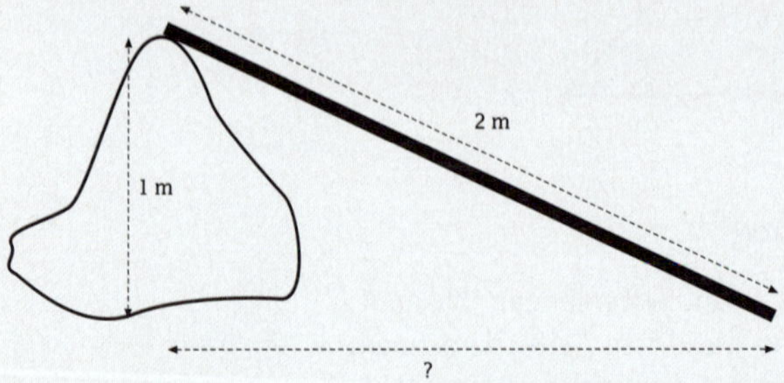

b) Marco möchte zwischen 2 Balken einen Diagonalbalken einziehen. Die beiden Balken sind 2,50 m hoch und 1,50 m voneinander entfernt. Wie lang muss der Diagonalbalken sein?

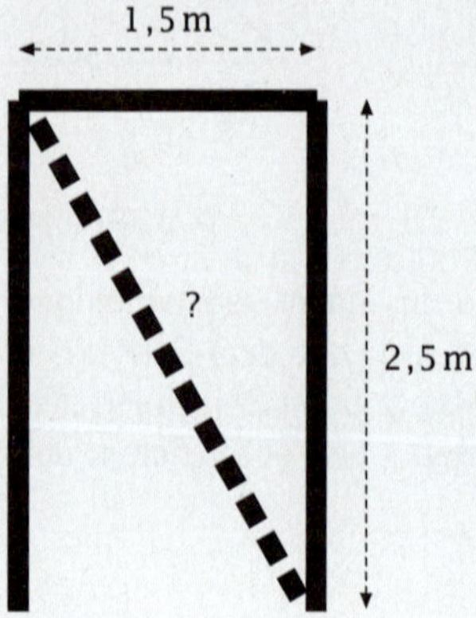

9.4 Nachschlag

Beispiel

„Und der andere?“, fragt Marco. Anna stutzt. „Du sagtest, es gäbe zwei Anwendungsbereiche. Die fehlenden Seiten im rechtwinkligen Dreieck zu berechnen, hab ich ja gecheckt. Aber was ist der andere?“ Anna lächelt: „Das hab ich dir doch schon mit der Schokolade gezeigt. Mit dem Satz des Pythagoras kannst du immer und überall fast ohne Hilfsmittel einen rechten Winkel darstellen, z. B. mit Dachlatten oder im Blumenbeet oder auf einem Brett. Du musst dir nur die Zahlen 3, 4 und 5 merken!“

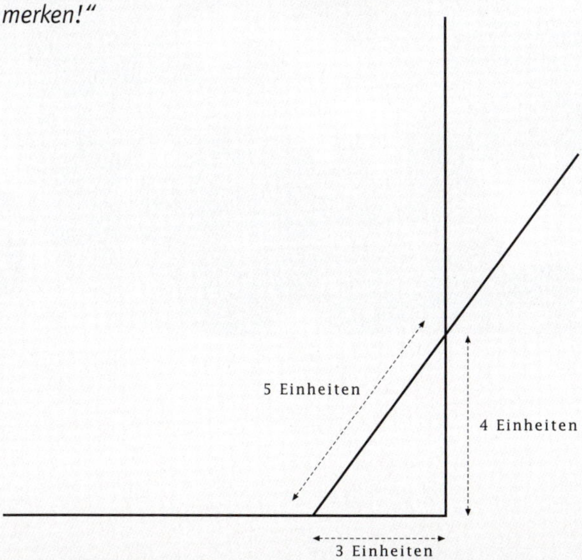

Beispiel Dachlatten:
Mit einem Stück Schnur oder Holz oder Ähnlichem zeichnet man auf der ersten Dachlatte 3 Einheiten ab, auf der zweiten Dachlatte 4 Einheiten und auf der dritten Dachlatte 5 Einheiten. Legt man nun die Dachlatten wie oben beschrieben zusammen, hat man automatisch zwischen der Dachlatte mit den 3 Einheiten und der Dachlatte mit den 4 Einheiten einen rechten Winkel.

Begründung:

$$(3 \text{ Einheiten})^2 + (4 \text{ Einheiten})^2 = (5 \text{ Einheiten})^2$$
$$9 + 16 = 25$$

Das Ganze funktioniert auch mit den Vielfachen der genannten Einheiten, z. B. mit 6, 8 und 10 Einheiten.

10 Los gehts!

Aller Anfang ist ...

Am Anfang eines neuen Schuljahres, möglicherweise in einer neuen Schule, ist es gut, wenn man sich mit allem Neuen vertraut macht: mit dem Schulweg, mit Fahrgelegenheiten, mit dem Schulgebäude, mit den Regeln ...

Aufgaben

1. Besonders wichtig ist es, die neuen Mitschülerinnen und Mitschüler kennen zu lernen, um bald als Klasse zusammenzuwachsen. Überlegen Sie, welche Vorteile das bringt.
2. Am besten lernt man sich kennen, wenn man sich gegenseitig vorstellt. Nutzen Sie die nachfolgenden Informationen und stellen Sie sich einzeln Ihrer neuen Klasse vor.

Wenn Sie verschiedene Informationen voneinander gesammelt haben, können Sie ein Klassenporträt erstellen.

Methoden

Etwas protokollieren und präsentieren

1. Vorbereitung

- Einigen Sie sich zunächst, welche Informationen und persönlichen Daten bei der Vorstellung gegeben werden sollen, z. B. Name, Wohnort, Nationalität, Alter, Geschwister, Hobbys, Ziele ...
- Bereiten Sie Vorlagen vor, damit Sie sich bei der Vorstellung der Mitschüler und Mitschülerinnen Stichworte machen können.

	1.	2.	3.	4.
Name Wohnort Nationalität Alter ...				

- Überlegen Sie sich, wie Sie Ihre persönliche Vorstellung vor der Klasse gestalten.

2. Durchführung

Als Vortragender

- Stehen Sie auf und stellen Sie sich in aufrechter Körperhaltung vor Ihre Zuhörer.
- Formulieren Sie ganze, zusammenhängende Sätze.
- Sprechen Sie laut und deutlich.

Methoden

- Reden Sie nicht zu schnell.
- Halten Sie Blickkontakt zu Ihren Zuhörern.

Als Zuhörer

- Verhalten Sie sich absolut geräuschlos, solange der Vortragende spricht, vermeiden Sie jegliche Störung des Vortragenden.
- Benutzen Sie Ihre vorbereiteten Vorlagen, um Stichworte über die Person, die sich vorstellt, mitzuschreiben.
- Zusätzliche Fragen an die Vortragenden können Sie nach dem Vortrag stellen.

3. Mitprotokollieren

	1.	2.	3.	4.
Name	Marco Caredda			
Wohnort	Esslingen			
Nationalität	Italiener			
Alter	16			
...				

Meine Freizeitgestaltung

Marco hat sich der Klasse vorgestellt. Als er über sein Hobby spricht, wird es unter seinen Zuhörern ganz still, denn sie lauschen gespannt seinen Ausführungen.

Hobbys

Viele Jugendliche haben keine Hobbys. Sie wissen mit ihrer Freizeit wenig anzufangen. Oft hängen sie dann stundenlang vor dem Fernseher oder beschäftigen sich mit Computerspielen, manche streifen auch als Gang durch die Straßen und überlegen sich, wie sie ihren Tag interessant machen können.

Aufgaben

1. Schreiben Sie einen Text zum Thema Hobby. Folgende Fragen sollten darin beantwortet werden:

- Welche Hobbys sind für Jugendliche zurzeit „in"?
- Welches Hobby habe ich? (Beschreibung des Hobbys) oder: Welches Hobby hätte ich gerne?
- Was hindert mich daran, dieses Hobby auszuüben?

Sporttreiben

2. Sammeln Sie Gründe, warum ein junger Mensch regelmäßig Sport treiben sollte. Ordnen Sie diese nach Wichtigkeit.

Ein Klassenporträt erstellen

Aufgaben

Vergleichen Sie hierzu die Ausführungen im Kapitel „Prozentrechnen“, S. 75 ff.

1. Wenn Sie sich alle gegenseitig vorgestellt haben, können Sie die Informationen aus Ihren Vorlagen auswerten:
   - Wie viele Mädchen, wie viele Jungen sind in der Klasse?
   - Wie viele Nationalitäten gibt es? Welche sind das?
   - Wie sind die Nationalitäten prozentual verteilt?
   - Wie ist das Durchschnittsalter der Klasse?
   - Wie ist das Alter der Klasse prozentual verteilt?

Das gleiche, nämlich Durchschnitte oder prozentuale Verteilung, können Sie mit allen anderen Angaben machen: Hobbys, persönliche Ziele ...

2. Wenn die Zahlen vorliegen, können Sie ein Wandplakat erstellen:
   - Einigen Sie sich, wie das Wandplakat aussehen soll (Format, Beschriftung, Farbe ...).
   - Entscheiden Sie, wie Sie die Informationen darstellen wollen (Zahlen, Grafiken?).
   - Entwickeln Sie Ideen, ob Sie weitere Gestaltungen vornehmen wollen (Fotos von allen?).

... ein Fest?

Aufgaben

1. Sie könnten zu Beginn des Schuljahres darüber nachdenken, ob Sie ein Klassenfest feiern wollen. Nehmen Sie nachfolgende Tipps zu Hilfe und diskutieren Sie.

Methoden

Diskussionsregeln:
- Wer etwas zum Thema sagen möchte, meldet sich erkennbar, aber nicht störend per Handzeichen.
- Nur wer vom Diskussionsleiter das Wort erhält, darf reden.
- Es redet immer nur einer, die anderen hören zu.
- Keiner hat das Recht, die Meinung des anderen negativ zu bewerten oder den Redner/die Rednerin wegen seiner/ihrer Meinung geringschätzig zu behandeln oder zu beleidigen.
- Die Diskussionsteilnehmer achten darauf, dass niemand vom Thema abweicht.

Pro und Kontra diskutieren

Thema: Pro und Kontra „Klassenfest“

Diskutieren Sie:

Was spricht dafür und was dagegen?
- Stimmen Sie am Ende der Diskussion ab über die Frage: Sollen wir ein Klassenfest organisieren?
- Wenn Sie zu dem Abstimmungsergebnis gekommen sind, dass Sie gerne ein Klassenfest vorbereiten würden, müssen organisatorische Fragen diskutiert und geklärt werden.
- Schreiben Sie Ihre Ergebnisse auf, vor allem, wer für welche Aufgaben zuständig ist.

Vorbereitung des Klassenfestes

Legen Sie fest:
- Was genau findet beim Klassenfest statt (Musik, Unterhaltungsprogramm, Spiele, Bewirtung)?
- Wo findet das Fest statt (Raumfrage, Dekoration, Reinigung ...)?
- Wer wird eingeladen (Lehrer, Eltern, Parallelklasse ...)?

Methoden

- Wann und wie wird eingeladen?
- Gibt es eine Bewirtung der Gäste (Getränke, Essen, Geschirr, Finanzierung ...)?

Dokumentieren Sie Ihre Ergebnisse schriftlich:

- Was wurde vereinbart?
- Wer ist für welche Aufgabe zuständig?
- Bringen Sie Ihre Ergebnisse für alle sichtbar im Klassenraum an.

Programm	Raum-organisation	Einladungen	Bewirtung
			Marco Timo Anna Selma

Beispiel

Marco, Timo, Anna und Selma haben sich für die Organisation der Bewirtung eingetragen. Sie haben beschlossen, dass als Getränke Cola, Fanta und Mineralwasser angeboten werden. Zum Essen haben Sie sich für Pizza entschieden.

Nun stellen sich die Fragen,

- *woher die Pizzen kommen sollen,*
- *wie viele man für das Fest benötigt,*
- *und wie das Ganze bezahlt werden soll.*

Die vier beschließen auszuprobieren, wie viele Pizzen sie benötigen, und durchzurechnen, wie viel Geld dafür angesetzt werden muss.

Wenn Sie Ihr Klassenfest durchführen, können Sie Fotos machen und damit Ihr Klassenzimmer bebildern.

Viel Spaß beim Feiern!

Für das Klassenfest planen Sie an Speisen und Getränken:

1 Kiste Cola und eine Kiste Limonade zu je 6,00 €, 2 Kisten Mineralwasser zu je 4,00 €, auf den Kisten sind jeweils noch 3,00 € Leergut-Pfand. Außerdem: 5 große Party-Pizzen zu je 11,00 € und 10 große Tüten Chips zu je 0,90 €.

a) Wie viel Geld müssen Sie zum Einkaufen mitnehmen?

b) In ihrer Klasse sind 17 Schülerinnen und Schüler. Wie viel muss jeder Einzelne bezahlen?

c) Erstellen Sie selbst eine Einkaufsliste mit möglichst realistischen Preisen, errechnen Sie den Gesamtpreis und den Preis für jeden Einzelnen, wenn Sie die Anzahl der Schülerinnen und Schüler Ihrer Klasse zugrunde legen.

Vergleichen Sie hierzu die Kapitel „Addition", S. 12-13, und „Multiplikation", S. 21-22.

11 Zukunftsträume – Zukunftsängste

Zeitreise: Was könnte in 10 Jahren sein?

Stellen Sie sich vor, Sie sind jetzt 10 Jahre älter, Sie haben die Schulzeit hinter sich und vieles andere hat sich ereignet.

Aufgaben

1. Machen Sie in Gedanken eine Zeitreise in die Zeit in 10 Jahren. Beschreiben Sie, was inzwischen bei Ihnen passiert sein könnte, in welcher Situation Sie dann leben. Arbeiten Sie, haben Sie Familie ...?

Schreiben Sie so, als wäre alles schon Gegenwart. Wählen Sie dazu die Zeitform des Präsens.

Vergleichen Sie hierzu das Kapitel „Grammatik", S. 187

Beispiel

Ich bin jetzt 30 Jahre alt, meinen gestylten Körper habe ich noch gut halten können, schließlich gehe ich so oft wie möglich zum Krafttraining, an meinen Haaren sieht man aber ...

2. Lesen Sie sich in der Klasse Ihre Fantasien vor.

Führen Sie beim Zuhören ein Gedächtnisprotokoll mit Stichworten.

Stichwortzettel

Jens,
27 Jahre, verheiratet

Beruf:
Landmaschinenmechaniker

Es gibt viele Möglichkeiten für die Zukunft

Wie kann man Aussagen über **mögliche** Ereignisse und Vorgänge machen?

Beispiel

Wirklichkeitsform (Indikativ)	***Möglichkeitsform (Konjunktiv)***
Jens ist verheiratet.	*Jens **könnte** verheiratet sein, er könnte aber auch noch Junggeselle sein.*
	*Er **könnte** als Landmaschinenmechaniker arbeiten, er **könnte** aber auch auf dem Bau tätig sein.*

3. Sammeln Sie weitere sprachliche Möglichkeiten, wie man Ereignisse oder Gegebenheiten, die noch nicht sicher sind, ausdrücken kann.

4. Formen Sie Ihren Zeitreise-Text (Aufg. 1) um, wie es im oberen Beispiel gezeigt wurde. Sie machen dadurch sprachlich deutlich, dass es sich lediglich um **Möglichkeiten**, nicht um **Tatsachen** handelt.

„Von der Schule wollte er nicht viel wissen"

Jens Müller ist 27 Jahre alt. Vor drei Jahren hat er geheiratet. Seine Tochter Lisa ist zwei Jahre alt. Als Landmaschinenmechaniker in einer größeren Werkstatt in Freiburg hat er sein Auskommen.

Jens fühlt sich unter seinen Kollegen wohl, seine Arbeit ist interessant und er wird anerkannt. Das Arbeitsklima in der Werkstatt ist gut, einige Mitarbeiter treffen sich auch gelegentlich nach Feierabend zu gemeinsamen Unternehmungen oder auf ein Bier. Mit seinem Gehalt kommen er und seine Familie gerade so über die Runden. Aber er ist zufrieden.

Vor zehn Jahren hat es für Jens nicht so gut ausgesehen. Von der Schule wollte er nicht viel wissen, meist schwänzte er den Unterricht, blieb im Bett oder trieb sich in der Stadt herum. Abends machte er mit seinen Kumpels ausgedehnte Streifzüge durch die Discos und Kneipen oder durch das Wohngebiet der Kleinstadt, in dem Jens aufwuchs. Musik, Alkohol, Autos und Mädchen nahmen sein ganzes Interesse in Anspruch.

Die Nachbarn beschwerten sich immer häufiger über den Lärm, den die Jugendlichen mitten in der Nacht verursachten. Manchmal kam die Polizei wegen nächtlicher Ruhestörung. Mehrmals mussten die Eltern in der Schule vorsprechen, ihn vor dem drohenden Schulausschluss retten, aber es kam, wie sein Vater ihm immer prophezeiht hatte, er schaffte den Hauptschulabschluss nicht. Natürlich hatte er keine Chance auf einen Ausbildungsplatz. Früher hatte er immer davon geträumt, in einem Büro zu sitzen, ein bisschen am PC zu arbeiten und dann um 16.00 Uhr Feierabend ...

Einen Beruf, bei dem man schmutzige Hände bekommen konnte, war für Jens undenkbar. „Ich konnte mir ja gar nichts unter den verschiedenen Berufen vorstellen, habe mich auch nirgends informiert, überhaupt wusste ich nicht, was es heißt, zu arbeiten und für seine Aufgaben die Verantwortung zu übernehmen", lacht Jens heute im Rückblick, „damals dachte ich nur daran, wie ich mich um die Arbeit drücken kann und was ich als nächstes mit den Freunden unternehmen könnte. Bei uns war immer was los, immer gute Stimmung, keiner hatte eine geregelte Arbeit oder Ausbildungsstelle, aber Geld konnte immer einer von uns lockermachen."

Ein Dreivierteljahr verbrachte Jens so, ohne einen Schulabschluss, ohne geregelte Arbeit, ohne Pflichten, bis ein einschneidendes Erlebnis ihn wachrüttelte. Nach einer durchzechten Nacht fuhren die Kumpels zu sechst im Auto mit überhöhter Geschwindigkeit nach Hause. Die Stimmung war, wie immer, ausgelassen, bis eine scharfe Kurve das Auto zum Schleudern brachte. Der Fahrer verlor die Herrschaft über das Fahrzeug und das Auto donnerte nach mehreren Drehungen an die Hauswand auf der gegenüberliegenden Straßenseite.

„Noch heute sehe ich das Ganze wie in Zeitlupe vor mir, das Auto, die Kumpels im Wagen, die näher kommende Wand, harte Schläge vom Aufprall, dann lange Sekunden Totenstille ... Der blutende und bewusstlose Freund auf dem Vordersitz, ... der Krankenwagen, die Polizei ...". Der Beifahrer erlitt bei dem Unfall schwere Verletzungen. Wochenlang lag er im Koma, als er aufwachte, erkannte er niemanden, erinnerte sich an nichts und redete wirres Zeug. Lange war nicht sicher, ob eine Schädigung des Gehirns vorlag. Jens wurde in der Folgezeit sehr ruhig, ihm war äußerlich nichts passiert, aber es hätte auch jämmerlich schiefgehen können. Er wollte abends nicht mehr aus dem Haus gehen und hatte plötzlich zu nichts mehr Lust, was bisher seine Tage und Nächte bestimmt hatte.

Der Unfall hatte alle zum Nachdenken gebracht. „Die Clique gab es nicht mehr, der eine lag monatelang im Krankenhaus, danach in verschiedenen Reha-Einrichtungen, das Auto des anderen hatte Totalschaden und er verlor den Führerschein, ihn hatte es finanziell hart erwischt. Neben den Bußgeldern hatte er noch die Sachschäden zu bewältigen. Und ich musste plötzlich darüber nachdenken, was eigentlich aus mir werden sollte, wie es weitergehen sollte", beschreibt Jens im Rückblick seine damalige Verfassung.

Endlich kümmerte er sich um einen Schulabschluss, ging zum Arbeitsamt, nahm an Schulungen teil und absolvierte mehrere Praktika. Schließlich konnte er bei einem KFZ-Betrieb eine Lehre machen, die er erfolgreich abschloss. Danach bewarb er sich bei einer Werkstatt, die einen Landmaschinenmechaniker suchte. Nach einer mehrmonatigen Probezeit wurde er fest angestellt. „Die Clique gibt es nicht mehr, man trifft sich noch manchmal zufällig, der Unfall hat uns alle verändert", sagt Jens heute.

Wenn man nur vorher schon wüsste, was die **Zukunft** für einen bereithält! Man kann viel darüber spekulieren.

Aufgaben

5. Jens macht als 17-Jähriger eine Zeitreise und beschreibt, was in **Zukunft** tatsächlich sein wird. Die Informationen entnehmen Sie dem Text.

Beispiel

Was wird in 10 Jahren sein?
Ich werde ... sein.

6. Schreiben Sie auf, was sein Vater zu ihm über seine Zukunft gesagt haben könnte.

Beispiel

Du wirst den Hauptschulabschluss nie bekommen können ...

Wenn man wüsste, was die Zukunft für einen bereit hält, würde man sicher manches anders machen.

7. Jens würde im Rückblick sicher vieles anders machen. Beschreiben Sie, was Jens anders machen würde.

Beispiel

Jens würde aus heutiger Sicht ...

Die letzten 10 Jahre hätten bei Jens auch ganz anders verlaufen können.

8. Schreiben Sie auf, wie es hätte kommen können,

a) wenn Jens ein pflichtbewusster Schüler gewesen wäre.
b) wenn Jens bei diesem Unfall schwere körperliche Verletzungen erlitten hätte.
c) wenn es nicht zu diesem Unfall gekommen wäre.

Beratungsangebote – Zukunftsplanung

Projekt

Information und Beratungsangebote zur Berufsorientierung

Jugendliche, die am Ende ihrer Schulausbildung stehen, sind oft ratlos, wie es jetzt weitergehen soll. Oft wissen sie nicht, welche Beratungssysteme und Hilfsangebote der Ort, in dem sie wohnen, oder die benachbarte Stadt für Jugendliche und junge Erwachsene anbieten.

Starten Sie in Ihrer Klasse ein gemeinsames Projekt zum Thema „Beratungsangebote zur Berufsorientierung". Bilden Sie Arbeitsgruppen mit folgenden Aufgabenschwerpunkten:

- Informationen zusammenstellen
- Veranstaltung planen und durchführen
- Einladungsschreiben verfassen

Aufgaben

1. Sammeln Sie Informationen, welche Institutionen Berufsberatung, -orientierung oder Hilfe bei der Lehrstellenvermittlung anbieten.

Methoden

Informationen beschaffen

Fragen Sie bei Bekannten und Lehrern (Beratungslehrer) nach Beratungsangeboten. Suchen Sie im Telefonbuch und im Internet nach Adressen, rufen Sie bei der Arbeitsaagentur, bei der Stadt oder beim Landkreis, bei der IHK usw. an oder informieren Sie sich in Jugendeinrichtungen.

1. Schritt: Teilen Sie die Adressen und Ansprechpartner gleichmäßig untereinander auf.
2. Schritt: Bereiten Sie genau vor, welche Fragen Sie am Telefon stellen wollen.
3. Schritt: Halten Sie Papier und Schreibzeug bereit, solange Sie telefonieren.
4. Schritt: Wenn Sie persönlichen Kontakt herstellen, bereiten Sie vorher die Fragen vor.
5. Schritt: Dokumentieren Sie genau, was Sie herausgefunden haben (genauer Name der Beratungsstelle oder Institution, Anschrift, Öffnungs- oder Beratungszeiten, Telefonnummer, E-Mail-Adresse, Art der Hilfestellung, besondere Informationen).

2. Wenn Sie die Möglichkeit haben, laden Sie doch einige ausgewählte Experten zu einer Beratungsveranstaltung ins Klassenzimmer ein. Thema: „Welche Ausbildungs- und Berufsmöglichkeiten habe ich? Welche Anforderungen werden an mich gestellt?"

Das muss aber lange vorher geplant und gut vorbereitet werden. Es ist auch wichtig, dass Sie aufteilen, wer für welche Aufgaben besonders verantwortlich ist.

Methoden

Eine Podiumsdiskussion planen und durchführen

- Legen Sie fest, wer für welche Aufgaben verantwortlich ist.
- Stimmen Sie ab, wer als Experte eingeladen wird, und verfassen Sie Einladungsschreiben, die die wichtigsten Informationen enthalten (Anliegen, mehrere Terminvorschläge, Zeitrahmen, Fragestellungen ...).
- Wenn Sie einige Zusagen erhalten haben, planen Sie die Veranstaltung genau: Teilnehmer, Sitzordnung, Verhalten der Teilnehmer, Höflichkeitsformen, Getränk für die Gäste, förmliche Begrüßung und Verabschiedung ...
- Der inhaltliche Verlauf muss geplant werden: Welche Themen sollten angeschnitten werden? Welche Fragen sind besonders wichtig?

Aufgaben

3. Verfassen Sie einen Einladungsbrief an einen Experten zum Thema „Ausbildungs- und Berufsmöglichkeiten heute".

Methoden

Private Geschäftsbriefe schreiben

Jeder Brief mit geschäftlichem oder offiziellem Inhalt hat eine festgelegte äußere Form. Er enthält in der Regel neun Elemente, die immer an der gleichen Stelle auf dem Briefbogen erscheinen.

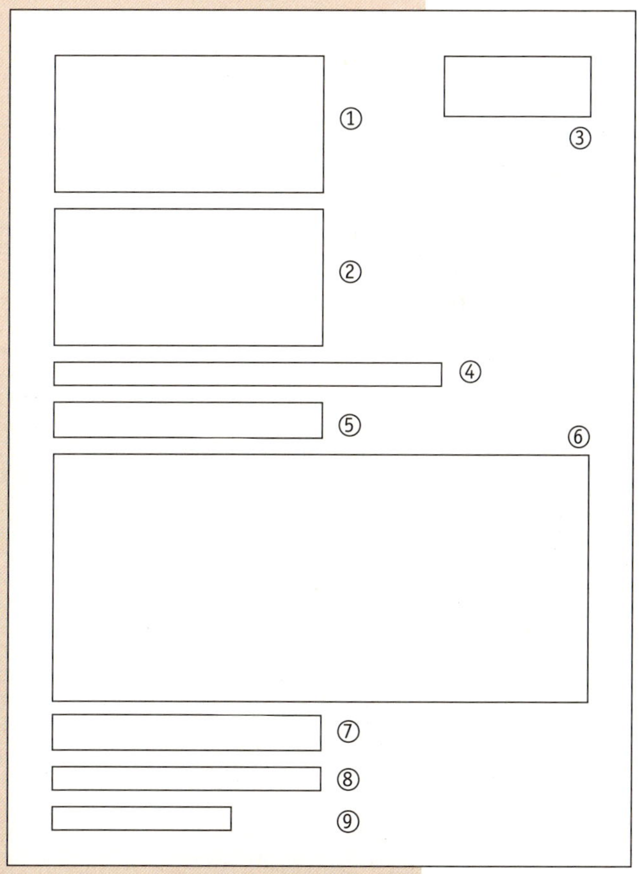

1 Absender (meine Adresse)
2 Empfänger
3 Datum
4 Betreff
5 Anrede
6 Text
7 Grußformel
8 Unterschrift
9 Anlagen

Freunde, wollt ihr ewig Stütze?

VON ANNA V. MÜNCHHAUSEN

Man trifft ihn täglich – ihn und seinesgleichen. Zehnmal die Fußgängerzone auf und ab schlendernd, am Fahrradständer vor dem Penny-Markt herumhängend, noch ein Stündchen in der Spielothek verdaddelnd. Er fällt nicht auf in der Kohorte der Gleichaltrigen. Aber außer seinem Mobiltelefon und ein paar frisch aus dem Spielautomaten gezockten Euro hat er nichts in der Tasche – keinen Schulabschluss, keinen Ausbildungsvertrag, keine Perspektive, die über die nächsten Tage hinausgeht.

Er sagt, er heiße Stevie. 18 Jahre, nie ohne Kippe und stets im gleichen Kapuzensweatshirt undefinierbarer Farbe, häufig ist er im Zentrum von Itzehoe anzutreffen. Was in den vergangenen zwei Jahren geschehen ist, erzählt er weitschweifig, umständlich und mit verknoteten Händen: ohne Abschluss nach der achten Klasse die Schule verlassen, seither anderthalb Berufsvorbereitungskurse, ein Praktikum in einer ABM-Werkstatt, die er nach drei Wochen verließ, weil der Chef ihn nach mehrmaligem Zuspätkommen gerüffelt hatte. Solche wie Stevie gibt es immer häufiger. [...]

Diese Lawine von Schulversagern erreicht irgendwann das Alter, in dem die Schulpflicht endet und die eigentliche Berufsausbildung erst beginnen sollte. Was wird aus den Gescheiterten? Wer fühlt sich für ihre Zukunft verantwortlich? Gibt es Konzepte, […] das Versäumte nachzuholen wäre? Soviel lässt sich gleich feststellen: Die Wirtschaft will sie nicht haben. Erst vor zwei Wochen hat Arbeitgeber-Präsident Dieter Hundt der „Generation kann nix“ die Rote Karte gezeigt. „20 bis 25 Prozent“ der Schulabgänger können kaum lesen und schreiben. Ausbildung setzt aber qualifizierte Bewerber voraus“, sagte er. Wenn keine passenden Jugendlichen da sind, lautete der Subtext der Botschaft, können wir auch keine ausbilden. Immerhin hat man jetzt ein Projekt gestartet, in

14 Prozent eines Geburtenjahrgangs verlassen die Schule ohne Abschluss

dem 4 000 Hauptschulabgänger nach ihrer beruflichen Zukunft befragt werden. Was ist ihr Selbstwertgefühl? Wie viel Unterstützung erfahren sie durch Lehrer oder in der Familie? Mit diesen Fragen befassen sich auch die Pädagogen, Sozialarbeiter und Juristen in 15 über das Bundesgebiet verstreuten „Kompetenzagenturen“. Ein Modellversuch, der Bund, Kommunen und EU 700.000 Euro kostet und in der Endstufe für 130 000 Jugendliche Antwort finden soll auf die brennende Frage: Was soll bloß aus mir werden? „14 Prozent eines Jahrgangs verlassen die Schule ohne Abschluss. Und eine wachsende Zahl beendet nie eine ordentliche Ausbildung. […] Das kann niemand wollen. „Also müssen wir sie besser qualifizieren.“ Allerdings gibt es keine Patentrezepte, jeder Fall liegt anders. Daher hat man sich ein Konzept ausgedacht mit dem Titel „Case Management“. Zielgruppe: Jugendliche zwischen 14 und 27 Jahren, die keinen Schulabschluss haben oder höchstens einen unterdurchschnittlichen. Die deswegen keinen Ausbildungsplatz finden oder die schon eine Lehre abgebrochen haben. Und die abhängen, durchhängen und keinerlei Unterstützung durch ihre Familie zu erwarten haben.

Neu an diesem Ansatz ist vor allem, dass man auf die Jungen und Mädchen zugeht und sie gezielt anspricht – auf der Straße, in Jugendzentren, in Clubs und Kneipen. Denn diese Klientel nimmt Reißaus vor jeder staatlichen Autorität. Um so konsequenter wird das Konzept des „niedrigschwelligen Angebots“ umgesetzt. Nur nicht wie eine Behörde daherkommen.

Die Agentur in einer ehemaligen Bäckerei an der Fürther Mathildenstraße sieht aus wie ein Reisebüro oder ein Telefonladen. Bunte Stühle, Plakate an den frisch gestrichenen Wänden, Kaffeemaschine, und zur Begrüßung ein Händedruck: „Bitte setz dich. Was kann ich für dich tun?“ Das Allerwichtigste aber ist Zeit, darin stimmen die vier Mitarbeiter, alle um die dreißig, überein. Keiner dieser Jugendlichen wird Vertrauen fassen, wenn sein Gegenüber nach einer Viertelstunde zur Uhr schaut und endlich das Ergebnis des Gesprächs notieren will. „In der Regel erzählen sie gern“, heißt es, und das kann dauern. Meist ist der fehlende Schulabschluss nur ein Stein im chaotischen Mosaik dieser Biografien. Die Sozialpädagogin Claudia Ondrejtschak berichtet von weit verbreiteten Angstzuständen, Panikattacken und Borderline-Symptomen. Ebenso an der Tagesordnung sind Drogenmissbrauch, Essstörungen, massive Schwierigkeiten mit der Familie, Gewaltbereitschaft. „Sie alle haben die Erfahrung des Scheiterns gemacht, immer wieder, und erlebt, dass sie unter Druck versagen. Deshalb ist es ganz entscheidend, dass hier die Karten noch einmal neu auf den Tisch gelegt werden.“ Vielleicht ist ja doch noch eine Möglichkeit im Spiel, an die bisher noch niemand gedacht hat. Hier kennt man sich aus im Geflecht der psychosozialen Dienste ringsum, von Familienberatung, Förderplänen und Praktikumsangeboten. Stevie zum Beispiel mag kleine Kinder ausgesprochen gern und stellt sich im Umgang mit ihnen geschickt an. Wäre das vielleicht eine Möglichkeit? Sein Betreuer greift zum Telefon. Anfang Juni kann Stevie in einem Kindergarten für Gehörlose ein Praktikum beginnen. Aber danach muss der Mann seinen Hauptschulabschluss in Angriff nehmen. „Mit 14 haben viele Jugendliche ganz andere Sorgen, als sich Gedanken um die Zukunft zu machen", hat Thomas Mallon beobachtet, der Leiter der Braunschweiger Kompetenzagentur. Erst mit 18, wenn sie verschiedene Warteschleifen und mehr oder weniger sinnvolle Förderprogramme durchlaufen haben, entdecken sie, dass sie in der Sackgasse stecken. Dann kommt Hilfe meist zu spät. Die Karriere in der Abhängigkeit ist programmiert. „Fördern und fordern", das neue Credo der Sozialhilfe, gilt auch hier. Fallbegleitung soll daher keinesfalls auf die herkömmliche sozialpädagogische Tour funktionieren („Ich nehm dir ab,

Das neue Konzept: nicht die Defizite benennen, sondern die Fähigkeiten suchen.

was du nicht schaffst"), sondern den Prozess zur Selbstständigkeit begleiten und absichern. Ein Mosaikstein, der besonders ernst genommen wird, ist das Bewerbertraining. Im Fall von Ahmed, dem arbeitslosen jungen Türken mit dem durchtrainierten Körper und dem aggressiven Tonfall, der schon drei Fördermaßnahmen abgebrochen hatte, bewies Joachim Sahr, der Leiter der Fürther Agentur, sein Talent zur Methode der kleinsten Schritte. Ein Dreivierteljahr dauerte es, bis Ahmed schließlich zur Kooperation gewonnen war. „Heute kaufst du erst mal Briefmarken, Ahmed", hat Sahr mit ihm verabredet. Am nächsten Tag das Briefpapier. Dann ist der Entwurf des Lebenslaufs dran. Irgendwann der Gang zur Schuldnerberatung. Der Antrag auf Wohngeld. Inzwischen absolviert Ahmed eine Lehre als Metallbauer, und wie es aussieht, wird er sie erfolgreich abschließen.

Es wäre falsch zu glauben, es gebe für Schulabbrecher und entwicklungsverzögerte Jugendliche keine Angebote. Allerdings erreichen diese Angebote nicht alle, die sie nötig haben. [...] Mitunter setzt sich Einsicht wie von selbst durch. Wie bei Andy, dem Jungen, der sich besonders gut mit Fahrrad-Gangschaltungen auskannte und endlich ein Praktikum in einer Werkstatt ergattert hatte. Als sein alkoholkranker Vater wieder in die Familie zurückkehrte, verschwand Andy. Kaum ließ der Vater seine Lieben in Ruhe, meldete sich Andy wieder zur Stelle. „Okay, noch mal von vorn. Diesmal pack' ich es, ganz bestimmt."

Aufgaben

4. Welches Thema spricht der Zeitungsartikel an?
5. Stellen Sie die statistischen Zahlen zusammen, die über Jugendliche im Text aufgeführt werden.
6. Welche Hilfs- und Beratungsangebote werden beschrieben?
7. Welche Gründe werden angeführt, dass manche Jugendliche möglicherweise nie aus ihrer „Erfahrung des Scheiterns" herauskommen?

Methoden

Texte auswerten

Lesen Sie den Text genau durch. Begriffe, die Sie nicht verstehen, müssen geklärt werden (Lexikon).
Schreiben Sie die Zeilen im Text heraus oder wichtige Begriffe, die auf die Fragen eine Antwort geben. Nehmen Sie bei jeder Frage einen anderen Farbstift. Das erleichtert Ihnen hinterher die Arbeit mit dem Text.

12 Grammatik

Vollständige Sätze

Wer einem anderen schriftlich oder mündlich etwas mitteilen möchte, sollte sich verständlich ausdrücken. Sätze, die grammatikalisch unvollständig sind, versteht man oft falsch, manchmal gar nicht. Bisweilen geben sie auch keinen Sinn.

a) Meine Freundinnen haben.
b) Mein kleiner Bruder schläft.
c) Die Ursachen liegen.
d) Die Reinigungskräfte kommen.
e) Die sozialen Verhältnisse zeigen.
f) Wir verdienen.
g) Es regnet.
h) Meine Mutter schweigt.
i) Der Wasserhahn tropft.

Aufgaben

1. Bestimmen Sie, welche der Sätze vollständig sind und welche ergänzungsbedürftig.
2. Ergänzen Sie die unvollständigen Sätze sinnvoll.

Reiner Kunze: Siebzehnjährig*

Wir sind jung

die welt ist offen (lesebuchlied)

Horizont aus schlagbäumen

Verboten
der grenzübertritt am bildschirm ein bild von der welt sich zu machen es lebe das weltbild

Bis ans ende der jugend

Und dann?

* Text in alter Rechtschreibung

Reiner Kunze hat ein Gedicht geschrieben, das auf den ersten Blick eher unverständlich ist. Das liegt daran, dass der Leser bis auf wenige Ausnahmen keine vollständigen Sätze vorfindet. Bei näherem Hinsehen kann man allerdings schon Zusammenhänge herstellen.

3. Ermitteln Sie die vollständigen Sätze.
4. Suchen Sie in dem Gedicht nach allen möglichen Satzteilen, die zusammengesetzt einen Sinn ergeben.
5. Schreiben Sie das Gedicht ab und ergänzen Sie die fehlenden Satzteile. Verwenden Sie dabei die übliche Groß- und Kleinschreibung.
6. Was sagt der Dichter über das Jungsein und über das Ende der Jugend?

Die Satzteile

Die wichtigsten Satzteile sind
- das Subjekt eines Satzes; es gibt den Täter an.
- das Prädikat eines Satzes; es gibt an, was der Täter „tut".
- die Objekte eines Satzes; sie haben viele Funktionen.

Satzteile und ihre Wortarten

Funktion im Satz	Wortart	**man fragt danach**	Beispiel
Prädikat	Verben	**Was tut einer?**	sie machen er fragt er wird geschlagen
Subjekt	Substantive im Nominativ (Wer?-Fall) Pronomen	**Wer?** **(Was?)**	der Mann die Maschine das Haus ich, du, er ... wir jener, dieser ...
Objekt	Substantive u. Pronomen im Genitiv Dativ Akkusativ	**Wessen?** **Wem?** **Wen/Was?**	des Dankes dem Kellner den Menschen
Attribut	Adjektive	**Welche Eigenschaft hat jemand/etwas?**	die blaue Farbe die neue Klasse
Adverbiale Bestimmungen	Adjektive Zeitangaben Ortsbestimmungen Wörter, die den Grund angeben Partizipien Numerale	**Auf welche Weise?** **Wann?** **Wo?** **Weshalb?** **Wie?** **Wie oft geschieht etwas?**	er fährt schnell er fährt morgen er steht dort deshalb gehe ich schmunzelnd stand er da mehrmals sagte ich

Rund ums Prädikat

Aufgaben

1. Bilden Sie möglichst viele Sätze mit Subjekten, Prädikaten und Objekten. Schreiben Sie die einzelnen Satzteile auf verschieden farbige Papierstreifen. Verschieben Sie die Satzteile an andere mögliche Positionen im Satz (Ich blieb gestern zu Hause. / Zu Hause blieb ich gestern. / Blieb ich gestern zu Hause?) und beobachten Sie, ob und wie sich dadurch die Bedeutung verändert hat.

2. Wodurch wird ein Fragesatz daraus?

Die verschiedenen Zeiten

Wann ein Ereignis stattfindet oder stattgefunden hat, erkennt man an der Zeit, die das Verb angibt. Im Deutschen gibt es sechs Zeiten:

Plusquamperfekt   Perfekt   Präteritum   Präsens   Futur I   Futur II

Vergangenheit   Gegenwart   Zukunft

Plusquamperfekt Er **hatte** für die Prüfung viel gelernt.	Präsens Er **lernt** für die Prüfung viel.
Perfekt Er **hat** für die Prüfung viel gelernt.	Futur I Er **wird** für die Prüfung viel lernen.
Präteritum Er **lernte** für die Prüfung viel.	Futur II Er **wird** für die Prüfung viel gelernt haben.

Der Beginn des Romans „Die große Flatter" von Leonie Ossowski ist in der Gegenwart geschrieben. Nur wenige Sätze stehen in der Vergangenheit.

Leonie Ossowski: Die große Flatter

Das Fenster ist verschlossen, Agnes will das so. Da kann man nichts machen. Agnes ist die Älteste der Warga-Bande und die Einzige, die ein Bett für sich allein hat. Sie schläft rücklings, die Arme unter dem Kopf, breitbeinig, als sonnte sie sich im Strandbad. Birgitt und Dagmar dagegen liegen dicht aneinander gedrückt wie junge Ratten in der Kuhle ihrer ausgeleierten Matratze. Ihre Haare sind ineinander verfitzt, ihre Ellbogen im gleichen Winkel angezogen wie ihre mageren Kinderknie.

Seit vorigem Jahr haben Birgitt und Dagmar ein Erwachsenenbett. Bis dahin mussten sie mit dem Gitterbett vorlieb nehmen. Aber als die fünfjährige Birgitt zu groß geworden war, sagte Herr Warga, dass ein neues Bett her müsste. Das war dann das dritte Erwachsenenbett im Zimmer. Die beiden Kleinsten, die vorher in Waschkörben genächtigt hatten, konnten ab jetzt das Gitterbett für sich in Anspruch nehmen. Quer und voneinander abgewandt liegen sie zwischen den Gittern, die Hände im Draht verkrallt. Die weggestrampelte Decke bedeckt nicht einmal ihre nackten Füße. Taucht Fritzchen im Halbschlaf aus seinen Kleinkinderträumen auf, beginnt er mit dem Kopf zu wackeln. Erst langsam, dann schneller, wobei auch seine Schultern hin und her fahren, bis schließlich seine Ärmchen von rechts nach links fliegen. Mit der Zeit entsteht dadurch ein solcher Schwung, dass das Gitterbett ruckartig durchs Zimmer fährt. Erika wacht nie davon auf.

Aufgaben

3. Bilden Sie die folgenden Sätze in allen sechs Zeiten:

a) Die Praktikantin arbeitet gut.
b) Sie planen ihre Ausbildung.
c) Er schafft sich mit dem Praktikum eine Grundlage.
d) Der Auszubildende spricht mit dem Leiter.
e) Sie beschreiben ihre Tätigkeit.
f) Sie schließen einen Vertrag ab.
g) Der Arbeitgeber lobt die Arbeit.

4. Ermitteln Sie die Sätze, die in der Vergangenheit stehen.

5. Setzen Sie den Text ins Präteritum. Überlegen Sie, was Sie mit den Sätzen machen, die jetzt schon in der Vergangenheit stehen.

Er sagte, ich sei gut im Rechnen.

Wenn ich im Lotto gewinnen würde, würde ich mir ...

Wenn ich damals nicht so gleichgültig gewesen wäre, ...

Ich hätte den Führerschein geschafft, wenn ...

Wenn der Torwart den Elfmeter gehalten hätte, ...

Wirklichkeitsform – Möglichkeitsform: Indikativ – Konjunktiv

Der Konjunktiv I wird verwendet,
- wenn etwas in der indirekten Rede wiedergegeben wird (*Er sagte, ich sei gut im Rechnen.*);
- wenn etwas als Möglichkeit oder Fantasie gedanklich ausgemalt wird (*Wenn ich im Lotto gewinnen würde ...*, was als Möglichkeit ja sein könnte).

Der Konjunktiv II wird verwendet,
- wenn etwas als nicht mehr Mögliches dargestellt wird (*Wenn der Torwart den Elfmeter gehalten hätte ...*, was er aber nicht tat).

Zeugenaussage

Timo S. kommt zu spät in den Unterricht. Ihm ist etwas Unglaubliches passiert. Heute Morgen, als er gerade zur Schule gehen wollte, kam die Polizei zu ihm und behauptete, man habe ihn beim Ladendiebstahl in einem Sportgeschäft in der Nähe seines Wohnhauses beobachtet. Er musste mit den Polizisten auf die Dienststelle kommen und folgende Zeugenaussage wurde ihm vorgelegt:

„Gestern Abend um ca. 18:30 Uhr beobachtete ich einen Jugendlichen, ca. 17-18 Jahre, im Sportgeschäft bei den Sportschuhen. Er war bekleidet mit einer weißen Sportjacke mit hellblauen Streifen längs der Ärmel. Dazu trug er eine verwaschene übergroße Hüftjeans, die ziemlich in den Knien hing. Bei sich trug er eine große dunkelblaue Sporttasche. Der Jugendliche hielt sich ziemlich auffällig bei den Schuhregalen auf, nahm immer wieder ein Schuhpaar heraus, musterte es intensiv, streifte es über seine geöffnete Sporttasche, schaute sich nach den anderen Personen um und stellte dann die Schuhe zurück.

Als sich keine Personen mehr in der Sportschuhabteilung befanden, zog ich mich ebenfalls hinter ein Regal zurück und beobachtete ihn unauffällig. Da nahm er ein Paar Sportschuhe und ließ sie in seine Tasche gleiten. Dann verließ er eilig das Sportgeschäft. Ich sah, wie er ein paar Häuser weiter mit dem Schlüssel die Tür aufschloss und in dem Haus verschwand".

6. Formulieren Sie die direkte Aussage des Zeugen um, wie Timo sie den Mitschülern berichtet: *Der Zeuge sagte, er habe beobachtet, wie ich ...*

Timo ist immer noch geschockt, wie er so verdächtigt werden konnte. Die Polizei ist zu ihm gekommen, weil er der einzige Jugendliche ist, der in diesem Haus wohnt. Sonst wohnen dort nur Kinder und ältere Erwachsene.
Zum Glück war Timo zum Tatzeitpunkt beim Fußballtraining. Timo ist als begabter Torschütze bekannt. Und schon manches Mal hat er die Mannschaft durch seinen Einsatz vor dem Abstieg gerettet. Es war für die Mannschaft wichtig, dass alle vollzählig beim Training erschienen. Denn am Sonntag geht es um den Klassenerhalt der Mannschaft. Das Training begann um 18:00 Uhr und vorher war die Mannschaft in der Umkleidekabine, was ca. 20 Spieler und der Trainer bestätigen können. Timo hat zwar eine dunkelblaue Sporttasche und auch eine weiße Trainingsjacke mit blauen Streifen. Aber er war weder gestern noch an einem anderen Tag in dieser Woche in dem Sportgeschäft in seiner Straße. Und er hat auch keine Schuhe in seiner Tasche verschwinden lassen. Er kann sich diese ganze Geschichte nicht erklären.
Timo wird von seinen Mitschülern ausgefragt. Was hat die Polizei gefragt? Was hast du der Polizei gesagt? Wie erklärst du dir das Ganze?

Aufgaben

7. Timo erzählt: „Ich habe der Polizei gesagt, dass ich ..."

8. Stellen Sie Vermutungen an, wie es zu der falschen Verdächtigung gekommen sein könnte.

Das Fußballspiel

Im Spiel um den Klassenerhalt verlor die Mannschaft von Timo haushoch. Die Elf kamen nie zu ihrem Spiel. Die vielen begabten Spieler konnten ihr Potenzial nicht einsetzen. Die Abwehr hatte keine Strategie und der Torwart war während des ganzen Spiels nicht bei der Sache Die Spieler setzten die wenigen Torchancen nicht um und ein Eigentor von Timo S. krönte die Pechsträhne der Mannschaft.

9. Beschreiben Sie nach Art der Kommentare nach Fußballspielen, was die Mannschaft von Timo hätte machen müssen bzw. nicht machen dürfen, um das Spiel zu gewinnen.

Aktiv und Passiv

Wenn in einem Satz der **Täter** betont wird, ist er im **Aktiv (Tatform)** formuliert:
Die Katze frisst die Mäuse.
Wird das **„Opfer"** betont, dann steht der Satz im **Passiv (Leideform)**:
Die Mäuse werden von der Katze gefressen.

Katzen

Das Leben einer Katze ist beneidenswert. 18 Stunden ihres Tages verschläft sie, den Rest der Zeit wird gefressen oder mit großer Hingabe das Fell geputzt. Wann sie gestreichelt werden will, bestimmt sie selbst. Wird sie zu irgendetwas gezwungen, zeigt sie demjenigen ihre Verachtung. Wenn es sein muss, wird gekratzt und gebissen. Sie bemerkt sofort, von wem sie geliebt wird und wer sie nicht achtet. Sie ist ein leiser Hausgenosse. Aber nachts, wenn die Beute aufgespürt wird, können die Konkurrenten laut und kreischend vertrieben werden. Wenn eine Maus oder ein Vogel gefangen wurde, spielt die Katze mit ihrer Beute. Danach wird sie zerbissen und mit Genuss gefressen.

10. Fertigen Sie eine Tabelle an und tragen Sie die Prädikate im Aktiv und die Prädikate im Passiv in die Tabelle ein.

Aufgaben

11. Formen Sie die Aktivsätze in Passivsätze um.

a) Die Schüler üben die Grammatik.
b) Wir lesen die Texte im Unterricht.
c) Danach bespricht der Lehrer die Regeln.
d) In der Klassenarbeit überprüft er das Wissen der Schüler und benotet es.

Objekte im Satz

Manchmal kommen Sätze ohne Objekt aus, manchmal benötigen sie aber ein oder mehrere Objekte.

a) Ich beiße in den sauren ...
b) Er wurde des ... angeklagt.
c) Der Verkäufer bietet mir ... an.
d) Das Bild gefällt ...
e) Er entledigte sich seiner ...
f) Sie nannte ihn einen ...
g) Er ist seiner Mutter sehr zu ... verpflichtet.
h) Bei ... wird man gut bedient.
i) Es mangelt ihm nie an ...
j) ... hat es jetzt endgültig gereicht.

12. Ergänzen Sie die fehlenden Satzteile sinnvoll.

James Thurber: Das kleine Mädchen und der Wolf

An ein... schön... Nachmittag saß ein groß... Wolf in ein... finster... Wald und wartete, dass ein... klein... Mädchen des Weg... käme.

Endlich kam es und es trug ein... Korb voller Lebensmittel. „Bringst du dies... Korb zu dein... Großmutter", fragte der Wolf. Er erkundigte sich, wo die Großmutter wohne. Das klein... Mädchen gab d... Neugierigen Auskunft und er verschwand im dunkl... Wald. Als das klein... Mädchen vergnügt... das Haus ihr... Großmutter betrat, ...

13. Ergänzen Sie die fehlenden Endungen. Aber Achtung, nicht überall wo Pünktchen sind, fehlen sie.

14. Schreiben Sie die Geschichte weiter.

15. Wählen Sie eine kurze Geschichte aus und fertigen Sie von dem Text eine Abschrift für Ihre Mitschüler an, in denen ebenfalls die Endungen an Adjektiven und Substantiven fehlen.

Ernst Jandl: ottos mops

ottos mops trotzt
otto: fort mops fort
ottos mops hopst fort
otto: soso

otto holt koks
otto holt obst
otto horcht
otto: mops mops
otto hofft

ottos mops klopft
otto: komm mops komm
ottos mops kommt
ottos mops kotzt
otto: ogottogott

Aufgaben

16. Ermitteln Sie die vollständigen und die unvollständigen Sätze.

17. Bestimmen Sie den fehlenden Satzteil.

18. Ergänzen Sie die unvollständigen Sätze sinnvoll.

Attribute und adverbiale Bestimmungen

Attribute beschreiben einen Menschen, einen Gegenstand oder eine Handlung genauer, weil sie deren Eigenschaften angeben.

Adverbiale Bestimmungen beschreiben die Art und Weise einer Tätigkeit genauer oder sie bestimmen die Zeit, die Schnelligkeit, den Ort und den Grund einer Tätigkeit.

Die Beispiele entnehmen Sie der Tabelle S. 186.

James Thurber: Die ziemlich intelligente Fliege

Eine große Spinne hatte in einem alten Haus ein schönes Netz gewoben, um Fliegen zu fangen. Jedes Mal, wenn eine Fliege sich auf dem Netz niederließ und darin hängen blieb, verzehrte die Spinne sie schleunigst, damit andere Fliegen, die vorbeikamen, denken sollten, das Netz sei ein sicherer und gemütlicher Platz. Eines Tages schwirrte eine ziemlich intelligente Fliege so lange um das Netz herum, ohne es zu berühren, dass die Spinne schließlich hervorkroch und sagte: „Komm, ruh dich ein bisschen bei mir aus." Aber die Fliege ließ sich nicht übertölpeln.

„Ich setze mich nur an Stellen, wo ich andere Fliegen sehe", antwortete sie, „und ich sehe bei dir keine anderen Fliegen."

Damit flog sie weiter, bis sie an eine Stelle kam, wo sehr viele Fliegen saßen. Sie wollte sich gerade zu ihnen gesellen, als eine Biene ihr zurief: „Halt, du Idiot, hier ist Fliegenleim. Alle diese Fliegen sitzen rettungslos fest." „Red keinen Unsinn.", sagte die Fliege. „Sie tanzen doch."

Damit ließ sie sich nieder und blieb auf dem Fliegenleim kleben wie all die anderen Fliegen.

Aufgaben

19. Finden Sie die Attribute im Text und unterstreichen Sie sie (ggf. auf einer Folie) mit grüner Farbe.

20. Finden Sie die adverbialen Bestimmungen im Text und unterstreichen Sie sie mit blauer Farbe.

21. Fertigen Sie eine Tabelle an und tragen Sie die Attribute und adverbialen Bestimmungen ein.

Bertolt Brecht: Lektion fürs Leben*

Ich erinnere mich, dass wir gleich am ersten Tag eine gute Lektion erhalten haben. Wie wir ins Klassenzimmer gekommen sind, gewaschen und mit einem Ranzen, und die Eltern weggeschickt waren, sind wir an der Wand aufgestellt worden, und dann hat der Lehrer kommandiert: „Jeder einen Platz suchen“, und wir sind zu den Bänken gegangen. Weil ein Platz zu wenig da war, hat ein Schüler keinen gefunden und ist im Gang zwischen den Bänken gestanden, wie alle gesessen sind. Der Lehrer hat ihn stehend erwischt und ihm eine Maulschelle gelangt. Das war für uns alle eine sehr gute Lehre, daß man nicht Pech haben darf.

** Text in alter Rechtschreibung*

22. Wann könnte diese Geschichte passiert sein?

23. Versuchen Sie mit möglichst treffenden Attributen (Adjektiven) das Gefühl zu beschreiben, das die Kinder am ersten Schultag vermutlich hatten.

24. Charakterisieren Sie den Lehrer.

25. Wandeln Sie die adverbialen Bestimmungen der Beispielsätze b)–e) in Attribute um.

a) Der Lehrer war ungerecht.
b) Die Schüler hatten Angst.
c) Ein Schüler hatte kein Glück.
d) Die Lektion war brutal.
e) Die Situation war unmenschlich.

Beispiel: a) Der ungerechte Lehrer

Satzverknüpfungen

als	da	weil	obwohl	während	wenn	indem	dass	anstatt	dass	damit

Konjunktionen sind Bindewörter. Einige verbinden **Hauptsätze** und **Nebensätze.** Sie zeigen die logische Beziehung zwischen Hauptsatz und Nebensatz. Zwischen Hauptsätzen und Nebensätzen steht ein Komma.

Den Nebensatz erkennt man daran,
- dass er mit der Konjunktion beginnt und
- dass er das Prädikat an letzter Position hat.

Zum Nachdenken

a) ... wir uns hier satt essen verhungern in Äthiopien tausende von Menschen ... nichts zu essen bekommen.
b) Seit Jahren appellieren Hilfsorganisationen an die Industrieländer ... sie wirksame Hilfe zur Selbsthilfe leisten sollen ... das Elend ein Ende finden soll.
c) Aber auch das politische System hat zur Folge ... die Armen immer ärmer werden.
d) ... in diesen Staaten keine Demokratie herrscht verschwinden oft Gelder in dunklen Kanälen ... sie den Armen zukommen würden.
e) Ebenso trägt die Umweltzerstörung auf unserem Planeten dazu bei ... das Klima in den Ländern um die Sahelzone ungünstig für die Ernte ist.
f) ... es selten oder nie regnet kann nichts wachsen.
g) Alle Menschen sollten aus Solidarität mit den armen Nationen die Umwelt schützen ... das nur ein Tropfen auf den heißen Stein ist.
h) ... man sich für Menschenrechte und Demokratie auf der ganzen Welt einsetzt hilft man den Ländern der Dritten Welt politisch und wirtschaftlich.

Aufgaben

1. Schreiben Sie die Sätze ab und setzen Sie die passenden Konjunktionen ein.
2. Trennen Sie den Hauptsatz vom Nebensatz, indem Sie ein Komma setzen.
3. Unterstreichen Sie den Hauptsatz gelb und den Nebensatz grün.

Das Hauptsatz-Nebensatz-Spiel

Sammeln Sie möglichst viele Haupt- und Nebensätze (pro Konjunktion mind. 3 je Schüler).
Schreiben Sie die Hauptsätze auf die gelben Papierstreifen und die Nebensätze auf die blauen Papierstreifen. Die roten Papierquadrate sind für die Konjunktionen.
Präparieren Sie genügend Kommas.
Mischen Sie Ihre Papierstreifen und bilden Sie auf dem Tisch sinnvolle Sätze. Setzen Sie die Kommas. Probieren Sie aus, ob verschiedene Konjunktionen passen. Wie verändert sich dann der Sinn des Satzes?

Sie benötigen:
gelbe Papierstreifen, blaue Papierstreifen ca. 50 cm x 10 cm
rote Papierstreifen ca. 10 cm x 10 cm

Relativsätze

Relativsätze sind eine Art von Nebensätzen. Das Relativpronomen leitet den Relativsatz ein und bezieht sich auf einen Satzteil des Hauptsatzes. Relativpronomen können im Nominativ, Genitiv, Dativ und im Akkusativ stehen.
Auch Relativsätze werden durch Kommas von Hauptsätzen getrennt:
Der Hund, ***der*** *mir gut gefällt, ...*
Der Hund, ***dessen*** *Besitzer ich nicht kenne, ...*
Der Hund, ***dem*** *ich gestern Wurst gefüttert habe, ...*
Der Hund, ***den*** *ich gekauft habe, ...*

Aufgaben

1. Bilden Sie Hauptsätze mit Relativsätzen in allen grammatischen Fällen (vgl. Bsp.) mit *Die Katze, Die Freundin, Das Kind, Das Handy, Der PC.*

2. Erklären Sie die Bedeutung der Redewendungen, indem Sie einen Relativsatz bilden:

ein verträumtes Kind → ein Kind, das gern mit offenen Augen träumt

eine verlogene Geschichte
eine unglaubliche Tat
ein unvergessliches Erlebnis
eine einmalige Gelegenheit
unzählige Chancen
eine sensationelle Entdeckung
ein unmögliches Benehmen
unerträgliche Schmerzen
eine erstaunliche Methode
ein geheimnisvolles Vorgehen
eine überschwängliche Freude

Das und dass

Ob man in einem Satz **das** oder **dass** schreibt, hängt von der Wortart ab; **das** schreibt man, wenn es sich um einen **Artikel** handelt (**das** Haus, **das** Auto), der vor einem Substantiv steht; man kann als Probe das mit **dieses** ersetzen (**dieses** Haus).
das schreibt man, wenn es sich um ein **Relativpronomen** handelt (das Haus, **das** gebaut wird). Das Relativpronomen erkennt man dadurch, dass man es durch **welches** ersetzen kann (das Haus, **welches** gebaut wird);
dass ist eine **Konjunktion**, die einen Nebensatz einleitet (Ich glaube, **dass** die Arbeit gut ist.)

Ernährungsgewohnheiten

a) Wissenschaftler haben herausgefunden, ... viele Jugendliche sich ungesund ernähren.
b) ... kann dazu führen, ... ein hoher Prozentsatz der jungen Menschen viel zu dick ist.
c) Dazu kommt, ... viele überdurchschnittlich häufig krank sind.
d) ... Ungesundes oft besser schmeckt als Gesundes, hat wahrscheinlich schon mancher erfahren.
e) ... rohkostreiche Essen, ... viele Vitamine und Spurenelemente aufweist, ist die beste Gesundheitsvorsorge und erhält die Figur.
f) Wenn gelegentlich Schokolade, Chips oder Pommes gegessen werden, macht ... nichts aus.
g) ... manche sich aber ausschließlich davon ernähren, ... ist bedenklich.
h) Dann sollte man die Ernährung umstellen. ... lohnt sich.

3. Ergänzen Sie in den Sätzen **das** oder **dass** (Machen Sie die Probe mit dieses oder welches). Bestimmen Sie die Wortart (Artikel = das/Relativpronomen = das/Konjunktion = dass).

Infinitivsätze mit zu und um zu

Der **Infinitiv** ist die Grundform von Verben. In der Grundform stehen sie im Wörterbuch: *essen, trinken, arbeiten schreiben …*
Infinitivsätze sind Nebensätze, die man mit **zu** oder **um zu** einleitet. Man setzt kein Komma zwischen Hauptsatz und Nebensatz.
Beispiel: *Ich plane zu verreisen.*
Ich arbeite um zu leben.

Direkte Fragen und indirekte Fragesätze

wer | wo | wann | was | warum | woher | wie lange | weswegen

Mit diesen kleinen W-Wörtern leitet man Fragen ein.

Der Dichter Bertolt Brecht hat ein Gedicht geschrieben, bestehend aus vielen Fragen, die er einem Arbeiter in den Mund legt.

Bertolt Brecht: Fragen eines lesenden Arbeiters*

Wer baute das siebentorige Theben?
In den Büchern stehen die Namen von Königen.
Haben die Könige die Felsbrocken herbeigeschleppt?
Und das mehrmals zerstörte Babylon –
Wer baute es so viele Male auf? In welchen Häusern
Des goldstrahlenden Lima wohnten die Bauleute?
Wohin gingen an dem Abend, wo die Chinesische Mauer fertig war
Die Maurer?
Das große Rom
Ist voll von Triumphbögen. Wer errichtete sie? Über wen triumphierten die Cäsaren?
Hatte das vielbesungene Byzanz
Nur Paläste für seine Bewohner? Selbst in dem sagenhaften Atlantis
Brüllten in der Nacht, wo das Meer es verschlang
Die Ersaufenden nach ihren Sklaven.
Der junge Alexander eroberte Indien.
Er allein?
Cäsar schlug die Gallier.
Hatte er nicht wenigstens einen Koch bei sich?
Philipp von Spanien weinte, als seine Flotte
Untergegangen war. Weinte sonst niemand?
Friedrich der Zweite siegte im Siebenjährigen Krieg.
Wer siegte außer ihm?
Jede Seite ein Sieg.
Wer kochte den Siegesschmaus?
Alle zehn Jahre ein großer Mann.
Wer bezahlte die Spesen?
So viele Berichte. So viele Fragen.

* *Text in alter Rechtschreibung*

Aufgaben

1. Schreiben Sie die Fragen in dem Gedicht (in Kurzform) heraus.
2. Ermitteln Sie die W-Fragen.
3. Formen Sie die direkten Fragen des Arbeiters um in indirekte Fragen. Beginnen Sie Ihren Hauptsatz mit *„Der lesende Arbeiter fragt, …"* Vergessen Sie nicht, die Kommas zu setzen.
4. Warum stellt der Arbeiter diese Fragen?
5. Versuchen Sie ihm in einem Brief zu antworten.

Groß- und Kleinschreibung in der Anrede

Vor allem in Briefen werden die Adressaten direkt angesprochen, – je nachdem, um wen es sich handelt, mit „du“ bzw. „ihr“ oder mit „Sie“. Anredepronomen, die den Empfänger **„duzen“**, schreibt man **klein**. Anredepronomen, die den Empfänger **„siezen“**, werden **groß** geschrieben.

Liebe Freunde,
darf ich **euch** für kommenden Samstag zu meinem Geburtstag einladen? Ich verspreche **euch, ihr** werdet …

Sehr geehrte Damen und Herren,
zu unserem zehnjährigen Firmenjubiläum laden wir **Sie** und **Ihre** Familie als eine unserer treuesten Kunden am Samstag, den …

Sehr geehrter Herr Bauer,

vor einem Monat am … bestellte (i/I)ch bei (I/i)hnen Ersatzteile für Küchenmaschinen Typ …
Diese wurden von (I/i)hnen im vereinbarten Zeitraum nicht geliefert.
Schließlich versuchte ich gestern das Problem mit (I/i)hnen telefonisch zu klären.
Als ich (S/s)ie gestern anrief, wusste ich nicht, dass die bestellten Ersatzteile inzwischen bei (M/m)ir eingetroffen waren, allerdings bei (M/m)einer Postadresse, nicht bei der Lieferadresse, (I/i)hr Fahrer hat (S/s)ie (M/m)ir vor die Tür gestellt.
Allerdings muss ich (S/s)ie wieder zurücksenden.
Dass (S/s)ie nur die halbe Anzahl geliefert haben, ist nicht so schlimm; dass (I/i)hnen vermutlich die Größen durcheinander gekommen sind, kann passieren.
Aber, dass kaum eines der Exemplare mängelfrei ist, zeigt, dass (S/s)ie vorher von (I/i)hrem Haus nicht geprüft worden sind.
Ich sende (S/s)ie deshalb zurück und bitte (S/s)ie, meine Bestellung als gegenstandslos zu betrachten.

Mit freundlichem Gruß

Aufgaben

Vergleichen Sie dazu die methodischen Hinweise auf S. 181.

1. Schreiben Sie den Brief normgerecht mit allen Teilen eines Geschäftsbriefs und mit der korrekten Groß- und Kleinschreibung ab.

Aus einer Werbebroschüre

Ein entscheidendes Kriterium für jeden Geschäftsabschluss, gerade beim Kauf eines Automobils, ist die Sicherheit. Denn (S/s)ie ist wichtig, damit (S/s)ie sich wohl fühlen können. Schließlich möchten (W/w)ir, dass (S/s)ie und (I/i)hre Mitfahrer jede Fahrt genießen können. Ob komfortable Reiselimousine, ob praktischer Kombi oder kerniger Offroader – (S/s)ie können (I/i)hn drehen und wenden, wie (S/s)ie möchten – der … hält alles für (S/s)ie bereit. Mit (I/i)hm beweisen (S/s)ie Sinn für Design und (I/i)hre Wünsche werden wahr… Nehmen (S/s)ie Platz. Schließen (S/s)ie die Augen und entspannen (S/s)ie sich. Der ergonomisch geformte Sitz lässt (S/s)ie bequem einsteigen. …

2. Entscheiden Sie, ob die Pronomen groß oder klein geschrieben werden.

Fachwörter erkennen und erschließen

Von vielen Begriffen, die wir schon oft gehört haben, kennen manche die exakte Bedeutung nicht. Das liegt daran, dass sie entweder Fremdwörter sind, also aus einer anderen Sprache ins Deutsche übernommen wurden, oder dass sie Begriffe aus einer Fachsprache sind.
Die deutsche Sprache hat viele Wörter in früheren Jahrhunderten aus dem Lateinischen oder Französischen übernommen. In den letzten Jahrzehnten hat das Englische eine ganze Menge von Wörtern beigesteuert.
Fachsprachen sind z. B. in verschiedenen Berufen notwendig, um sich exakt verständigen zu können. So müssen die Mitarbeiter einer Arztpraxis häufig verwendete medizinische Begriffe ebenso verstehen wie ein Mitarbeiter in der Automobilbranche die technischen und elektronischen Bezeichnungen. Begriffe, die man nicht oder nur annähernd versteht, muss man in den verschiedenen Lexika nachschlagen.

Aufgaben

1. Sammeln Sie Begriffe, die Sie aus der Fachsprache
   - für Handys,
   - für PCs kennen.
2. Überprüfen Sie, ob Sie die Bedeutung der Fachbegriffe erklären können.

   Dynamik Flexibilität Business Detail Produktivität Branche Mobilität

   Komfort Fairness Manager Timing Disco Opposition Profi Power
3. Beschreiben Sie mit eigenen Worten, was die oben dargestellten Fremdwörter bedeuten. In welchen Zusammenhängen werden sie verwendet?
4. Ordnen Sie die Fremdwörter den Sprachen zu, denen sie entlehnt sind. Nehmen Sie dafür ein Fremdwörterlexikon zu Hilfe.

Methoden

Unbekannte Begriffe lernen und behalten

Wenn Sie Schwierigkeiten haben, sich die Bedeutung bestimmter Begriffe einzuprägen, können Sie eine Methode anwenden, die eigentlich beim Vokabellernen in einer Fremdsprache angewandt wird.
Bereiten Sie kleine Papierkärtchen vor. Diese halten Sie im Unterricht oder auch am Praktikumsplatz bereit. Wenn Sie es mit einem Fachbegriff oder Fremdwort zu tun haben, schreiben Sie den Begriff auf ein Kärtchen. Achten Sie auf die richtige Schreibweise. Auf die Rückseite schreiben Sie die Bedeutung des Begriffs und einen Satz, in dem der Begriff vorkommt.
Mit Ihrer Kärtchensammlung können Sie die gesammelten Begriffe wiederholen und sich einprägen, z. B. wenn Sie an der Bushaltestelle stehen oder auf irgendjemand warten müssen oder auch am Schreibtisch beim Lernen.

13 Berufs-orientierung

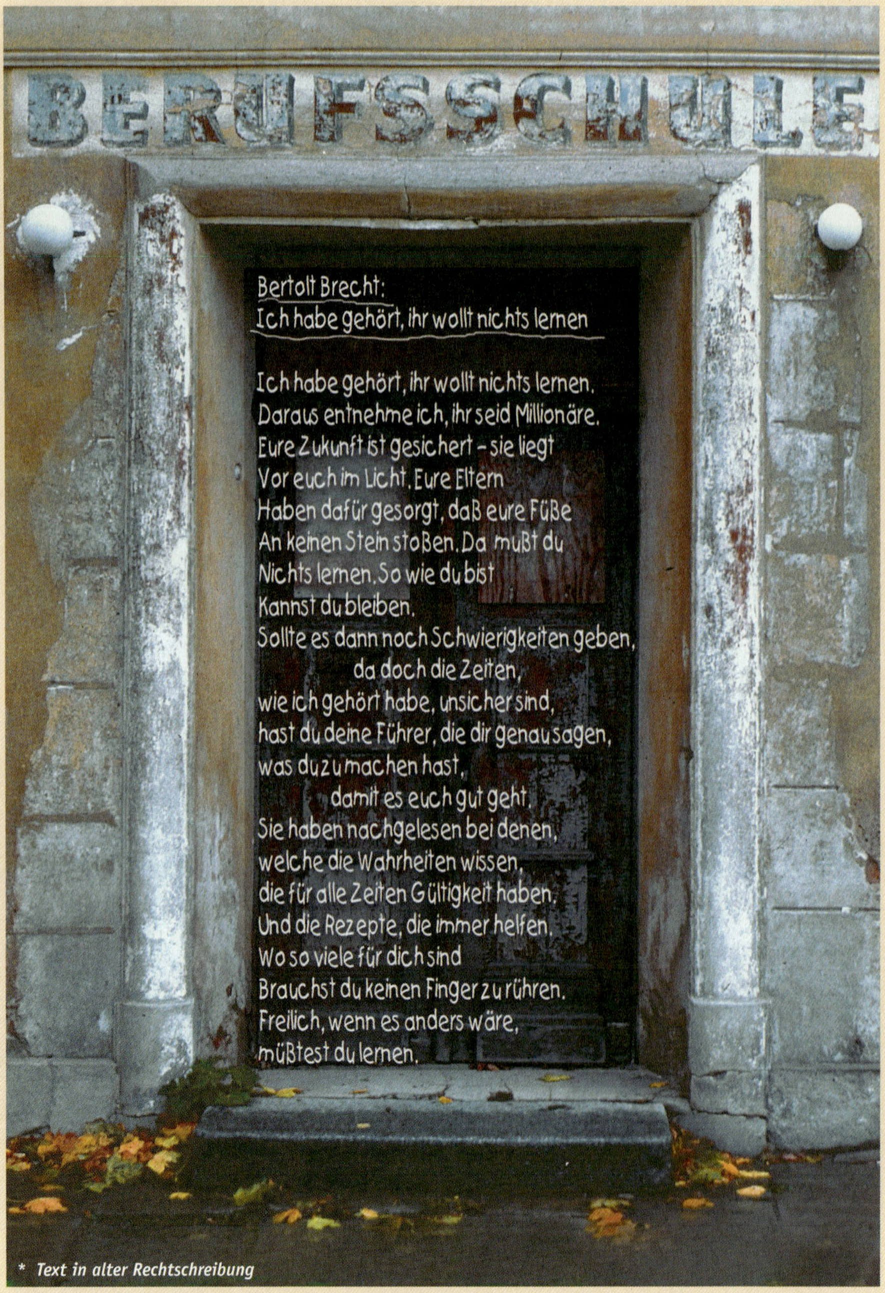

** Text in alter Rechtschreibung*

Was will ich?

Aufgaben

1. Geben Sie den Inhalt von Bertolt Brechts Gedicht auf S. 198 mit eigenen Worten wieder.

2. Überlegen Sie, was Brecht mit diesem Gedicht erreichen möchte. Bedenken Sie dabei die Bedeutung des ersten und letzten Satzes im Gedicht.

Fragebogen zur Berufsorientierung

1. *Der Beruf, den ich ausüben möchte, sollte vorwiegend mit*
   ❍ Menschen ❍ Tieren ❍ Pflanzen ❍ Lebensmitteln ❍ Holz
   ❍ Baumaterialien ❍ Technik ❍ Maschinen ❍ Zahlen ❍ Textilien
   ❍ Mode ❍ Kosmetik ❍ Gesundheit/medizinischer Bereich ❍ Metall
   zu tun haben.

2. *Der Beruf, den ich ausüben möchte, sollte vorwiegend*
   ❍ in körperlicher Aktivität ❍ stehend ❍ sitzend ❍ im Freien
   ❍ im geschlossenen Raum ❍ in einer Werkstatt/Werkhalle ❍ am Telefon
   ❍ am PC ❍ mit Publikumsverkehr ❍ ohne Publikumsverkehr
   möglich sein.

3. *Der Beruf, den ich ausüben möchte, sollte vorwiegend*
   ❍ im Team ❍ alleine ❍ über Gespräche ❍ ohne Gespräche
   möglich sein.

4. *Der Beruf, den ich ausüben möchte, sollte vorwiegend*
   ❍ regelmäßige Arbeitszeiten haben ❍ in den frühen Morgenstunden beginnen
   ❍ eher in den Nachmittags-/Abendstunden möglich sein ❍ Schichtdienst haben
   ❍ keine Schichten haben ❍ an Sonn- u. Feiertagen keine Arbeitszeit vorsehen
   ❍ an Sonn- und Feiertagen meinen Einsatz verlangen

5. *Mir macht es nichts aus*
   ❍ ständig im Einsatz zu sein ❍ gelegentlich warten zu müssen, bis wieder Arbeit anfällt
   ❍ immer wieder Stoß- und Stresszeiten zu haben ❍ bei Arbeitsbeginn nicht zu wissen, welche Aufgaben mir zugeteilt werden

3. Kreuzen Sie im Fragebogen die Antworten an, die auf Sie persönlich zutreffen. Wenn nötig, ergänzen Sie das für Sie Passende.

4. Denken Sie nun in Partnerarbeit nach, welche Berufe für Sie aufgrund Ihrer Vorlieben infrage kommen.

Was kann ich?

Aufgaben

1. Nehmen Sie sich mindestens fünf Minuten Zeit und schreiben Sie auf:
   - Was sind Ihre Stärken? Was können Sie gut?
   - Welche Stärken kennen andere (Eltern, Geschwister, Freunde) von Ihnen?
   - Was sagen Ihre Lehrer von Ihnen zum Thema Stärken?
2. Diskutieren Sie in der Klasse oder in Kleingruppen, welche Ihrer Stärken in welchem Beruf besonders vorteilhaft sein können.

Nach diesen persönlichen Vorklärungen kann man bei der Berufsberatung gezieltere Fragen stellen und Hinweise geben.

Bewerbungstraining

Wie bekomme ich eine Lehrstelle?

Von zentraler Bedeutung ist, dass man sich in einem Bewerbungsverfahren vorteilhaft präsentiert und sozusagen Werbung für sich als Arbeitskraft macht.

Ein wichtiges Thema sind dabei die

Höflichkeit* + *Umgangsformen.

> **MEDIA-TEAM-SERVICE**
>
> bietet zum 1. September
>
> **Ausbildungsplatz als Verkäufer/-in.**
>
> Bei Interesse rufen Sie bitte Frau Rupp, T. .... an.

Aufgaben

Bereiten Sie folgende Situationen oder Szenen vor und spielen Sie sie durch:

1. Sie rufen bei der Kontaktperson an und zeigen Ihr Interesse an der ausgeschriebenen Lehrstelle. Sie vereinbaren einen Termin für ein Vorstellungsgespräch. Sie nehmen den vorgeschlagenen Termin an.
2. Gestalten Sie nun den Gesprächsverlauf so, dass Sie den vorgeschlagenen Termin nicht annehmen können, weil Sie zu dem Zeitpunkt eine wichtige Prüfungsarbeit schreiben.
3. Sie sind zum Vorstellungstermin eingeladen. Sie bewältigen die ersten Hürden:
   - Hereinkommen
   - Begrüßen der Anwesenden
   - sich vorstellen
   - Platz nehmen
   - erste Warm-up-Fragen beantworten

Denken Sie daran, ob am Telefon oder persönlich – der erste Eindruck ist der entscheidende!

4. Alle anderen beobachten mithilfe eines Beobachtungsbogens genau das Verhalten und den Gesprächsverlauf und geben den Spielenden nach dem Rollenspiel Tipps. Folgende Fragen können Ihnen dabei hilfreich sein:
   - Sind die Umgangsformen der Bewerberin/des Bewerbers einwandfrei?
   - Ist die Bewerberin/der Bewerber höflich zu den Anwesenden?
   - Ist die Körperhaltung (im Stehen, im Sitzen, beim Gehen) in Ordnung?
   - Was macht die Bewerberin/der Bewerber mit den Händen?
   - Sind die Fragen oder Antworten der Bewerberin/des Bewerbers verständlich und klar?
   - Sind die Sätze grammatikalisch korrekt?
   - Ist die Aussprache deutlich verstehbar?
   - Ist das Gesprächsverhalten dem Anlass angemessen und geschickt?

Benötigt werden:
2 Telefonapparate
1 Kassettenrekorder zum Aufnehmen des Gesprächs
2 Personen

1 Tisch
2 Stühle
1 Bewerber
1 Ausbilder/Chef
evtl. eine weitere Person

Das Vorstellungsgespräch

Wie bereite ich mich darauf vor?

Aufbau eines Vorstellungsgesprächs

Phase des Gesprächs
Mögliche Fragen des Personalleiters/der Personalleiterin
1. Begrüßung und Einleitung des Gesprächs
2. Fragen zur Bewerbung
3. Fragen zur Eignung
4. Fragen zur Person/zur Familie
5. Abschluss des Gesprächs

Mögliche Fragen:

Wie viele Geschwister haben Sie? Sind Ihre Eltern einverstanden mit Ihrer Berufswahl? Warum halten Sie sich für diesen Beruf für geeignet? Was machen Sie in Ihrer Freizeit? Haben Sie gut hergefunden? Wie sind Sie gerade auf unseren Betrieb gekommen? Was sind Ihre Lieblingsfächer? Warum wollen Sie Ihre Ausbildung bei uns machen? Wie erklären Sie Ihre guten/Ihre schlechten Noten? Was interessiert Sie an diesem Beruf? Was wissen Sie über diesen Beruf? Woher haben Sie sich die Informationen geholt? Sind Sie mit dem Bus hergekommen?

Aufgaben

1. Ordnen Sie die Fragen den entsprechenden Bereichen (1–5) zu.
2. Wählen Sie einige für Ihre Person passende Fragen heraus und beantworten Sie sie wahrheitsgemäß.
3. Formulieren Sie mögliche Erwartungen an die Bewerberin/den Bewerber. Was möchte die Personalleiterin/der Personalleiter von Ihnen erfahren?
4. Spielen Sie das Vorstellungsgespräch, wenn Sie sich genügend vorbereitet haben, als Rollenspiel. Sie können die Gespräche mit der Kamera aufnehmen und später auswerten.

Vergleichen Sie hierzu die methodischen Hinweise auf S. 241.

Meinungen zur Diskussion

„Beim Vorstellungsgespräch zählen nur deine Leistungen. Alles andere ist nicht von Interesse.“

„Stelle selbst keine Fragen. Das könnte vorlaut wirken.“

„Es sieht kindisch aus, wenn mich ein Elternteil zum Vorstellungsgespräch begleitet.“

„Es wird Eindruck machen, wenn ich sage, dass ich mich schon bei vielen anderen Firmen vorgestellt habe.“

„Auf ein Vorstellungsgespräch kann man sich nicht vorbereiten. Woher soll ich schon vorher wissen, was ich gefragt werde?“

„Vor dem Gespräch ein Bier zur Beruhigung, das hilft gegen Nervosität.“

Aufgaben

5. Diskutieren Sie in der Gruppe die einzelnen Kommentare zum Thema „Vorstellungsgespräch“. Stellen Sie Ihre Ergebnisse in Form einer Wandzeitung zusammen.

14 Rechte und Pflichten von Auszubildenden und Arbeitnehmern

Der Berufsausbildungsvertrag

Beispiel

Anna, Selma, Marco und Timo treffen sich in einer Café-Bar und unterhalten sich, wie es nach dem Berufsvorbereitungsjahr weitergehen soll.

Anna erzählt, dass sie in dem Geschäft, in dem sie ihr Praktikum gemacht hat, eine Ausbildung als Verkäuferin machen kann. Ihre Chefin hat ihr einen Berufsausbildungsvertrag gegeben.

Im Berufsausbildungsvertrag einigen sich Auszubildender und Ausbildungsbetrieb über die Durchführung einer Berufsausbildung und der damit verbundenen Rechte und Pflichten. Da Anna noch nicht volljährig ist, müssen außer ihr und dem Ausbilder auch noch die gesetzlichen Vertreter von Anna, in dem Fall ihre Eltern, den Vertrag unterschreiben.

An Einzelheiten wird im Berufsausbildungsvertrag unter anderem geregelt:

- Bezeichnung des Ausbildungsberufes;
- Beginn und Dauer der Ausbildung;
- Dauer der Probezeit;
- Höhe der Vergütung;
- tägliche Ausbildungszeit;
- Dauer des Urlaubs.

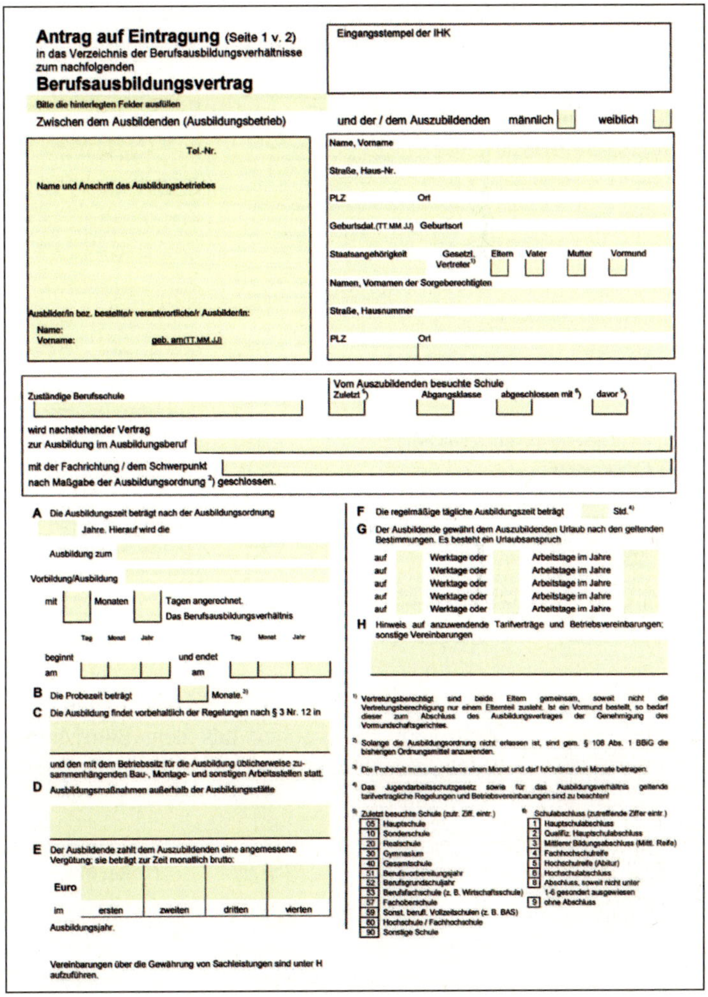

Antrag auf Eintragung (Seite 1 v. 2)
in das Verzeichnis der Berufsausbildungsverhältnisse zum nachfolgenden
Berufsausbildungsvertrag

Eingangsstempel der IHK

Bitte die hinterlegten Felder ausfüllen

Zwischen dem Ausbildenden (Ausbildungsbetrieb) — und der / dem Auszubildenden männlich ☐ weiblich ☐

Tel.-Nr.
Name und Anschrift des Ausbildungsbetriebes
Ausbilder/in bez. bestellte/r verantwortliche/r Ausbilder/in:
Name:
Vorname: geb. am(TT.MM.JJ)

Name, Vorname
Straße, Haus-Nr.
PLZ Ort
Geburtsdat.(TT.MM.JJ) Geburtsort
Staatsangehörigkeit Gesetzl. Vertreter[1] Eltern ☐ Vater ☐ Mutter ☐ Vormund ☐
Namen, Vornamen der Sorgeberechtigten
Straße, Hausnummer
PLZ Ort

Zuständige Berufsschule
Vom Auszubildenden besuchte Schule: Zuletzt[5]) Abgangsklasse abgeschlossen mit[6]) davor[5])

wird nachstehender Vertrag
zur Ausbildung im Ausbildungsberuf
mit der Fachrichtung / dem Schwerpunkt
nach Maßgabe der Ausbildungsordnung[2]) geschlossen.

A Die Ausbildungszeit beträgt nach der Ausbildungsordnung ___ Jahre. Hierauf wird die
Ausbildung zum ___
Vorbildung/Ausbildung ___
mit ☐ Monaten ☐ Tagen angerechnet.
Das Berufsausbildungsverhältnis
beginnt am (Tag Monat Jahr) und endet am (Tag Monat Jahr)

B Die Probezeit beträgt ☐ Monate.[3])

C Die Ausbildung findet vorbehaltlich der Regelungen nach § 3 Nr. 12 in ___
und den mit dem Betriebssitz für die Ausbildung üblicherweise zusammenhängenden Bau-, Montage- und sonstigen Arbeitsstellen statt.

D Ausbildungsmaßnahmen außerhalb der Ausbildungsstätte

E Der Ausbildende zahlt dem Auszubildenden eine angemessene Vergütung; sie beträgt zur Zeit monatlich brutto:

Euro				
im	ersten	zweiten	dritten	vierten

Ausbildungsjahr.

Vereinbarungen über die Gewährung von Sachleistungen sind unter H aufzuführen.

F Die regelmäßige tägliche Ausbildungszeit beträgt ___ Std.[4])

G Der Ausbildende gewährt dem Auszubildenden Urlaub nach den geltenden Bestimmungen. Es besteht ein Urlaubsanspruch
auf ___ Werktage oder ___ Arbeitstage im Jahre ___
auf ___ Werktage oder ___ Arbeitstage im Jahre ___
auf ___ Werktage oder ___ Arbeitstage im Jahre ___
auf ___ Werktage oder ___ Arbeitstage im Jahre ___
auf ___ Werktage oder ___ Arbeitstage im Jahre ___

H Hinweis auf anzuwendende Tarifverträge und Betriebsvereinbarungen; sonstige Vereinbarungen

[1] Vertretungsberechtigt sind beide Eltern gemeinsam, soweit nicht die Vertretungsberechtigung nur einem Elternteil zusteht. Ist ein Vormund bestellt, so bedarf dieser zum Abschluss des Ausbildungsvertrages der Genehmigung des Vormundschaftsgerichtes.

[2] Solange die Ausbildungsordnung nicht erlassen ist, sind gem. § 108 Abs. 1 BBiG die bisherigen Ordnungsmittel anzuwenden.

[3] Die Probezeit muss mindestens einen Monat und darf höchstens drei Monate betragen.

[4] Das Jugendarbeitsschutzgesetz sowie für das Ausbildungsverhältnis geltende tarifvertragliche Regelungen und Betriebsvereinbarungen sind zu beachten!

[5] Zuletzt besuchte Schule (zutr. Ziff. eintr.)
05 Hauptschule
10 Sonderschule
20 Realschule
30 Gymnasium
40 Gesamtschule
51 Berufsvorbereitungsjahr
52 Berufsgrundschuljahr
53 Berufsfachschule (z. B. Wirtschaftsschule)
57 Fachoberschule
59 Sonst. berufl. Vollzeitschulen (z. B. BAS)
80 Hochschule / Fachhochschule
90 Sonstige Schule

[6] Schulabschluss (zutreffende Ziffer eintr.)
1 Hauptschulabschluss
2 Qualifiz. Hauptschulabschluss
3 Mittlerer Bildungsabschluss (Mittl. Reife)
4 Fachhochschulreife
5 Hochschulreife (Abitur)
6 Hochschulabschluss
8 Abschluss, soweit nicht unter 1-6 gesondert ausgewiesen
9 ohne Abschluss

Aufgaben

1. Erstellen Sie eine Mind-Map zum Thema „Berufsausbildung".

2. Welche Ausbildungsberufe fallen Ihnen ein? Ermitteln Sie mithilfe von Informationsmaterial der Bundesagentur für Arbeit, in welchen Ausbildungsberufen in Ihrer Region noch Ausbildungsplätze frei sind.

Vergleichen Sie hierzu die methodischen Hinweise auf S. 233.

- Berufsausbildungsvertrag S. 3 v. 3

§ 1 – Ausbildungszeit

1. **(Dauer)** siehe A*).
2. **(Probezeit)** siehe B*)
   Wird die Ausbildung während der Probezeit um mehr als ein Drittel dieser Zeit unterbrochen, so verlängert sich die Probezeit um den Zeitraum der Unterbrechung.
3. **(Vorzeitige Beendigung des Berufsausbildungsverhältnisses)**
   Besteht der Auszubildende vor Ablauf der unter Nr. 1 vereinbarten Ausbildungszeit die Abschlussprüfung, so endet das Berufsausbildungsverhältnis mit Bestehen der Abschlussprüfung.
4. **(Verlängerung des Berufsausbildungsverhältnisses)**
   Besteht der Auszubildende die Abschlussprüfung nicht, so verlängert sich das Berufsausbildungsverhältnis auf sein Verlangen bis zur nächstmöglichen Wiederholungsprüfung, höchstens um 1 Jahr.

§ 2 – Ausbildungsstätte(n)

siehe C*)

§ 3 – Pflichten des Ausbildenden

Der Ausbildende verpflichtet sich,

1. **(Ausbildungsziel)**
   dafür zu sorgen, dass dem Auszubildenden die Fertigkeiten und Kenntnisse vermittelt werden, die zum Erreichen des Ausbildungszieles nach der Ausbildungsordnung erforderlich sind, und die Berufsausbildung nach den beigefügten Angaben zur sachlichen und zeitlichen Gliederung des Ausbildungsablaufs so durchzuführen, dass das Ausbildungsziel in der vorgesehenen Ausbildungszeit erreicht werden kann;
2. **(Ausbilder)**
   selbst auszubilden oder einen persönlich und fachlich geeigneten Ausbilder ausdrücklich damit zu beauftragen und diesen dem Auszubildenden jeweils schriftlich oder durch Aushang bekannt zugeben;
3. **(Ausbildungsordnung)**
   dem Auszubildenden vor Beginn der Ausbildung das Ausbildungsberufsbild kostenlos auszuhändigen und ihm die Ausbildungsordnung zur Verfügung zu stellen;
4. **(Ausbildungsmittel)**
   dem Auszubildenden kostenlos die Ausbildungsmittel, insbesondere Werkzeuge, Werkstoffe und Fachliteratur zur Verfügung zu stellen, die für die Ausbildung in den betrieblichen und überbetrieblichen Ausbildungsstätten und zum Ablegen von Zwischen- und Abschlussprüfungen, auch soweit solche nach Beendigung des Berufsausbildungsverhältnisses und in zeitlichem Zusammenhang damit stattfinden, erforderlich sind;
5. **(Besuch der Berufsschule und von Ausbildungsmaßnahmen außerhalb der Ausbildungsstätte)**
   den Auszubildenden zum Besuch der Berufsschule anzuhalten und freizustellen. Das gleiche gilt, wenn Ausbildungsmaßnahmen außerhalb der Ausbildungsstätte vorgeschrieben oder nach Nr. 12 durchzuführen sind;
6. **(Berichtsheftführung)**
   dem Auszubildenden die Berichtshefte (ggf. Ausbildungsnachweise) für die Berufsausbildung kostenfrei auszuhändigen und die ordnungsgemäße Führung durch regelmäßige Abzeichnung zu überwachen, soweit Berichtshefte im Rahmen der Berufsausbildung verlangt werden;
7. **(Ausbildungsbezogene Tätigkeiten)**
   dem Auszubildenden nur Verrichtungen zu übertragen, die dem Ausbildungszweck dienen und seinen körperlichen Kräften angemessen sind;
8. **(Sorgepflicht)**
   dafür zu sorgen, dass der Auszubildende charakterlich gefördert sowie sittlich und körperlich nicht gefährdet wird;
9. **(Ärztliche Untersuchungen)**
   von dem jugendlichen Auszubildenden sich Bescheinigungen gemäß §§ 32, 33 Jugendarbeitsschutzgesetz darüber vorlegen zu lassen, dass dieser
   a) vor der Aufnahme der Ausbildung untersucht und
   b) vor Ablauf des ersten Ausbildungsjahres nachuntersucht worden ist;
10. **(Eintragungsantrag)**
   unverzüglich nach Abschluss des Berufsausbildungsvertrages die Eintragung in das Verzeichnis der Berufsausbildungsverhältnisse bei der Industrie- und Handelskammer Heilbronn-Franken unter Beifügung der Vertragsniederschrift und bei Auszubildenden unter 18 Jahren – einer Kopie oder Mehrfertigung der ärztlichen Bescheinigung über die Erstuntersuchung gemäß § 32 Jugendarbeitsschutzgesetz zu beantragen. Nachträgliche Änderungen des Vertragsinhalts sind der Kammer ebenfalls unverzüglich mitzuteilen;
11. **(Anmeldung zu Prüfungen)**
   den Auszubildenden rechtzeitig zu den angesetzten Zwischen- und Abschlussprüfungen anzumelden und für die Teilnahme freizustellen sowie der Anmeldung zur Zwischenprüfung bei Auszubildenden unter 18 Jahren eine Kopie oder Mehrfertigung der ärztlichen Bescheinigung über die erste Nachuntersuchung gemäß § 33 Jugendarbeitsschutzgesetz beizufügen;

[...]

9. **(Ärztliche Untersuchungen)**
   soweit auf ihn die Bestimmungen des Jugendarbeitsschutzgesetzes Anwendung finden, sich gemäß §§ 32 und 33 dieses Gesetzes ärztlich
   a) vor Beginn der Ausbildung untersuchen,
   b) vor Ablauf des ersten Ausbildungsjahres nachuntersuchen zu lassen
   und die Bescheinigungen hierüber dem Ausbildenden vorzulegen.

§ 5 – Vergütung und sonstige Leistungen

1. **(Höhe und Fälligkeit)** siehe E*)
   Eine über die vereinbarte regelmäßige Ausbildungszeit hinausgehende Beschäftigung wird besonders vergütet oder durch entsprechende Freizeit ausgeglichen.
   Die Vergütung wird spätestens am letzten Arbeitstag des Monats bezahlt. Das auf die Urlaubszeit entfallende Entgelt (Urlaubsentgelt) wird vor Antritt des Urlaubs ausgezahlt. Die Beiträge für die Sozialversicherung tragen die Vertragschließenden nach Maßgabe der gesetzlichen Bestimmungen.
2. **(Sachleistungen)** siehe E*)
3. **(Kosten für Maßnahmen außerhalb der Ausbildungsstätte)**
   Der Ausbildende trägt die Kosten für Maßnahmen außerhalb der Ausbildungsstätte gemäß § 3 Nr. 5, soweit sie nicht anderweitig gedeckt sind. Ist eine auswärtige Unterbringung erforderlich, so können dem Auszubildenden anteilige Kosten für Verpflegung in dem Umfang in Rechnung gestellt werden, in dem dieser Kosten einspart. Anteilige Kosten und Sachbezugswerten (§ 10 Abs. 2 BBIG) werden bis in Höhe von 75% der vereinbarten Bruttovergütung angerechnet.
4. **(Berufskleidung)**
   Wird vom Ausbildenden eine besondere Berufskleidung vorgeschrieben, so wird sie von ihm zur Verfügung gestellt.
5. **(Fortzahlung der Vergütung)**
   Dem Auszubildenden wird die Vergütung auch gezahlt
   a) für die Zeit der Freistellung gem. § 3 Nr. 5 und 11 dieses Vertrages sowie gem. § 10 Abs. 1 Nr. 2 und § 43 Jugendarbeitsschutzgesetz,
   b) bis zur Dauer von 6 Wochen, wenn er
      aa) sich für die Berufsausbildung bereithält, diese aber ausfällt,
      oder
      bb) aus einem sonstigen, in seiner Person liegenden Grund unverschuldet verhindert ist, seine Pflichten aus dem Berufsausbildungsverhältnis zu erfüllen.

   Wenn der Auszubildende infolge einer unverschuldeten Krankheit, einer Maßnahme der medizinischen Vorsorge oder Rehabilitation, einer Sterilisation oder eines Abbruchs der Schwangerschaft durch einen Arzt an der Berufsausbildung nicht teilnehmen kann, findet das Entgeltfortzahlungsgesetz bzw. der vereinbarte Tarifvertrag Anwendung.
   Kann der Auszubildende während der Zeit, für welche die Vergütung fortzuzahlen ist, aus berechtigtem Grund Sachleistungen (vgl. H*) nicht abnehmen, so sind diese nach den Sachbezugswerten abzugelten.

§ 6 – Ausbildungszeit und Urlaub

1. **(Tägliche Ausbildungszeit)** siehe F*).
2. **(Urlaub)** siehe G*).
3. **(Lage des Urlaubs)**
   Der Urlaub soll zusammenhängend und in der Zeit der Berufsschulferien erteilt und genommen werden. Während des Urlaubs darf der Auszubildende keine dem Urlaubszweck widersprechende Erwerbsarbeit leisten.

§ 7 – Kündigung

1. **(Kündigung während der Probezeit)**
   Während der Probezeit kann das Berufsausbildungsverhältnis ohne Einhaltung einer Kündigungsfrist und ohne Angabe von Gründen gekündigt werden.
2. **(Kündigungsgründe)**
   Nach der Probezeit kann das Berufsausbildungsverhältnis nur gekündigt werden
   a) aus einem wichtigen Grund ohne Einhalten einer Kündigungsfrist,
   b) vom Auszubildenden mit einer Kündigungsfrist von 4 Wochen, wenn er die Berufsausbildung aufgeben oder sich für eine andere Berufstätigkeit ausbilden lassen will.
3. **(Form der Kündigung)**
   Die Kündigung muss schriftlich, im Falle der Nr. 2 unter Angabe der Kündigungsgründe erfolgen.
4. **(Unwirksamkeit einer Kündigung)**
   Eine Kündigung aus einem wichtigen Grund ist unwirksam, wenn die ihr zugrunde liegenden Tatsachen dem zur Kündigung Berechtigten länger als 2 Wochen bekannt sind. Ist ein Schlichtungsverfahren gem. § 9 eingeleitet, so wird bis zu dessen Beendigung der Lauf dieser Frist gehemmt.
5. **(Schadensersatz bei vorzeitiger Beendigung)**
   Wird das Berufsausbildungsverhältnis nach Ablauf der Probezeit vorzeitig gelöst, so kann der Ausbildende oder der Auszubildende Ersatz des Schadens verlangen, wenn der andere den Grund für die Auflösung zu vertreten hat. Das gilt nicht bei Kündigung wegen Aufgabe oder Wechsels der Berufsausbildung (Nr. 2 b). Der Anspruch erlischt, wenn er nicht innerhalb von 3 Monaten nach Beendigung des Berufsausbildungsverhältnisses geltend gemacht wird.

Im Anhang von Annas Berufsausbildungsvertrag befindet sich noch eine Seite mit Paragraphen aus dem Berufsbildungsgesetz. Hier werden vor allem die Pflichten des Auszubildenden und die Pflichten des Ausbilders aufgeführt.

Pflichten des Ausbildenden (= Rechte des Auszubildenden)	**Pflichten des Auszubildenden (= Rechte des Ausbildenden)**
– Ausbildungspflicht	– Ausstellen eines Zeugnisses
– Ausbildungsordnung und Berufsbild aushändigen	– Lernpflicht, Berufsschulpflicht
– Ausbildungsmittel (z. B. Werkzeug, Fachliteratur, Berichtshefte) bereitstellen	– Befolgung von Anweisungen
– Freistellung zum Berufsschulbesuch	– Beachten der Betriebsordnung
– Einfordern nur ausbildungsbezogener Tätigkeiten	– Sorgfaltspflicht
– Sorgepflicht (Schutz vor Gefährdung)	– Schweigepflicht über Betriebsgeheimnisse
– Ärztliche Untersuchungen	– Führung des Berichtsheftes
– Gewährung von Urlaub	– Benachrichtigung bei Verhinderung
– Zahlung einer Vergütung	– Ärztliche Untersuchung, wenn unter 18 Jahren

Der Arbeitsvertrag

Beispiel

„Wahnsinn", staunt Marco, „ich hätte nie gedacht, dass für eine Berufsausbildung so viel geregelt werden muss." „Wie solls denn bei dir weitergehen, Marco?", fragt Anna. „Naja", meint Marco, „nachdem ich nirgends einen Ausbildungsplatz bekommen habe, werd ich erst mal jobben. Der Typ vom Schnellimbiss-Restaurant hat mir schon gesagt, dass ich bei ihm arbeiten kann." „Hast du schon einen Arbeitsvertrag?", will Anna wissen. „Nein", antwortet Marco, „braucht man denn so was?"

Grundsätzlich ist der Arbeitsvertrag **formfrei**, das heißt, er ist an keine besondere Form gebunden und kann sogar nur mündlich geschlossen werden. Üblicherweise werden aber die Rechte und die Pflichten der Vertragspartner in einem schriftlichen Arbeitsvertrag festgehalten.

Arbeitsvertrag

für Arbeiter und Angestellte

(Bei Anwendung des Musters ist zu prüfen, welche Vertragsbestimmungen übernommen werden sollen. Gegebenenfalls sind Anpassungen und Ergänzungen zu empfehlen.)

zwischen (Arbeitgeber) ______________________

und (Arbeitnehmer/-in) ______________________

wird folgender Arbeitsvertrag geschlossen.

§ 1 Beginn des Arbeitsverhältnisses

Das Arbeitsverhältnis beginnt am ....

§ 2 Probezeit

Das Arbeitsverhältnis ist zunächst auf 6 Monate (oder: 3 Monate) befristet. Diese Zeit gilt als Probezeit. Nach Ablauf dieser Befristung endet das Arbeitsverhältnis, ohne dass es einer Kündigung bedarf, wenn nicht bis zu diesem Zeitpunkt eine Fortsetzung des Arbeitsverhältnisses vereinbart wird.

oder

Das Arbeitsverhältnis wird auf unbestimmte Zeit geschlossen. Die ersten 3 Monate gelten als Probezeit.

Während der Probezeit kann das Arbeitsverhältnis beiderseits mit einer Frist von 2 Wochen gekündigt werden.

§ 3 Tätigkeit

Herr/Frau ....
wird als .... eingestellt
und vor allem mit folgenden Arbeiten beschäftigt:

....

....

....

(Bei der Angabe der Tätigkeiten empfiehlt sich keine zu starke Einengung, da bei einer Änderung der Arbeitnehmer ansonsten zustimmen muss oder eine sozial gerechtfertigte Änderungskündigung auszusprechen ist.)

Er/Sie verpflichtet sich, auch andere zumutbare Arbeiten auszuführen, die seinen/ihren Vorkenntnissen und Fähigkeiten entspricht und nicht mit einer Lohnminderung verbunden sind.

§ 4 Arbeitsvergütung

Der/Die Arbeitnehmer/-in erhält eine mtl. Bruttovergütung von .... Euro/erhält einen Stundenlohn von zurzeit .... Euro.

Für Überstunden wird ein Zuschlag von ...... % gezahlt.

Soweit eine zusätzliche Leistung vom Arbeitgeber gewährt wird, ist diese freiwillig und kann jederzeit nach freiem Ermessen widerrufen oder angerechnet werden.

Ein Rechtsanspruch auf eine Weihnachtsgratifikation besteht nicht. Wenn eine solche gewährt wird, so handelt es sich um eine freiwillige Leistung, auf die auch bei mehrfacher Gewährung kein Rechtsanspruch besteht. Voraussetzung für die Gewährung einer Gratifikation ist stets, dass das Arbeitsverhältnis am Auszahlungstag weder beendet noch gekündigt ist.

§ 5 Arbeitszeit

Die regelmäßige Arbeitszeit beträgt zurzeit .... Stunden. Beginn und Ende der täglichen Arbeitszeit richten sich nach der betrieblichen Einteilung.

§ 6 Urlaub

Der Urlaubsanspruch beträgt ...... Arbeitstage im Kalenderjahr. Die rechtliche Behandlung des Urlaubs richtet sich im Übrigen nach den Bestimmungen des Bundesurlaubsgesetzes.

§ 7 Krankheit

Ist der/die Arbeitnehmer/-in infolge unverschuldeter Krankheit arbeitsunfähig, so besteht Anspruch auf Fortzahlung der Arbeitsvergütung bis zur Dauer von 6 Wochen nach den gesetzlichen Bestimmungen. Die Arbeitsverhinderung ist dem Arbeitgeber unverzüglich mitzuteilen. Außerdem ist vor Ablauf des 3. Kalendertags nach Beginn der Erkrankung eine ärztliche Bescheinigung über die Arbeitsunfähigkeit und deren voraussichtliche Dauer vorzulegen.

§ 8 Verschwiegenheitspflicht

Der/Die Arbeitnehmer/-in verpflichtet sich, während der Dauer des Arbeitsverhältnisses und auch nach Ausscheiden, über alle Betriebs- und Geschäftsgeheimnisse Stillschweigen zu bewahren.

§ 9 Nebentätigkeit

Jede entgeltliche oder das Arbeitsverhältnis beeinträchtigende Nebenbeschäftigung ist nur mit Zustimmung des Arbeitgebers zulässig.

§ 10 Vertragsstrafe

Der/Die Arbeitnehmer/-in verpflichtet sich – ungeachtet der Möglichkeit des Arbeitgebers, weitergehende Schadensersatzansprüche geltend zu machen –, dem Arbeitgeber eine Vertragsstrafe in Höhe einer halben/einer Monatsvergütung zu zahlen, wenn er/sie das Arbeitsverhältnis nicht antritt oder das Arbeitsverhältnis vertragswidrig beendet.

§ 11 Kündigung

Nach Ablauf der Probezeit beträgt die Kündigungsfrist 4 Wochen zum 15. oder Ende eines Kalendermonats. Jede gesetzliche Verlängerung der Kündigungsfrist zugunsten des Arbeitnehmers gilt in gleicher Weise auch zugunsten des Arbeitgebers. Die Kündigung bedarf der Schriftform. Vor Antritt des Arbeitsverhältnisses ist die Kündigung ausgeschlossen.

Das Arbeitsverhältnis endet, ohne dass es einer Kündigung bedarf, mit Ablauf des Kalendermonats, in dem der/die Arbeitnehmer/in eineVollrente wegen Alters beziehen kann.

§ 12 Verwirkung von Ansprüchen

Der/Die Arbeitnehmer/-in muss Ansprüche aus dem Arbeitsverhältnis innerhalb […]

Pflichten des Arbeitgebers (= Rechte des Arbeitnehmers)	Pflichten des Arbeitnehmers (= Rechte des Arbeitgebers)
– Beschäftigungspflicht – Zahlung von Vergütung/Gehalt – Fürsorgepflicht (Schutz vor Gesundheitsgefährdung) – Gewährung von Erholungsurlaub – Ausstellung eines Zeugnisses	– Arbeitspflicht – Gehorsamspflicht – Pflicht zur Verschwiegenheit – Treuepflicht (Pflicht, nach besten Kräften für die Interessen des Unternehmens zu arbeiten)

Es kann auch ein Vertrag über ein Teilzeitarbeitsverhältnis geschlossen werden, wenn beispielsweise nur an bestimmten Tagen oder nur halbtags gearbeitet wird. Man spricht dann von einem **Teilzeitarbeitsvertrag.**

Aufgaben

1. Erstellen Sie eine Tabelle mit den Unterschieden zwischen Berufsausbildungsvertrag und Arbeitsvertrag.
2. Eine Berufsausbildung machen oder lieber arbeiten gehen? Sammeln Sie Argumente für beide Möglichkeiten.
3. Suchen Sie mithilfe der Bundesagentur für Arbeit oder des Internets nach Stellen für Arbeitskräfte ohne Berufsausbildung.

Das Jugendarbeitsschutzgesetz

Beispiel

„In dem Schnellimbiss-Restaurant musst du doch auch nachts arbeiten. Darfst du das überhaupt?“, fragt Timo. „Bis ich 18 Jahre alt bin, darf ich bis 22:00 Uhr in der Gastronomie arbeiten. Solche Dinge sind im Jugendarbeitsschutzgesetz geregelt.“

Das **Gesetz zum Schutz der arbeitenden Jugend**, kurz Jugendarbeitsschutzgesetz, regelt die Beschäftigung (Ausbildung oder Arbeitsverhältnis) von Personen zwischen 15 und 18 Jahren. Jüngere Menschen werden als Kinder bezeichnet, Kinderarbeit ist verboten (bis auf einige Ausnahmen, beispielsweise für Praktika oder Musikaufführungen).

So sind im Besonderen folgende Bereiche geregelt:

- **Arbeitszeit:** Jugendliche dürfen täglich nicht mehr als 8 und wöchentlich nicht mehr als 40 Stunden arbeiten, Pausen werden nicht mitgerechnet.
- **Ruhepausen:** Mindestens 30 Minuten bei einer Arbeitszeit von mehr als viereinhalb Stunden, mindestens 60 Minuten bei einer Arbeitszeit über 6 Stunden.
- **Tägliche Freizeit:** Nach der täglichen Arbeitszeit dürfen Jugendliche frühestens wieder nach 12 Stunden beschäftigt werden.
- **Nachtruhe:** Jugendliche dürfen nur zwischen 6 Uhr und 20 Uhr beschäftigt werden.
  Ausnahmen: Bäckerei: Beginn schon um 5 Uhr zulässig bzw. ab 4 Uhr bei 17-Jährigen
  Gastronomie: Arbeitsende erst um 22 Uhr
- **Urlaub:** bis 16 Jahre: mindestens 30 Werktage
  bis 17 Jahre: mindestens 27 Werktage
  bis 18 Jahre: mindestens 25 Werktage
- **Samstage, Sonntage, Feiertage:** Jugendliche sollen an diesen Tagen nicht arbeiten. Ausnahmen sind wieder Gastronomie, Krankenhäuser und Ähnliches. Jugendliche, die dort arbeiten, sollen aber mindestens 2 freie Samstage und 2 freie Sonntage im Monat haben.

Aufgaben

1. Diskutieren Sie in der Gruppe über Vor- und Nachteile des Jugendarbeitsschutzgesetzes und präsentieren Sie das Ergebnis in Form eines Plakates oder einer Folie.

Vergleichen Sie hierzu die methodischen Hinweise auf S. 174.

Die Lohn- und Gehaltsabrechnung

Beispiel

„Mich würde vor allem interessieren, wie viel man wo verdient!", wirft Marco ein. „Brutto, netto, Steuer, Versicherungen – das muss ich alles erst mal checken!"

Abzüge:

- Steuern: Lohnsteuer, Kirchensteuer, Soli-Zuschlag
- Sozialvers.: Krankenvers., Pflegevers., Arbeitslosenvers., Rentenvers.

Das Arbeitsentgelt, wie es beispielsweise im Arbeitsvertrag steht, nennt man **Bruttogehalt.** Davon werden mehrere Beträge abgezogen. Nach den **Abzügen** bleibt das **Nettogehalt** übrig:

	Bruttogehalt
–	Abzüge
=	Nettogehalt

Im Einzelnen handelt es sich bei den Abzügen um Steuern (Lohnsteuer, Kirchensteuer, eventuell Solidaritätszuschlag) und Sozialversicherungen (Krankenversicherung, Rentenversicherung, Pflegeversicherung und Arbeitslosenversicherung). Für die Unfallversicherung (für Arbeitsunfälle) wird dem Arbeitnehmer nichts abgezogen, die zahlt der Arbeitgeber allein. Der Arbeitgeber zahlt von den anderen Sozialversicherungen nochmals denselben Betrag wie der Arbeitnehmer (Arbeitgeberanteil und Arbeitnehmeranteil).
Mit den Steuern werden öffentliche Aufgaben finanziert. Durch die Sozialversicherungsbeiträge ist der Arbeitnehmer in den entsprechenden Fällen versichert. So übernimmt beispielsweise die Krankenversicherung die Kosten für Arzt, Krankenhaus, Medizin usw., wenn der Arbeitnehmer krank geworden ist.

Gehaltsabrechnung für .... Abrechnungszeitraum Mai 2005

Bruttbezüge		**1.100,00 €**
Lohnsteuer	22,16 €	
Kirchensteuer	1,77 €	
Krankenversicherung	78,10 €	
Pflegeversicherung	9,35 €	
Rentenversicherung	107,25 €	
Arbeitslosenversicherung	35,75 €	
Gesetzliche Abzüge insgesamt:	**254,38 €**	**254,38 €**
Nettoverdienst		**845,62 €**

Der Betrag von **845,62 €** wird Ihrem Konto 1234567 auf der X-Bank gutgeschrieben!

Firma ....

Die Höhe der jeweiligen Abzüge ist gesetzlich geregelt und von mehreren Umständen abhängig. Beispielsweise wird Arbeitnehmern mit Kindern weniger Lohnsteuer abgezogen; wer viel verdient, muss auch prozentual mehr Steuern zahlen als jemand, der wenig verdient.

Aufgaben

1. Viele ärgern sich darüber, dass ihnen vom Lohn so viel abgezogen wird. Andererseits haben diese Abzüge ja auch Sinn. Diskutieren Sie in der Klasse darüber.

Vergleichen Sie hierzu auch das Kapitel „Prozentrechnen", S. 78-101.

1. Berechnen Sie die einzelnen Abzüge in der Gehaltsabrechnung als Prozentsätze des Gesamtgehalts.
2. Wie viel Prozent betragen die Abzüge insgesamt?
3. Stellen Sie diese Prozentsätze als Diagramme dar.

Probleme bei der Arbeit

Beispiel

„Regeln, Rechte, Pflichten, ...“, stöhnt Selma. „Was tu ich denn aber, wenn mein Chef von mir etwas verlangt, was ich zum Beispiel nach dem Jugendarbeitsschutzgesetz gar nicht tun darf, oder wenn ich etwas falsch mache und er mir kündigen will – gibts da irgendwo Hilfe?“

In den meisten Fällen klappt die Zusammenarbeit zwischen Arbeitgeber und Arbeitnehmer ganz gut. Schließlich haben beide in vielen Bereichen dieselben Interessen. Der Arbeitnehmer kann seinen Arbeitsplatz erhalten, wenn er sich am Betrieb so beteiligt, dass der Arbeitgeber langfristig Gewinne erzielt und der Arbeitgeber ist in der Regel erfolgreicher, wenn seine Mitarbeiter zufrieden sind.

Trotzdem bleiben Konflikte nicht aus, wo Menschen miteinander umgehen. Sollte es zu Schwierigkeiten kommen, ist es immer sinnvoll, sich Hilfe zu holen. Dies können andere Mitarbeiter sein, natürlich auch Freunde oder Verwandte.

In vielen Betrieben mit mindestens fünf fest angestellten Mitarbeitern gibt es so genannte **Betriebsräte**. Sie werden von den anderen Mitarbeitern gewählt und sollen bei Entscheidungen, welche die Mitarbeiter betreffen, mitbestimmen können. Sollte es gar zu einer Kündigung kommen, muss der Betriebsrat vorher angehört werden. Er kann in bestimmten Fällen dagegen Widerspruch einlegen.

Sind in einem Betrieb mindestens fünf jugendliche Arbeitnehmer oder Auszubildende beschäftigt, die das 25. Lebensjahr noch nicht vollendet haben, kann von ihnen eine eigene Vertretung, die so genannte **Jugend- und Auszubildendenvertretung** gewählt werden.

In Problemfällen ist es also immer sinnvoll, sich zu erkundigen, ob es im Betrieb einen Betriebsrat oder eine Jugend- und Auszubildendenvertretung gibt.

Bedeutende Interessenvertretungen der Arbeitnehmer sind die **Gewerkschaften**. Sie sind nach verschiedenen Berufen eingeteilt (z. B. Industriegewerkschaft Metall – IG Metall, Vereinte Dienstleistungsgewerkschaft – ver.di), sind meistens an den Verhandlungen über die Lohntarife beteiligt und helfen auch in Einzelfällen durch Beratung oder Rechtsschutz. Um von der Gewerkschaft Hilfe zu bekommen, muss man dort Mitglied sein und einen monatlichen Mitgliedsbeitrag von meist ein Prozent des Bruttoverdienstes zahlen.

Sollte es im Extremfall dazu kommen, dass der Chef die **Kündigung** ausspricht, können Betriebsrat und Gewerkschaften eine wertvolle Hilfe sein. Vielleicht kann man sich doch noch einigen oder aber dagegen klagen, dann entscheidet das **Arbeitsgericht.**

Kündigung bedeutet die Beendigung des Arbeitsverhältnisses. Die gesetzliche Kündigungsfrist beträgt 4 Wochen für Arbeitnehmer und Arbeitgeber. Gekündigt werden kann zum Ende oder zum 15. eines Monats. Bei Vorliegen eines wichtigen Grundes, wenn der Arbeitnehmer beispielsweise trotz Aufforderung seiner Arbeitspflicht nicht nachkommt oder wenn der Arbeitgeber den Lohn nicht zahlt, kann auch fristlos gekündigt werden.

Während der **Probezeit** gelten für beide erleichterte Kündigungsmöglichkeiten.

Aufgaben

2. Sammeln Sie im Internet Informationen über Gewerkschaften.
3. Nehmen Sie Kontakt mit einer Gewerkschaft auf und bitten Sie um Informationsmaterial oder die Möglichkeit eines Besuches.
4. Erkundigen Sie sich in Ihrem Praktikumsbetrieb nach Betriebsrat und Jugend- und Auszubildendenvertretung.

15 In Beziehungen leben

Alle haben Erwartungen

1. Erstellen Sie eine Mindmap über die Beziehungen, in denen Sie leben. In allen diesen Beziehungen werden Erwartungen an Sie gerichtet.

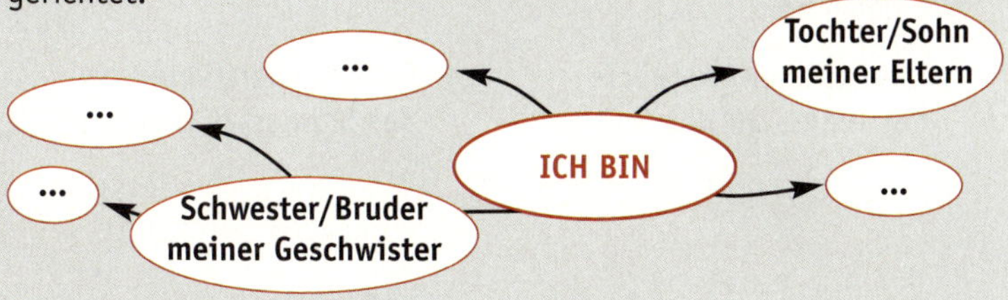

2. Überlegen Sie, wer an Sie welche Erwartungen stellt und tragen Sie diese in Ihre Mindmap ein.

3. Diskutieren Sie in Partnerarbeit,
a) welche Erwartungen Sie gerne erfüllen,
b) bei wem es Ihnen schwer fällt, die Erwartungen zu erfüllen,
c) welche Erwartungen Sie nicht erfüllen wollen.

Aufgaben

Vergleichen Sie hierzu auch die methodischen Hinweise auf S. 233.

Im folgenden Briefauszug des berühmten Schriftstellers Franz Kafka (1883–1924), **„Brief an den Vater"**, wird deutlich, wie sehr Franz Kafka unter dem hohen Erwartungsdruck seines Vaters gelitten hat.

Franz Kafka: Liebster Vater,

Du hast mich letzthin einmal gefragt, warum ich behaupte, ich hätte Furcht vor dir. Ich wusste dir, wie gewöhnlich, nichts zu antworten, zum Teil eben aus Furcht, die ich vor dir habe. Und wenn ich hier versuche, dir schriftlich zu antworten, so wird es doch nur sehr unvollständig sein, weil auch im Schreiben die Furcht und ihre Folgen mich dir gegenüber behindern und weil die Größe des Stoffs über mein Gedächtnis und meinen Verstand weit hinausgeht. Dir hat sich die Sache immer sehr einfach dargestellt. [...] Es schien dir etwa so zu sein: Du hast dein ganzes Leben lang schwer gearbeitet, alles für deine Kinder, vor allem für mich geopfert, ich habe infolgedessen „in Saus und Braus" gelebt, habe vollständige Freiheit gehabt zu lernen was ich wollte, habe keinen Anlass zu Nahrungssorgen, also zu Sorgen überhaupt gehabt; du hast dafür keine Dankbarkeit verlangt, du kennst „die Dankbarkeit der Kinder", aber doch wenigstens irgendein Entgegenkommen, Zeichen des Mitgefühls; stattdessen habe ich mich seit jeher vor dir verkrochen, in mein Zimmer, zu Büchern, zu verrückten Freunden, zu überspannten Ideen; offen gesprochen habe ich mit dir niemals, [...] auch sonst nie Familiensinn gehabt, um das Geschäft und deine sonstigen Angelegenheiten habe ich mich nicht gekümmert, die Fabrik habe ich dir aufgehalst und dich dann verlassen, [...] und während ich für dich keinen Finger rühre (nicht einmal eine Theaterkarte bringe ich dir), tue ich für Freunde alles. Fasst du dein Urteil über mich zusammen, so ergibt sich, dass du mir zwar etwas geradezu Unanständiges oder Böses nicht vorwirfst [...], aber Kälte, Fremdheit, Undankbarkeit. Ich war ein ängstliches Kind; trotzdem war ich gewiss auch störrisch, wie Kinder sind; gewiss verwöhnte mich die Mutter auch, aber ich kann nicht glauben, dass ich besonders schwer lenkbar war, ich kann nicht glauben, dass ein freundliches Wort, ein stilles Bei-der-Hand-Nehmen, ein guter Blick mir nicht alles hätte abfordern können, was man wollte.

Aufgaben

4. Lesen Sie den Briefauszug genau durch.

5. Schreiben Sie in einer Tabelle heraus,
   - was der Vater von seinem Sohn erwartet hätte;
   - was der Sohn den Vorwürfen und Erwartungen des Vaters entgegenhält.

Erwartungen/Vorwürfe des Vaters an den Sohn	Erwartungen/Vorwürfe des Sohnes an den Vater
...	...
...	...

6. Sammeln Sie Begriffe, die den Erziehungsstil des Vaters beschreiben.

7. Diskutieren Sie: Können Sie den Vater verstehen? Können Sie den Sohn verstehen?

8. Wählen Sie jemanden aus Ihrem persönlichen Umfeld (vgl. Mindmap) aus und schreiben Sie dieser Person einen Brief über Ihre gegenseitigen Erwartungen. Die Formvorschriften für private Geschäftsbriefe müssen hier nicht erfüllt werden.

Mein lieber Freund Timo,

...

Ratschläge fürs Leben

Die Erwartungen der Erwachsenen an die jüngere Generation sind vielfältig. Verhaltensweisen im alltäglichen Umgang wie Höflichkeit, Hilfsbereitschaft oder Respekt werden gefordert. Auch Jugendliche haben an die ältere Generation Erwartungen.

Aufgaben

1. Führen Sie in Ihrer Klasse eine Kartenabfrage zum Thema „Erwartungen von Generation zu Generation" durch.

Methoden

Eine Kartenabfrage durchführen

- Schreiben Sie auf verschiedene Kärtchen, welche Erwartungen die ältere Generation Ihrer Meinung nach an Jugendliche hat. Benutzen Sie dazu Substantive (z. B. statt „höflich sein" schreiben Sie „Höflichkeit"). Schreiben Sie jeweils ein Substantiv auf eine Karte und pinnen Sie diese an eine Wandtafel o. Ä.
- Ordnen Sie die Kärtchen:
  Was gehört zusammen?
  Was ist mehrfach genannt?
- Stellen Sie eine Reihenfolge her:
  Was ist am häufigsten genannt und deshalb vermutlich am wichtigsten?
  Was ist seltener genannt und damit vermutlich weniger wichtig?
- Dasselbe Verfahren können Sie mit umgekehrter Fragestellung machen: Was erwarten Ihrer Meinung nach Jugendliche von der älteren Generation?
- Stellen Sie die jeweiligen Erwartungen einander gegenüber. Fällt etwas auf?

Die Schülerin Maren Kappen hat, angeregt durch ein Projekt im Deutschunterricht, ein Buch unter dem Titel „Ratschläge von oben" veröffentlicht. Sie schrieb an 170 Prominente und bat um den besten Ratschlag, den die Prominenten in ihrem Leben bekommen hatten.

Der Brief von Maren Kappen sowie eine Auswahl von Antworten sind im Folgenden abgedruckt.

SUNCREST HIGH SCHOOL

P.O. Box 12097
Lumier
1905
Tel: (016) 32-5664/5

Andries Potgieter Blvd.
Vanderbijlpark
1911

Maren Knappen
7 Smythe Str.
Vanderbijlpark 1911
Süd - Afrika

1991 - 01 - 07

Betreff: Schulprojekt: German - assignment

Sehr geehrter Herr Dr. Hermann J. Abs,

würden Sie bitte so freundlich sein und mir den besten Ratschlag geben, den Sie jemals erhalten haben, wenn möglich bitte auch von wem.

Ich hoffe ein Buch zu veröffentlichen,
von allen Antworten die ich bekommen werde, unter dem Titel: " Ratschläge von Deutschlans Spitze ".

Ich bin eine Standard 9 Schülerin, das ist Klasse 11 am deutschen Gymnasium.

Mit freundlichen Grüßen und herzlichen Dank,
Ihre Maren Knappen (16 Jahre)

Büro Helmut Schmidt
— Bundeskanzler a.D. —

5300 BONN 1,
Bundeshaus

13. Mai 1991

Fräulein
Maren Knappen
7 Smythe Str.
Vanderbijlpark 1911

Süd-Afrika

Sehr geehrtes Fräulein Knappen,

im Auftrag von Bundeskanzler a.D. Helmut Schmidt danke ich Dir vielmals für Deinen Brief vom 7. April 1991.

Deiner Bitte entsprechend hier sein Ratschlag bzw. Leitmotiv:

Gib mir Gelassenheit,
Dinge hinzunehmen,
die ich nicht ändern kann;
gib mir den Mut, Dinge zu ändern,
die ich ändern kann;
und gib mir die Weisheit,
das eine vom anderen zu unterscheiden!

Herr Schmidt wünscht Dir viel Erfolg für die schulische Ausbildung und die private Zukunft.

Mit freundlichen Grüßen

Dr. Uwe Plachetka

ORGANISATION DU TRAITÉ DE L'ATLANTIQUE NORD — NORTH ATLANTIC TREATY ORGANIZATION

LE SECRÉTAIRE GÉNÉRAL
SECRETARY GENERAL

Dr. Manfred Wörner — Brüssel, den 04. Juni 1991

Fräulein
Maren KNAPPEN
7 Smythe Str.
VANDERBIJLPARK 1911
Südafrika

Liebes Fräulein Knappen,

den besten Ratschlag hat mir bei meiner ersten dienstlichen Stelle auf dem Landratsamt mein Chef, der damalige Landrat, gegeben, als er mir sagte:

"Vergessen Sie niemals, dass Sie es mit Menschen und nicht mit blossen Verwaltungsvorgängen zu tun haben."

Mit freundlichen Grüssen

Ihr M. Wörner

Gerd Schulte-Hillen — Vorstandsvorsitzender der Druck- und Verlagshaus Gruner + Jahr AG

Fräulein
Maren Knappen
7 Smythe Street
Vanderbijlpark 1911
SOUTH AFRICA

Liebes Fräulein Knappen,

die Frage, die Sie mir stellen, ist gar nicht so leicht zu beantworten. Wenn ich darüber nachdenke, fällt mir ein Ratschlag meiner Mutter ein: "Beschränke Dich nicht selbst in Deinen Zielen; das Leben wird Dir schon die Schranken zeigen."

Für Ihr Buchvorhaben wünsche ich Ihnen alles Gute und verbleibe

mit freundlichen Grüßen

Gerd Schulte-Hillen
Hamburg, 14. Mai 1991

Deutsche Fina GmbH

E. GRAF VON SCHWERIN
Vorsitzender der Geschäftsführung

den 17. Juni 1991

Miss
Maren Knappen

7 Smythe Sreet

Vanderbijlpark 1911

Süd Afrika

Sehr verehrte Fräulein Knappen,

Sie haben mich gebeten, Ihnen für Ihr Schulprojekt "German Assignment" einen Hinweis zu geben auf den besten Ratschlag, den ich erhalten habe und von wem dieser kam. Gern antworte ich Ihnen darauf wie folgt:

Der mir gegebene Ratschlag, den ich in meinem Leben auch immer beherzigt habe, lautet

> "Nicht nur für den Entmachteten, sondern auch für den Mächtigen ist die Geduld die wertvollste und stärkste Waffe.-"

In meiner Jugend hatte ich Gelegenheit, oft Gespräche mit dem damaligen deutschen BUndeskanzler, Dr.Konrad Adenauer, zu führen. Anlässlich einer Unterhaltung gab e r mir diesen bedeutsamen Ratschlag.

Für Ihre Arbeit wünsche ich Ihnen viel Erfolg und alles Gute, ich hoffe, Sie bekommen recht viele gute Antworten auf Ihren Brief.

Mit freundlichen Grüssen aus Deutschland nach Afrika

Ihr

Rolf Schmidt-Holtz — Chefredakteur Stern

Fräulein
Maren Knappen
7 Smythe Str.
Vanderbijlpark 1911
South Africa

Sehr geehrtes Fräulein Knappen,

vielen Dank für Ihr Schreiben vom 7. April 1991.

Mein bester Ratschlag, den ich jemals erhalten habe, lautet:

"Wer nichts wagt, kommt auch nicht in's Kittchen".

Mit freundlichen Grüßen

Rolf Schmidt-Holtz
29. Mai 1991

Aufgaben

2. Diskutieren Sie in Kleingruppen, wie brauchbar die Ratschläge der Prominenten sind.

3. Sammeln Sie wichtige Ratschläge, die Sie von anderen bekommen haben.

„Es ist, was es ist, sagt die Liebe" (E. Fried)

In dem Roman von H.-J. Ortheil „Die große Liebe" beschreibt der Ich-Erzähler, ein Filmemacher, seine erste Begegnung mit seiner großen Liebe, die er an einem Küstenort der italienischen Adria kennen lernt. Es ist Liebe auf den ersten Blick.

Hanns-Josef Ortheil: Gestern hab ich meine Traumfrau gesehen

Sie war ungewöhnlich groß und hatte langes, blondes Haar, mit einem Stich ins Rötliche, sie trug ein langes, grünes Kleid, mit dessen Schlichtheit die beiden einzigen goldenen Schmuckstücke, eine Halskette und ein Ring, kontrastierten. Als sie mich erkannte, fuhr sie sich mit der Rechten durchs Haar, es war eine leichte verlegene Geste [...].

Sie hatte ihre Selbstsicherheit wiedergefunden und sprach, als habe sie auf alles, ohne lange überlegen zu müssen, genau die richtige Antwort. Sie bat mich zurück in das Büro, wir setzten uns einander gegenüber ans Fenster, sie stützte sich mit den Ellenbogen leicht auf die Schreibtischplatte und fragte, wie sie mir [...] helfen könne. Ihr offener, neugieriger Blick und ihr direktes Fragen irritierten mich, sie beherrschte den Raum so stark, dass ich unwillkürlich begann in meinen Taschen nach etwas zu suchen. [...]

Worin, frage ich mich ernsthaft, bestand die große Wirkung, die sie auf mich ausübte? Manchmal schob sie mit der Rechten den linken Ärmel ihres Kleides etwas hinauf, sehr flüchtig und doch so, als wollte sie etwas zu packen bekommen. Manchmal berührte sie mit den Fingerspitzen ihre Halskette, als tastete sie nach einer Erinnerung. Manchmal führte sie den Zeigefinger langsam über die Ringkuppe, als wollte sie sich vergewissern, dass er noch da sei ...

Am nächsten Tag treffen sich die beiden auf der Terrasse eines Cafés.

Sie saß dort mit dem Rücken zu mir, das lange, im Sonnenlicht noch rötlicher als sonst scheinende Haar hing weit über die Stuhllehne, sie hatte das linke Bein über das rechte geschlagen und blätterte langsam in einer Zeitung. Ich blieb beinahe erschrocken stehen, so schnell hatte ich nicht mit einer Begegnung gerechnet, ich betrachtete sie, sie trug ein weißes, langes Kleid mit braunem Gürtel, dazu leichte Sandalen mit ockerfarbenen, sehr dünnen Riemen, zum ersten Mal sah ich, wie tief gebräunt ihre Haut war, eine Sonnenbrille lag auf dem Tisch. Am liebsten wäre ich wieder hinauf auf mein Zimmer gegangen, um diesen Anblick von oben zu filmen, es war ein einfaches, aber vollkommenes Bild, das Weiß ihres Kleides wirkte in Verbindung mit der minimalen Blau-Andeutung des Gürtels wie ein starker Akzent gegen das dunkle Grün der Tische und Stühle, die zahlreichen Palmwedel bildeten mit ihren laufend wechselnden Hell-Dunkel-Refexen so etwas wie eine Kulisse, während gegenüber, auf der anderen Seite des Boulevards, das blasse Aquarellblau des Meeres auftauchte, wie eine Antwort auf ihre Kleidung. [...] Sie wirkte sehr frisch und beinahe schwungvoll, als freute sie sich auf eine Reise oder sonst einen Aufbruch, [...] jetzt am frühen Abend sah sie viel jünger aus als am Morgen, ich schätzte sie auf knapp über Dreißig, höchstens, sie war also vielleicht sechs oder sieben Jahre jünger als ich ...

Aufgaben

1. Untersuchen Sie, wie der Verfasser bei der Beschreibung seiner Traumfrau vorgeht: Welche Reihenfolge benutzt er? Was ist ihm wichtig? Was lässt er aus?

Aufgaben

2. Sammeln Sie mithilfe der nachfolgenden Anregungen möglichst viele Adjektive zur genauen Beschreibung von Personen.

Methoden

Personen beschreiben

Personenbeschreibungen kommen in verschiedenen Zusammenhängen und Situationen vor. Je nachdem, welchen Zweck die Personenbeschreibung zu erfüllen hat, fallen die Schwerpunkte beim Beschreiben anders aus.

	von ...		... bis
Körper Größe Figur Ausstrahlung Beine	 groß schlank		 klein kräftig
Kopf – Gesicht Gesichts-/Kopfform Hautfarbe Hautbeschaffenheit Mimik/ Gesichtsausdruck			
Haare – Frisur Farbe Form der Haare Frisur			
Augen Farbe Stellung der Augen Wirkung der Augen			
Nase Größe Form Stellung			
Lippen Form Größe Farbe			

3. Sammeln Sie Vergleiche: „Ihre Augen schauen mich an wie Sterne am Nachthimmel"; „Ihre Haare glänzen wie von Goldfäden durchwirkt" ... Überprüfen Sie, welche dieser Formulierungen eher romantisch, welche eher kitschig klingen.

4. Beschreiben Sie Ihren Traummann/Ihre Traumfrau.
Wie muss er/sie aussehen? Nutzen Sie wieder die Anregungen zur Personenbeschreibung.

5. Who is who?
Wählen Sie jemanden aus Ihrer Klasse aus und beschreiben Sie diese Person genau, ohne ihren Namen zu nennen. Wenn die Beschreibungen fertig sind, können sie vorgelesen werden. Die Klasse rät dann, wer gemeint ist. Unterhalten Sie sich darüber, durch welche Passagen der Beschreibung klar wurde, um wen es sich handelt.

„Wahre Liebe!"

Elfriede Jelinek: brigitte

brigitte muss schauen, dass sie einen mann bekommt, der nicht ins wirtshaus geht. sie muss schauen, dass sie eine schöne wohnung bekommt. sie muss schauen, dass sie kinder bekommt. sie muss schauen, dass sie schöne möbel bekommt. dann muss sie schauen, dass sie nicht mehr arbeiten gehen muss. dann muss sie vorher noch schauen, dass das auto ausbezahlt ist. dann muss sie schauen, dass sie sich jedes jahr einen schönen urlaub leisten können. dann muss sie allerdings schauen, dass sie nicht durch die finger schauen muss.

man lebt nur einmal, sagt brigittes mutter, der dieses eine mal schon zu viel ist und zu oft, weil sie keinen mann hat.

brigittes eines Leben ist jedoch ausgefüllt, weil es voll von heinz ist. ihr haar glänzt wie polierte kastanien in der sonne. brigitte ist geradezu überwältigt von diesem leben, das, dank heinz, fast eine nummer zu groß für sie ist. von ihrer arbeit ist brigitte nicht überwältigt, weil sie einförmig ist. heinz ist, im gegensatz zu ihrer arbeit, überwältigend.

heinz muss noch etwas im leben erreichen, bevor er an eine familie auch nur denken darf. brigitte will heinz erreichen, der dann etwas für sie erreichen soll, weil er eine zukunft hat. die zukunft von heinz liegt in der elektrobranche, in der er tätig ist. die zukunft von brigitte liegt in heinz. gute fachleute sind mangelware.

mein gott, wie ich dich liebe, sagt brigitte zu heinz.

auch ich spüre dieses gefühl, entgegnet heinz. sein vater spürt seine bandscheiben, weil er fernfahrer ist, was er bald gewesen sein wird, wenn die bandscheiben sich nicht beherrschen. der fernfahrer glaubt, dass brigitte nichts ist und nichts hat. er glaubt, dass heinz etwas wird und jetzt schon etwas hat: nämlich begabung, ausdauer und fleiß. enttäusche deinen vater nicht, heinz! er glaubt, dass du ansprüche stellen kannst und darfst.

am besten, heinz sucht sich eine frau mit geld, damit er sich bald selbstständig machen kann und ein eigenes geschäft kriegt. hübsche gesichter wie das von brigitte täuschen oft, beruflicher niedergang liegt in ihnen. die eltern wollen das beste für heinz, das ist brigitte sicher nicht: das BESTE.

ich liebe dich so sehr, sagt brigitte. mein glänzendes haar unterstützt meine liebe. was meine liebe noch unterstützt: dein beruf, der eine zukunft hat. was meine liebe außerdem unterstützt: ich selber, die ich überhaupt nichts habe.

die heinzeltern wollen, dass heinz auf das eine schaut, was brigittes haare nicht sind. sie sind gefärbt. heinz ist noch viel zu jung, um das echte zu erkennen, wenn er es sieht. für das echte sind die eltern zuständig, die ihr leben lang damit zu tun gehabt haben. der vater spürt, dass seine bandscheiben sehr sehr echt sein müssen, heinz kann ansprüche stellen, wofür er seinen beruf schließlich erlernt …

Aufgaben

1. Legen Sie eine Liste an und entnehmen Sie aus dem Text:

Die Forderungen Brigittes an ihre Zukunft	Heinz' Vaters Forderungen an die Partnerin von Heinz
…	…

2. Wie plant Brigitte, ihre Forderungen zu verwirklichen?

3. Denken Sie, dass es sich bei der Beziehung zwischen Brigitte und Heinz um „die wahre Liebe" handelt? Kann diese Beziehung von Dauer sein? Begründen Sie.

Irmela Brender: Caroline, über Wiesen laufend

Für ein Mädchen, das noch nie einen Freund gehabt hatte, war Joschi so etwas wie – wie ... Caroline fiel nur das Wort Wunder ein. Joschi sah gut aus, Joschi war lustig, Joschi war freundlich, Joschi spielte Gitarre, Joschi unterhielt alle, Joschi hatte ein Motorrad – und vor allem: Joschi mochte Caroline. Darüber war Caroline nicht so sehr verwundert wie die meisten ihrer Freundinnen. Sie hatte schon gewusst, dass eines Tages jemand kommen würde, der ausgerechnet sie, die dünne, blasse Caroline, mochte. Denn statt dünn konnte man auch schlank sagen, statt blass auch zart, statt: „Die hat ja nix zu sagen", konnte auch einer finden: „Die hört gut zu."

Aber wenn man in der achten Klasse, in der die meisten Mädchen, nicht nur die Wiederholer, schon den zweiten oder dritten Freund hatten, noch nicht einmal von dem ersten erzählen konnte, dann galt man fast als verschmäht. Caroline hatte sich nie so gefühlt. Auch ohne Freund war sie immer beschäftigt genug und glücklich gewesen.

Aber mit Joschi war es besser. Mit Joschi konnte sie zu Partys gehen und beneidet Stehblues tanzen, mit Joschi konnte sie durch die Stadt streifen, Schallplatten in einem Laden anhören und lachend wieder gehen, auf dem Rummel Autoscooter fahren und im Kino seine Hand halten. Mit Joschi erlebte Caroline Szenen, die sie schon oft gesehen, von denen sie gelesen hatte, von denen sie wusste, dass sie zu den Jahren gehörten, die sie jetzt durchlebte. Erleben, dachte Caroline, durchleben – ja, mit Joschi war es immerzu Leben, LEBEN, in riesigen Buchstaben geschrieben, wie man sie an Reklamewänden, auf Plattenhüllen und im Fernsehen sah.

Caroline sah das Bild, das andere von ihnen haben mussten: Sie zart und schlank, er groß und dunkel, beide lachend, gepflegt, voll Leben und jung – es war perfekt. Und dann Caroline, über Wiesen laufend, ganz langsam in Zeitlupe, sodass ihr Blusenkragen sich langsam hob und senkte und ihr Haar ganz weich im Wind schwang, dahinter, halb von ihr verdeckt, Joschi, der behutsam nach ihrer Hand griff, im langsamen Laufen ...

Nein, dieses Bild hatte es noch nicht gegeben mit Joschi und ihr, sie hatte es anderswo gesehen. Aber es gehörte dazu, das wusste Caroline, und sie würde es noch erleben. Vielleicht heute noch, auf diesem Ausflug. Zehn Kilometer Landstraße, das schaffte das Motorrad in etwa fünfzehn Minuten, dann waren sie am Ziel, trafen die anderen zum Picknick, und anschließend ... Das Motorrad bockte und riss Caroline unsanft aus ihren Träumen. Joschi bremste, und hart an der Straßenböschung kamen sie zum Stehen.

„Ist was?", fragte Caroline.

„Klar ist was, aber was? Verdammter Ofen!" Joschi stieg ab und hockte sich vor das Motorrad.

„Wirst es schon wieder hinkriegen", sagte Caroline und strich sich die Haare aus der Stirn.

„Dein Wort in Gottes Ohr – bloß heute wird er taub sein. Ich habe keine Ahnung. Da kann alles Mögliche kaputt sein."

Caroline lächelte immer noch, Jungen wie Joschi kannten sich aus. Sie beugte sich über die Böschung und fing an Gänseblümchen zu pflücken.

„Du musst ins nächste Dorf und jemand holen." Joschi trat auf den Anlasser, aber der Motor sprang nicht an. „Benzin ist noch drin, daran kann's nicht liegen. Aber was sonst noch los sein kann, weiß ich nicht, schließlich habe ich das Ding erst seit drei Wochen. Und bezahlt hab' ich's dem Kumpel, der es vor mir hatte, auch noch nicht. Na, vielleicht kommt's jetzt gar nicht mehr dazu. Los, Caroline, geh schon."

„Es sind noch zehn Kilometer", sagte Caroline und pflückte ein paar Blätter zu ihrem Strauß. „Das ist viel zu weit."

„Nicht laufen – trampen", sagte Joschi. „Bei Mädchen halten sie eher."

„Autostopp?", fragte Caroline ungläubig.

„Na klar."

„Das darf ich nicht", sagte Caroline, Autostopp gehörte zu den wenigen Dingen, die ihr von zu Hause aus verboten waren, und Caroline sah ein, warum. Jeder wusste, was bei Autostopp mit jungen Mädchen passieren konnte. „Autostopp mache ich nie im Leben." Joschi hob den Kopf. Er war rot im Gesicht vom Bücken und die Haare klebten ihm verschwitzt in der Stirn. Er sah nicht mehr so gut aus. „Hör mal, hast du sie noch alle? Das ist eine Notlage. Ich krieg' die Karre nicht mehr flott, da kannst du an mich glauben, wie du willst."

„Ich mache keinen Autostopp", sagte Caroline nicht unfreundlich, aber bestimmt.

„Okay. Prinzessin auf der Erbse. Dann musst du dich eben hier neben das Motorrad setzen und warten, bis ich zurückkomme. Aber bei mir wird's länger dauern. Bei einem Kerl, noch dazu mit langen Haaren, hält keiner so schnell."

„Du willst mich hier allein sitzen lassen?"

„Na klar, einer muss bei der Maschine bleiben. Sonst kann alles Mögliche geklaut werden. Ich sag' dir ja, das Ding ist noch nicht bezahlt."

Caroline erklärte es ihm freundlich und sachlich, wie man es tun musste, damit das schöne Bild nicht verdorben würde – das Bild von einem Jungen neben einem Motorrad und einem Mädchen, das Blumen pflückte. Es war zu gefährlich, wenn sie hier allein sitzen blieb. Jeder Autofahrer konnte anhalten, sie in den Wagen zerren und wer weiß was mit ihr tun. Trampen kam nicht infrage. Es blieb nichts anderes übrig, als dass sie zu zweit die zehn Kilometer bis zu den anderen liefen, wenn es schon sein musste, und das Motorrad blieb dann eben alleine. Was war wichtiger – sie oder das Motorrad?

„Das musst du doch einsehen, Joschi. Was ist wichtiger – das Motorrad oder ich?"

Joschi trat dicht auf sie zu. Sein Gesicht war jetzt noch röter, auf der Stirn und unter der Nase hatte er kleine Schweißperlen.

„Du meinst das ernst?"

„Natürlich", sagte Caroline lächelnd und hielt ihm die Blumen hin. „Sind die nicht hübsch?"

„Blöde Ziege", sagte Joschi, drehte sich um und ging mit erhobenem Daumen die Landstraße entlang. Caroline hatte noch nicht ganz verstanden, was geschah, da war Joschi schon zweihundert Meter entfernt, ein Auto fuhr an ihr vorbei und hielt neben ihm. Joschi sprach mit dem Fahrer und stieg ein. Als der Wagen wieder startete, schleuderte er eine Staubwolke hoch.

„Joschi!", rief Caroline hinter dem Auto her. „Joschi! Du kannst doch nicht – ich habe dir doch erklärt – Joschi!"

Das Auto war schon nicht mehr zu sehen.

Caroline fing an zu weinen. Sie hatte kein Taschentuch dabei. Sie fuhr sich mit der Hand übers Gesicht und sah hoch. Blöde Ziege, von wegen! Verdammtes Motorrad! Sie würde – o nein, sie würde nicht. Während sie den Picknickkorb vom Gepäckträger band, sah sie Bilder vor sich von Dingen, die mit Mädchen passierten, wenn sie allein am Landstraßenrand saßen und warteten, bis ein Auto kam und hielt und ...

Caroline lief, – sie weinte immer noch und die Nase rann ihr und sie musste den Picknickkorb abwechselnd in die rechte und in die linke Hand nehmen. Und so lief Caroline über die Wiesen.

Aufgaben

4. Fassen Sie den Inhalt des Textes zusammen.

5. Beschreiben Sie, welches Bild Caroline sich von ihrer Beziehung zu Joschi macht.

6. Beschreiben Sie, wie Joschi Caroline tatsächlich behandelt.

7. Wann erkennt Caroline, dass ihr Bild von Joschi ein Irrtum ist?

8. Charakterisieren Sie Joschi, charakterisieren Sie Caroline.

9. Schreiben Sie die Geschichte weiter.

16 „Haste was, dann biste was" – Konsum

Wünsche kosten

Sie haben sicherlich Ihre Vorstellungen darüber, welche Wünsche Sie sich in verschiedenen Zeitabständen erfüllen wollen. Schließlich verdienen Sie ja in absehbarer Zeit etwas.

Aufgaben

1. Erstellen Sie eine Wunschliste:

Situation	voraussichtlich im Jahr	wünsche ich mir
in den nächsten Monaten	...	...
wenn ich meine Ausbildung begonnen habe		
wenn ich meine Ausbildung abgeschlossen habe		
wenn ich einen festen Arbeitsplatz habe		
wenn ich heiraten werde		
wenn mein(e) Partner(in) mitverdient		

2. Sprechen Sie in der Klasse über Ihre Wünsche.
Gibt es Übereinstimmungen? Gibt es Wünsche, die andere sich bereits erfüllen konnten?

Sicherlich steht die Frage im Raum, wie und wovon diese Wünsche bezahlt werden können. Für die Wünsche, die Sie sich gerne in den nächsten Monaten oder bei Beginn Ihrer Ausbildung erfüllen wollen, können Sie versuchen vorher die Ausgaben zu planen.

3. Erstellen Sie einen „Finanzierungsplan" für Ihre Wünsche. Gehen Sie dabei folgendermaßen vor:
- Stellen Sie alle realistischen Einkünfte zusammen, die Sie zum Zeitpunkt, wenn Sie sich Ihren Wunsch erfüllen, erwarten können.
- Schreiben Sie diese in die linke Spalte.
- Schreiben Sie in die rechte Spalte die voraussichtlichen Kosten.

Anna zahlt von Januar bis Juni 17,50 € auf ihr Sparbuch ein. Im Juli kann sie nichts sparen. Von August bis November sind es wieder 17,50 € monatlich, im Dezember kann sie sogar 50 € auf ihr Sparbuch bringen.

a) Wie viel Geld hat sich nach einem Jahr auf ihrem Sparbuch angesammelt, wenn die Bank ihr noch 2,25 % Zinsen bezahlt?
b) Im darauf folgenden Jahr kann Anna nichts mehr sparen. Sie hebt aber auch nichts vom Sparbuch ab. Die Bank gibt ihr am Jahresende 2 % Zinsen.
c) Wie hoch wären die Zinsen, wenn die Bank 2,5 % zahlen würde?
d) Wie viel Zinsen würde Anna bekommen, wenn sie bei einem Zinssatz von 2,25 % das Geld nach einem halben Jahr abheben würde?

Vergleichen Sie hierzu auch das Kapitel „Zinsrechnen", S. 102-115.

4. Stellen Sie eine Rechnung auf, ob und wie Sie Ihre Wünsche finanzieren können.

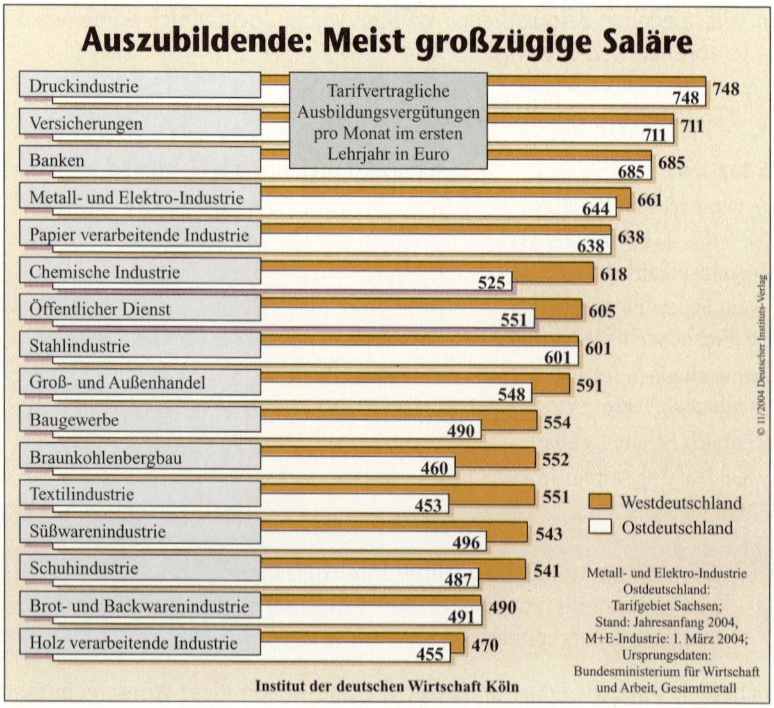

Endlich eine eigene Wohnung

Vermutlich haben Sie sich schon einmal Gedanken gemacht, ob Sie, wenn Sie selbstständig verdienen, von zu Hause ausziehen sollen. Vielleicht müssen Sie das sogar, um an Ihre Arbeitsstelle zu gelangen.

Stellen Sie sich vor, Sie sind 18 Jahre alt und wollen von zu Hause ausziehen. Sie möchten sich zunächst einen Überblick darüber verschaffen, was das Leben in den eigenen vier Wänden kostet.

Aufgaben

1. Machen Sie eine Aufstellung aller regelmäßigen Ausgaben, die ein junger Erwachsener mit eigener Wohnung hat und schätzen Sie die Kosten.

   Denken Sie
   - an regelmäßige Kosten für Nahrung, Getränke, Toilettenartikel, Telefon, Internet, Benzin, Bus/Bahn, …
   - an gelegentliche Kosten für Kleidung, Schulausstattung/Ausstattung für die Arbeit …
   - an Freizeitkosten, z. B. für Kino, Disco, Hobbys, Party …

2. Informieren Sie sich in der Tagespresse nach den ortsüblichen Mietpreisen für Zimmer und für Wohnungen in verschiedenen Größen.

   Listen Sie auf, welche Kosten zusätzlich zusammenkommen. Denken Sie dabei neben den Mietkosten auch an die Nebenkosten (Strom, Wasser, Heizung).

3. Stellen Sie die Ausgaben den Einnahmen gegenüber. Was können Sie sich, wenn Sie selbstständig wohnen wollen, leisten? Wo könnten Sie unter Umständen Einsparungen vornehmen?

4. Schreiben Sie auf eine Annonce.

Vermietungen: Zimmer und 1-Zimmer-Appartements

Zimmer in WG
mit S-Bahnanschluss
ab 01.11. ... frei.
Chiffre .....

Stg. Mitte
möbl. Zimmer (20 m^2),
Dusche, WC, an ruhigen Mieter.
200 € warm ab 01.10. ...
Tel. ......

Möbl. Zimmer
Bad- u. Küchenbenutzung,
140 € + 40 € NK zu vermieten.
Tel. ......

Vgl. Sie hierzu die methodischen Anweisungen auf S. 182.

Meine momentanen Ausgaben

Aufgaben

1. Erstellen Sie ein Formular über Ihre Ausgaben, das Sie eine Woche lang mit sich führen. Schätzen Sie zunächst Ihre monatlichen Ausgaben.

2. Führen Sie eine Woche lang Buch. Vergessen Sie nicht die kleinen Ausgaben zwischendurch. Jede Chipstüte, jede Cola sollte eingetragen werden.

Nach einer Woche:

3. Haben Sie Ihre Ausgaben realistisch eingeschätzt?

4. Wie stehen die Ausgaben im Verhältnis zu Ihren Einnahmen?

5. Diskutieren Sie:
   Soll man sich Geld von Freunden oder Bekannten leihen?
   Welche Schwierigkeiten könnte es da geben?

Meine Ausgaben

Zeitraum von ____________ bis ____________

Geschätzte Summe: ____________

Tatsächliche Summe: ____________

Ausgaben Datum	Ausgabe	Summe

„Ich will immer alles, und das sofort" – Die Schuldenfalle

Immer mehr junge Leute verschulden sich auf verschiedenste Weise. Sie geben regelmäßig mehr Geld aus, als ihnen real zur Verfügung steht. Eine Umfrage bei den Schuldnerberatungsstellen ergab, dass nicht nur die Zahl der Verschuldeten unter den jungen Erwachsenen, sondern auch die Höhe der Schulden extrem gestiegen ist. Die meisten kommen erst zur Schuldnerberatung, wenn es bereits „fünf vor zwölf" ist: Da ist womöglich von den Stadtwerken der Strom abgeschaltet worden, das Telefon wurde stillgelegt und die Gehaltspfändung droht.

Der Konsumdruck ist zu groß

Handys sind verführerisch. Immer mehr Jugendliche rutschen in die Schuldenfalle.

von Sabine Hildebrandt

Das Gespräch dauert kaum drei Minuten. „Danke", sagt der Kredithai und reißt den Kreditvertrag an sich. Erklärt hat er der 18-jährigen Frau nichts – trotzdem hat sie unterschrieben ...

Ein Raunen geht durch den Raum. Entsetzt verfolgen die Neuntklässler der Hermann-Frieb-Realschule in München, wie das kleine Rollenspiel weitergeht. 20 Jahre später, dieselbe Frau, diesmal bei der Schuldnerberatung. Sie ist verzweifelt: Aus ehemals 9.000 € sind 45.000 € Schulden geworden.

„Der Fall ist echt", betont Rita Walko von der Caritas Schuldnerberatung – auch wenn er im Unterricht nur gespielt wird. Walko moderiert den Projekttag Schuldenprävention, den die Stadtsparkasse München ins Leben gerufen hat. Das Rollenspiel, das sie und ihre Kollegin dabei vorführen, verfehlt sein Ziel nicht: „Es soll aufrütteln", sagt Walko. Und soll den Auftakt zum Projekttag bilden. Darüber hinaus gibt es Vorträge rund um die Themen Geld, Recht und Schulden sowie viel Projektarbeiten.

Was kostet ein Auto? „Damit habe ich mich noch nicht beschäftigt", sagt Hannah (16).

Was kostet es, ein Auto zu finanzieren oder eine Wohnung einzurichten? „Bislang", gibt Hannah, 16, offen zu, hat sie sich „mit solchen Fragen noch nicht beschäftigt" – und auch nicht damit, was sie selbst täglich ausgibt. Einen Monat lang hat sie jetzt einen Haushaltsplan geführt und dabei festgestellt, „dass viel zu viel Geld für so ´n Quatsch wie Essen und Trinken in der Schule" draufgeht. Basko, 15, hat fast 100 € für Freizeitaktivitäten, Essen und Rauchen ausgegeben. Und Sabina, 15, findet, dass ihre Ausgaben für neue Stifte „ziemlich heftig" waren. Geradezu entsetzt aber sind alle über die anonyme Klassenauswertung. Vielen Schülern bleibt am Ende ein dickes Minus – im Einzelfall mehrere hundert Euro.

Karin R. Fries, Leiterin des Instituts für Jugendforschung (IfJ) in München, wundert das nicht. „Immer mehr Jugendliche machen immer mehr Schulden", lautet ihr Fazit aus langjähriger Marktforschung. Schon sechs Prozent der 13- bis 17-Jährigen sind durchschnittlich mit 370 € verschuldet, 13 Prozent der 18- bis 20-Jährigen haben 1.430 € an Verbindlichkeiten angehäuft und 16 Prozent der 21- bis 24-Jährigen sind im Schnitt bereits mit 2.170 € verschuldet. Schuldner sind dabei anfangs Eltern und Freunde, spätestens ab 18 aber kommen richtige Kreditverträge und langfristige Verbindlichkeiten hinzu.

Vor allem Handy- und Mobilfunkanbieter locken mit Angeboten, die viele Jugendliche gar nicht mehr durchschauen können, sagt Fries. Gerhard Raab, Professor für Marketing und Unternehmensführung an der Wirtschaftshochschule Ludwigshafen, teilt diese Einschätzung. Seit Jahren fordert er, dass sich mehr gesellschaftliche Institutionen und nicht zuletzt die Wirtschaft selbst mit den Schuldenproblemen junger Menschen befassen. Erfolglos. Projekte wie die in München seien die absolute Ausnahme, beklagt der Wissenschaftler. Fast immer wird die Erziehung zum richtigen Umgang mit Geld den Eltern aufgebürdet. „Allein können sie das aber nicht lösen", so Raabs Meinung. Der Konsumdruck von außen ist einfach zu groß.

Raab hat in Krefeld gemeinsam mit der Diakonie und den örtlichen Banken ein ähnliches Projekt wie in München initiiert. Über mehrere Wochen befassen sich Schüler aller Schultypen zuerst theoretisch mit Markenzwang, Handyverträgen und Zinsrechnungen, besuchen dann einen Tag lang eine Bank und erstellen am Ende einen Projektbericht. Rund 400 Schulen haben sich seit dem Start 1997 beteiligt. Bei namhaften Mobilfunkanbietern, klagt Raab, sei er bislang noch nicht auf Gegenliebe gestoßen. Dabei müsse doch gerade die Wirtschaft daran interessiert sein, mündige Verbraucher zu erziehen.

Anthony, 16, und Teilnehmer in München, ist sich jedenfalls sicher, dass ihm so etwas wie der jungen Frau nie passieren wird. „Die hat überhaupt nichts hinterfragt", beschreibt er die erlebte Situation. Er geht nach dem Unterricht mit dem Gefühl nach Hause: „Information ist bei Geldgeschäften das Wichtigste."

Aufgaben

1. Geben Sie den Inhalt des Textes mit eigenen Worten wieder.
2. Vergleichen Sie Ihre eigenen Ergebnisse (eigener Haushaltsplan) mit den Erkenntnissen der 16-jährigen Hannah im Text.

Methoden

Inhaltsangabe von Sachtexten

Die Inhaltsangabe ist eine möglichst knappe, aber dennoch informative Wiedergabe eines Textes oder eines Vortrags. Die Sprache ist sachlich und nüchtern, enthält also keine Wertungen.

Für die Erstellung einer Inhaltsangabe von Sachtexten, wie z. B. einem Zeitungsartikel, sind folgende Schritte notwendig:

Vorarbeit für den **Hauptteil** der Inhaltsangabe

- Lesen Sie den Text mehrmals aufmerksam durch.
- Wörter, die Sie nicht verstehen, schlagen Sie im Lexikon nach.
- Zentrale Begriffe unterstreichen Sie oder schreiben Sie heraus.
- Gliedern Sie den Text in Sinnabschnitte.
- Geben Sie den Sinnabschnitten möglichst präzise Überschriften.
- Fassen Sie mit **eigenen Worten** möglichst knapp zusammen, was in den einzelnen Abschnitten steht. Arbeiten Sie die Zentralbegriffe mit ein.

Vorarbeit für die **Einleitung** der Inhaltsangabe

- Nennen Sie das Thema, das der Text behandelt.

Verfassen der Inhaltsangabe

<u>Einleitung:</u> Sie formulieren eine Einleitung, in welchem Sie Titel, Verfasser und Thema des Textes nennen.

<u>Hauptteil:</u> Sie beschreiben den Gedankengang des Textes aus den Zusammenfassungen der einzelnen Abschnitte in ganzen Sätzen. Die zentralen Begriffe und die Überschriften geben Ihnen dabei Hilfestellung.

<u>Schluss:</u> Im Schlussteil können Sie kurz Ihre eigene Meinung zum Thema oder zum Inhalt des Textes äußern.

Wer ist verschuldet? Wer ist überschuldet?

Die Beantwortung dieser Frage ist für die Beurteilung von Schuldproblemen von entscheidender Bedeutung. Es macht nämlich großen Unterschied, ob jemand noch verhältnismäßig risikolos „nur" verschuldet oder bereits existenziell bedrohlich überschuldet ist. Den Unterschied kann man leicht durch einen Selbsttest erkennen:

Verschuldet im Sinne von **Schulden haben** ist jede Person, die einen Kredit aufgenommen hat und diesen ordnungsgemäß zurückbezahlt. Dabei ist gleichgültig, ob es sich um einen Kredit für ein Auto, eine Wohnung, geliehenes Geld von Freunden oder Verwandten oder um ein Überziehen des Gehaltskontos handelt.

Im Gegensatz dazu sind alle diejenigen überschuldet oder wie man es auch ausdrücken kann, zahlungsunfähig, die nicht mehr in der Lage sind aus ihrem laufenden Einkommen die fälligen Verbindlichkeiten (Schulden) zu begleichen. Praktischer ausgedrückt heißt das, dass Personen, die nach Abzug der fixen Lebenshaltungskosten wie Miete, Betriebskosten, Ernährung und andere ähnliche Zahlungen nicht mehr in der Lage sind mit dem Rest die monatlichen Raten zu begleichen.

Nach den Erfahrungen der IfS-Schuldenberatung gilt jemand als **überschuldet**, der Konsumkredite in der Höhe des etwa Zwanzigfachen seines monatlichen Einkommens überzogen hat. Bedroht ist auch derjenige, der sein Gehaltskonto um mehr als das vier- oder fünffache seines monatlichen Einkommens überzogen hat. Wer seinen Zahlungsverpflichtungen nur mehr nachkommen kann, indem er sein Konto überzieht oder sich die nötigen Gelder von Freunden oder Verwandten ausleiht und dieser Zustand länger als zwei Monate dauert, der ist überschuldet und hat auch die gesetzliche Verpflichtung, dagegen etwas zu unternehmen.

Bürgschaft

Die Bürgschaft ist ein Vertrag, durch den sich ein Bürger verpflichtet für die Schulden eines anderen einzustehen, wenn dieser nicht mehr zahlungsfähig ist. Wer sich als Bürge für einen anderen zur Verfügung stellt, sollte darauf achten, dass die Bürgschaft auf einen bestimmten Geldbetrag und für diese Schuld alleine zeitlich befristet wird. Als sittenwidrig gelten Bürgschaften, bei denen Kreditgeber Unerfahrenheit und Abhängigkeit des Bürgen zum Beispiel in jungen Jahren gegen die Eltern ausnutzen und die Absicherung von Krediten verlangen, die auch in Zukunft die finanzielle Leistungsfähigkeit des Bürgen bei weitem übersteigt. Paradebeispiel für eine Bürgschaft, die von Gerichten als sittenwidrig einkassiert wurde: Die Tochter (Anfang 20) mit niedrigem Einkommen bürgt für die Schulden, die ihr Vater als Geschäftsmann macht. Der Bürgschaftsvertrag sah nicht nur die Haftung für die zur Zeit der Bürgschaft bestehenden, sondern auch für zukünftige Verbindlichkeiten des Vaters vor. In diesem Fall kritisierte das Gericht das Ausnutzen von Abhängigkeiten zwischen Schuldnern und Bürgen sowie die nicht gegebene finanzielle Leistungsfähigkeit. Die Banken, die auf diese Bürgschaften bestanden hatten, durften sich nicht an die Bürgen zur Begleichung der Schulden halten.

Aufgaben

3. Arbeiten Sie die Unterschiede heraus: Was bedeutet es, **„verschuldet"** zu sein, und was bedeutet es, **„überschuldet"** zu sein?
4. Erklären Sie, was eine Bürgschaft ist.
5. Welche Gefahren bringt eine Bürgschaft mit sich?

Überschuldet

Dennis K. ist heute 22 Jahre alt. Mit 16 Jahren hat er sein Mofa dadurch finanziert, dass er ständig bei Freunden Schulden machte. Zwei Jahre später mit 18 kauft er mit einem Kredit ein Auto und bezahlt den Führerschein. Sein Gehaltskonto ist ständig überzogen.

Mit 20 Jahren beträgt sein Schuldenstand 13.000 €. Dennis heiratet seine Lebensgefährtin, die ebenfalls Schulden mit in die Ehe bringt. Diese betragen 11.000 €. Mit einem zweiten Kredit werden die Schulden zusammengefasst und der Kreditrahmen um 6.000 € erweitert, um eine gemeinsame Wohnung anmieten zu können. Bei einer weiteren Bank wird ein zusätzliches Darlehen von 20.000 € aufgenommen. Dieses wird für die Wohnungseinrichtung und weiteren Bedarf im Zusammenhang mit der Eheschließung verbraucht.

Berechnen Sie die finanziellen Belastungen von Dennis K., die er durch seine Schulden bekommen hat:

1. Wie hoch sind die gesamten Schulden nach Aufnahme des zusätzlichen Darlehens über 20.000 €?
2. Die Bank, welche das 1. Darlehen vergeben hatte, verlangt von Dennis und dessen Ehefrau 7 % Zinsen und 3 % Tilgung. Die Bank, bei der sie das Darlehen von 20.000 € aufgenommen haben, verlangt 7,5 % Zinsen und 3 % Tilgung. Wie hoch ist die monatliche Belastung?
3. Wie hoch wäre die monatliche Belastung, wenn sie das gesamte Darlehen zu den Bedingungen der ersten Bank erhalten hätten?
4. Wie viel müssen die beiden jährlich bezahlen, nur um ihre Schulden zu „bedienen“, also nur an Zinsen ohne Tilgung?

Weitere Erklärungen und Aufgaben zum Thema „Zinsen“ finden Sie in Kapitel 6 „Zinsrechnen“, S. 102 - 115.

Aufgaben

6. Fassen Sie zusammen: Wodurch können Jugendliche und junge Erwachsene in die Schuldenfalle geraten? Sammeln Sie verschiedene Gründe und fertigen Sie eine Liste an.

Werbung weckt Bedürfnisse

Aufgaben

1. Sammeln Sie besonders ansprechende Werbeanzeigen und machen Sie daraus eine Collage.

2. Suchen Sie sich ein Produkt aus und beschreiben Sie es möglichst genau.

Methoden

Gegenstände beschreiben

Es gibt verschiedene Anlässe, bei denen man Gegenstände beschreiben können muss. Man kann z. B. beim Einkaufen nach einer ganz bestimmten Ware fragen und muss diese dann möglichst genau beschreiben, damit der Verkäufer oder die Verkäuferin erkennt, was man wünscht. Es kann auch sein, dass man einen Gegenstand verloren hat. Wenn der Finder den Gegenstand herausgeben soll, muss man schon eine genaue Beschreibung möglichst mit besonderen Kennzeichen abgeben.

Eine Gegenstandsbeschreibung sollte so angeordnet werden, dass der Zuhörer vor seinem geistigen Auge den Gegenstand mit Worten gemalt bekommt.

Damit dies gelingt, muss man eine bestimmte Beschreibungstechnik anwenden:

Die Beschreibung

- kann vom allgemeinen Ganzen zu den Details und von den Hauptbestandteilen zu den Einzelheiten gehen.
- muss übersichtlich bleiben und sollte nicht zu viele Details erwähnen. Das verwirrt den Zuhörer.
- Je nach Gegenstand eignet sich auch eine Beschreibung
  - von innen nach außen,
  - von oben nach unten (oder umgekehrt),
  - von links nach rechts (oder umgekehrt).

Folgender Fragenkatalog kann für eine genaue Beschreibung behilflich sein:

Oberbegriff: Verwendungszweck:	Um welche Art von Gegenstand handelt es sich? Wozu benötigt man ihn? Wozu setzt man ihn ein?
Gesamtform/Größe:	Welche Form, welches Ausmaß hat der Gegenstand?
Oberflächenbeschaffenheit/Material:	Welches Material liegt vor?
Farbe:	Welche Farbe(n) hat der Gegenstand?
Besonderheiten:	Gibt es etwas besonders Auffälliges?
Arbeitsweise/ Verwendung:	Wie wird der Gegenstand verwendet? Wie funktioniert der Gegenstand?

Es passen nicht alle Fragen auf jeden Gegenstand. Deshalb muss man bei der Beschreibung eine sinnvolle Auswahl treffen oder auch eine Frage umformulieren.

Die Beschreibungssprache:

- sprachlich genaue und treffende Begriffe wählen
- exakte Substantive verwenden; präzise Adjektive benutzen
- keine ausdrucksarmen Verben („ist", „befindet sich") wählen

Aufgaben

3. Aus welchen Elementen bestehen Werbeanzeigen? Welche Gestaltungsmittel werden eingesetzt?
4. Analysieren Sie genau, was Sie an der Werbung so besonders anspricht.
5. Überprüfen Sie kritisch, was Ihnen mit dem Erwerb eines bestimmten Produktes (z. B. Parfum oder Auto) versprochen wird. Was davon kann das Produkt tatsächlich einlösen?
6. Diskutieren Sie die Folgen, wenn man „immer alles will, und das sofort".
7. Machen Sie Vorschläge, wie man einer derartigen Einstellung entgegenwirken kann.

Schuldenberatung

In vielen größeren Städten gibt es inzwischen eine Schuldenberatung.

Wie verläuft eine Schuldenberatung?

Psychologische/Beraterische Ebene

Grundsätzlich gilt das Prinzip der Freiwilligkeit. Schuldner/-innen müssen eine hohe Motivation aufbringen, damit eine Beratung gelingen kann. Es herrscht daher eine „Kommstruktur", das heißt, dass die Kontaktaufnahme grundsätzlich durch die Klient/-innen erfolgt. Wenn ein Klient oder eine Klientin sich für eine Beratung entschieden hat, werden Erwartungen und Ziele abgeklärt. Dabei ist es unumgänglich, dass sämtliche Schulden sowie die weitere Finanz- und Vermögenssituation offen gelegt werden. Auch wird der Frage nachgegangen, wie die Schulden entstanden sind, wo die Ursachen für die Überschuldung liegen. Bei Paaren ist es wünschenswert, wenn beide Partner in der Beratung sind. Nach der gemeinsamen Zielformulierung und der Strategieüberlegung zur Zielerreichung erfolgt eine Aufgabenteilung. Sämtliche Schritte werden unter Begleitung, Anleitung und Überprüfung durch den Berater oder die Beraterin durchgeführt. Selbstverständlich gilt der Grundsatz, dass keine neuen finanziellen Verpflichtungen eingegangen werden dürfen und wenn doch, dann nur in Absprache mit der Schuldenberatung. [...]

Handlungsvorschläge

1. Betroffene und Gefährdete – vom richtigen Umgang mit Geld

- Wichtig ist für jede(n), dem Konsumdruck zu widerstehen und den durch die Werbung geweckten Bedürfnissen nicht unreflektiert nachzugeben.
- Die Erstellung einer Einnahmen-/Ausgabenrechnung sollte vor jeder Kreditanschaffung und Vertragsunterzeichnung geschehen.
- Dass zuerst gespart und dann gekauft wird, ist eine Binsenweisheit, die hilft viel Geld zu sparen.
- Der bargeldlose Zahlungsverkehr ist für viele Menschen eine Schuldenfalle – ein sorgfältiger Umgang und eine genaue Überwachung des Kontos helfen nicht in ihr gefangen zu werden.
- Versicherungen sind nützlich, wenn man sie sich leisten kann – Überschuldung wird oftmals durch Über- und Mehrfachversicherung gefördert.
- Leasingfinanzierung ist oft teurer als die Finanzierung über einen üblichen Kredit – Vergleichen nützt!
- Versandhandel, Internetshopping, Ratenkäufe sind häufige Schuldenfallen.

- Wer einen Kredit aufnehmen möchte, sollte sich folgende Fragen stellen:
  - Ist der Kredit unbedingt nötig?
  - Wie hoch sind die Kreditkosten?
  - Habe ich das Vertragsformular durchgelesen?
  - Habe ich alles verstanden?
  - Ist das Formular vollständig ausgefüllt?
  - Werden mündliche Vereinbarungen getroffen? (Es zählt nur das geschriebene Wort.)
  - Muss ich mich sofort entscheiden?
  - Ist ein Kreditvermittler eingeschaltet?
  - Ist der Kredit an eine Lebensversicherung gekoppelt?
  - Was ist, wenn ich weniger verdiene?
  - Habe ich mehrere Angebote eingeholt?

Aufgaben

1. Erstellen Sie eine Mindmap zum Thema „Schuldenberatung".

Eine Mindmap erstellen

Mindmaps verbildlichen Gedanken und Zusammenhänge. Dabei bedienen sie sich der flächigen Darstellung von Landkarten. Im Zentrum jeder Mindmap steht ein Thema, das erarbeitet werden soll. Das können ein Begriff, ein Satz oder auch ein Bild sein. Von diesem Mittelpunkt gehen einzelne Äste ab, die das Thema nach Schwerpunkten unterteilen. Jeder Ast wird mit einem prägnanten Schlüsselwort, einem Bild oder einem aussagekräftigen Symbol versehen. Die einzelnen Äste verzweigen sich weiter und werden möglichst knapp beschriftet oder bebildert. An jeder Stelle können weitere Ideen ergänzt werden. Auf diese Weise entsteht eine vernetzte Gedankenlandkarte.

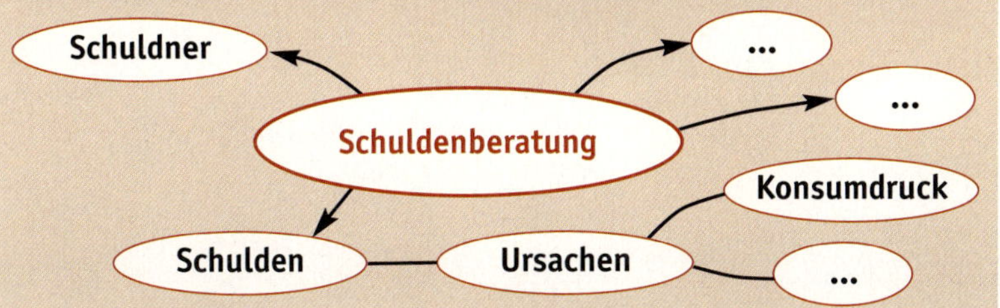

Bei einer Informationsveranstaltung der Schuldenberatung äußerte die 17-jährige Heike L.:

„Wissen Sie, wenn ich so alt wäre wie Sie, würde ich auch sparen! Aber ich werde nächstes Jahr 18; dann will ich den Führerschein und ein Auto, und wenn ich das Geld nicht habe, dann muss es mir die Bank oder sonst jemand leihen."

2. Schreiben Sie Heike L. einen Brief, in dem Sie ihr die Folgen ihrer Einstellung vor Augen führen und ihr Alternativen zu ihrer Einstellung bieten. Nehmen Sie dazu die Informationen in den Texten dieses Kapitels zu Hilfe.

17 Gewalt bringt Gewalt hervor

Gustav Moreau: *Herkules und die Hydra von Lerna, 1875*

Was ist Gewalt?

Gewalt hat viele Gesichter und Namen.

Aufgaben

1. Sammeln Sie über Karten, die Sie beschriften und an die Tafel kleben, verschiedene Begriffe, die Ihrer Meinung nach etwas mit dem Begriff „Gewalt" zu tun haben.
2. Ordnen Sie die Begriffe den Lebensbereichen zu, in denen diese Art von Gewalt vorkommt.
3. Stellen Sie die Begriffe nach zusammengehörigen Wortarten zusammen: alle Verben, alle Substantive, alle Adjektive.
4. Schlagen Sie in verschiedenen Lexika (auch Internet) nach, wie dort der Begriff „Gewalt" beschrieben ist. Untersuchen Sie, wie ein Lexikonartikel aufgebaut ist.
5. Schlagen Sie nach: Was bedeutet körperliche Züchtigung?

Darf man Kinder schlagen?

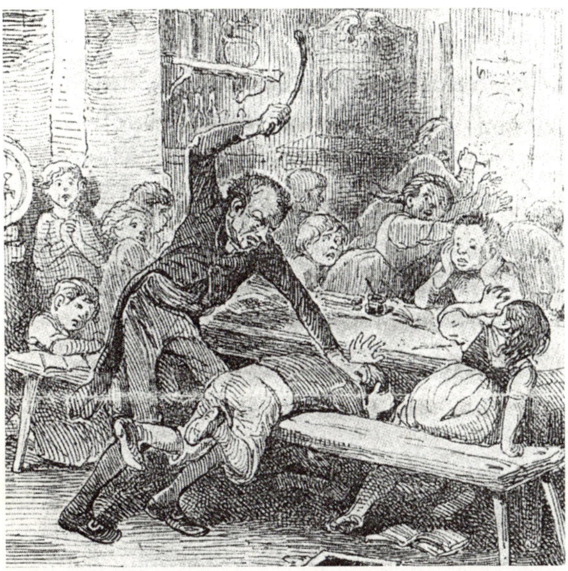

Prügelstrafe: Die Zeiten sind vorbei.

Die Frage, ob es Eltern und anderen Erziehungsberechtigten erlaubt ist, Kinder zu schlagen, wird immer wieder kontrovers diskutiert. Eine große Mehrheit lehnt in Umfragen jegliche Art von körperlicher Züchtigung ab, andere wollen den Klaps zulassen. Die allermeisten lehnen körperliche Gewalt und Prügelstrafe entschieden ab. Im Widerspruch zu den Umfrageergebnissen sieht die Erziehungsrealität jedoch anders aus. Eine viel größere Zahl von Kindern und Jugendlichen erlebt Gewalt als Erziehungsmittel am eigenen Leib.

6. Diskutieren Sie in der Klasse: Darf man Kinder schlagen?

Sind Kinder unschlagbar?

England streitet über die körperliche Züchtigung

LONDON. Im Februar 2000 wurde ein kleines Mädchen in die Intensivstation eines Londoner Krankenhauses gebracht. Sie war unterernährt und unterkühlt. Man konnte ihr nicht mehr helfen. Bei der Untersuchung der Leiche stellte der Pathologe 128 Verletzungen und Narben fest, die größtenteils durch brennende Zigaretten verursacht wurden. Die Achtjährige kam von der Elfenbeinküste. Sie war ihrer Großtante in Europa einige Monate zuvor anvertraut worden. Ihre Eltern wollten, dass das Kind der Armut in der Heimat entkomme.

Verschiedentlich wurden Ärzte, die sozialen Dienste und die Polizei auf den Fall aufmerksam gemacht. Aber sie ließen die Sache schleifen. Eine polizeiliche Untersuchung wurde abgesagt, als die zuständige Beamtin erfuhr, dass das Mädchen an Krätze litt. Später landete es mit Verbrühungen am Kopf in der Notaufnahme. Die Großtante bluffte erfolgreich, dass sie dem Kind heißes Wasser über das Haupt geschüttet habe, damit es sich nicht kratze. Und keiner hakte nach. Zwölfmal hätten die Behörden eingreifen können, um der kleinen Victoria Climbie das Leben zu retten. Ihr schreckliches Ende ist immer wieder angeführt worden in der Debatte über die Änderung eines Gesetzes, das auf ein englisches Gerichtsurteil des Jahres 1860 zurückgeht. Damals stand ein Lehrer unter Anklage, der einen Schüler zu Tode geprügelt hatte, weil dieser langsam lernte und unfähig war, die Grundregeln der Mathematik zu begreifen. Der Richter befand den Lehrer für schuldig, hielt aber ausdrücklich fest, dass Eltern „gemäßigte und angemessene Züchtigung" anwenden dürften, um „das Böse im Kind zu bestrafen". […]

Seit Jahren aber kämpft das unter dem Namen „Kinder sind unschlagbar" vereinte Bündnis von mehr als dreihundert Interessengruppen für […] ein absolutes Klapsverbot. Dem Parlament liegt ein Änderungsantrag zum Kindergesetz von 1933 vor, um „jede bestehende Verteidigung zu entfernen, welche die körperliche Bestrafung von Kindern rechtfertigt, und Kindern nach dem Gesetz denselben Schutz zu bieten wie Erwachsenen." […]

Insbesondere wurde und wird behauptet, dass die Anwendung von Gewalt mehr Gewalt erzeuge. Aus den Opfern von einst würden die Täter der Zukunft. […]

Gina Thomas

Aufgaben

7. Geben Sie den Inhalt des Textes wieder.

8. Was sagen Sie zu der Aussage, „dass die Anwendung von Gewalt mehr Gewalt erzeuge. Aus den Opfern von einst werden die Täter der Zukunft." (Z. 44ff.)?

Projekt

Was tun, wenn man von Kindesmisshandlung erfährt?

a) Recherchieren Sie die rechtlichen Regeln zur körperlichen Züchtigung in Deutschland.

b) Was tun, wenn man von Kindesmisshandlung in der Nachbarschaft oder im persönlichen Umfeld erfährt?

- Finden Sie heraus, wer in Ihrer Stadt oder in Ihrem Landkreis zuständig ist.
- Welche Beratungsstellen kennen sich bei diesem Thema aus? Nehmen Sie auch Kontakt zur Polizei auf.
- Fragen Sie nach, welche Hilfen und Verhaltenshinweise die verschiedenen Beratungseinrichtungen Ihnen geben und dokumentieren Sie diese auf Wandtafeln.
- Vielleicht wollen Sie Ihre Ergebnisse in einer Ausstellung in der Schule präsentieren.

Gewaltbereite Jugendliche

Der Sozialpädagoge Wolfgang Reck arbeitet seit Jahren in einem Pilotprojekt mit gewaltbereiten und gewalttätig gewordenen Jugendlichen. Das Anti-Aggressivitätstraining (AAT) ist ein für alle Beteiligten außerordentlich anstrengendes Verfahren, für Jugendliche oft die letzte Chance, dem Gefängnis zu entgehen. Auf dem „heißen Stuhl", dem Zentrum des AAT, fließen Tränen, denn wer dort sitzt, muss sich von den Gruppenmitgliedern alles anhören und darf sich nicht wehren. Die Kursteilnehmer dürfen gemein, seelisch grausam und fies sein, aber all das müssen sie dann, wenn sie an der Reihe sind, auch selbst erdulden. Auf dem „heißen Stuhl" müssen die Jugendlichen die Hilflosigkeit der Opfer nachempfinden. Die Erfolge geben den Trainern Recht.

Interview mit Wolfgang Reck, AAT-Trainer

„Wir praktizieren eine Konfrontations- und Verantwortungspädagogik"

Sie arbeiten als AAT-Trainer mit gewaltbereiten Jugendlichen. Welche Altersgruppe kommt in Ihre Kurse und welche Formen der Gewalt finden sich bei den Jugendlichen?

Die Arbeit in unseren AATs umfasst Täter zwischen 14 und 20 Jahren, also von der Strafmündigkeit mit 14 Jahren bis zum Ende der Heranwachsendenzeit mit 21 Jahren.

Die Delikte reichen von einfachen Körperverletzungen auf Discoveranstaltungen über „Abzocken", also räuberische Erpressungen, beispielsweise auf dem Schulweg, bis hin zu schwersten Körperverletzungsdelikten, bei denen Opfer mit Schlagringen, Baseballschlägern und ähnlichen gefährlichen Werkzeugen ganz massiv misshandelt und verletzt werden.

Die Jugendlichen, die wir mit dem AAT erreichen wollen, sehen Gewalt als einfache, Erfolg versprechende Form der Konfliktlösung an. Oft sind diese Jugendlichen stark stimmungsabhängig und leicht reizbar. Manche haben Spaß an Gewalt und setzen Einschüchterung und Bedrohung gezielt ein, um Macht auszuüben. Sie leben nach dem Motto: Zuerst schlagen, dann fragen.

Gibt es Erklärungen, warum manche Jugendliche gewalttätig werden?

Gewalt ist ein erlerntes Verhalten und wird den betreffenden Jugendlichen meist schon im Elternhaus vorgelebt.

Ein typisches Beispiel: Der Vater schlägt die Mutter. Das Kind leidet darunter, weil es die Mutter liebt und sagt sich, wenn ich einmal groß bin, dann helfe ich meiner Mutter. Mit 13 greift der Junge erstmals zu einem Stock und wehrt den Vater ab. Dann passiert im Bewusstsein des Kindes etwas Entscheidendes:

1. Die Mutter wird von dem Tag an weniger geschlagen.
2. Der Junge wird vom Vater ganz in Ruhe gelassen und
3. der „Alte" zieht sich zurück.

Der Junge denkt nun: Prima, ich bin so was wie Robin Hood, ein Helfer der Armen und Schwachen. Und genau dann kommt der häufig gemachte Fehler: Der Junge überträgt diese positive Gewalterfahrung auf andere

Lebensfelder. Aber in der Schule kann er nicht einfach auf den Lehrer einschlagen, wenn ihm etwas nicht passt, oder in der Lehrwerkstatt den Meister bedrohen. Dann landet er vor Gericht.
Festzuhalten bleibt:

- Fast alle Mehrfach-Gewalttäter waren in ihrer Kindheit selbst Opfer von Gewalt.
- Gewalt ist ein erlerntes Verhalten, d. h., es kann auch wieder verlernt werden. Hier setzt das AAT an.

Was geht in gewaltbereiten Jugendlichen vor, dass sie, obwohl die Gesellschaft Gewalt ächtet, immer wieder zuschlagen?
Die Jugendlichen, die den Weg der Gewalttätigkeit eingeschlagen haben, machen anfangs sehr gute Erfahrungen damit; sie beobachten: Alle haben plötzlich Respekt vor mir (Achtung: Respekt nicht mit Angst verwechseln) und ich gehöre zu den „Coolen" unter den Jugendlichen oder in der Klasse. Dieser Jugendliche bemerkt, dass er keine Kompromisse mehr eingehen muss, denn Konflikte werden schnell und in seinem Sinne gelöst. Unter Umständen hat der Jugendliche materielle Vorteile, z. B. durch „Abzocken". Nicht zu unterschätzen ist die Tatsache, dass dieser coole Typ von den Mädchen bewundert wird. Er stellt fest: „Ich habe immer die hübschesten Freundinnen." Für ihn ist zunächst klar: Es läuft doch alles, wie ich es haben will. Also: „Warum sollte ich mich ändern – Ich will so bleiben, wie ich bin."
Erstmals wird den Jugendlichen dann vor Gericht klar gemacht, dass es so wie bisher nicht weitergehen kann.

Wie arbeiten Sie mit den gewaltbereiten bzw. gewalttätig gewordenen Jugendlichen? Was ist Ihr Konzept?
Bei jugendlichen Mehrfachtätern ist eine Verständnispädagogik fehl am Platz. Die begreifen Verständnis als Schwäche. Wir praktizieren eine Konfrontations- und Verantwortungspädagogik. Der „heiße Stuhl" ist dabei ein Element. Unser AAT-Konzept sieht vor, dass sich jugendliche Gewalttäter gegenseitig mit ihrem Fehlverhalten konfrontieren. Als „Gewaltexperten" lassen diese Jungs keine Ausreden im Sinne von „Der hat mich blöd angeschaut" oder „Der hat meine Mutter beleidigt" gelten.
Ziel ist es, die Täter auf dem so genannten „heißen Stuhl" so lange unter Druck zu setzen, bis sie ihre Rechtfertigungen und Ausreden für die Gewalttaten fallen lassen und schließlich volle Verantwortung für das übernehmen, was sie getan haben. Es soll erreicht werden, dass die Verharmlosungen der Taten in sich zusammenfallen.
In diesem anstrengenden Verfahren entwickeln die Täter schließlich Mitgefühl für das Leid, das sie ihren Opfern angetan haben. Um das zu erreichen, werden in der Konfrontation mit den Taten anstelle der anonymen Opfer beispielsweise geliebte Personen eingesetzt:

- „Stell dir mal vor, jemand würde das mit deinem Bruder machen, was du diesem Jungen angetan hast."
- „Wie wäre das für dich, wenn jemand deine Schwester so behandeln würde, wie du mit deiner Freundin umgehst?"

- „Wie wäre denn das für deine Eltern, wenn sie vom eigenen Kind bestohlen werden, nur damit du dem ‚Abzocker' regelmäßig Geld geben könntest?"

Durch solche Fragen erreichen wir, dass sich der gewaltbereite Jugendliche erstmals in die Situation seiner Opfer versetzt und Mitleid empfinden kann. Dann beginnt er, sich für seine Taten zu schämen und will nicht mehr so bleiben, wie er ist. Bis dahin ist es aber ein langer und mühsamer Weg. So ein AAT dauert in der Regel 6–9 Monate und jeder Jugendliche muss mindestens 2- bis 3-mal für 3–4 Stunden auf den „heißen Stuhl". Eine wahre Tortur, aber eine Methode mit Erfolg. Nur etwa 30 % werden rückfällig, das bedeutet, dass sich 70 % der Jugendlichen nach einem AAT nicht mehr schlagen. Wenn man bedenkt, dass sich diese Mehrfach-Gewalttäter fast täglich ihre Opfer gesucht haben, heißt das: Erfolgreiche Arbeit mit Gewalttätern stellt einen wichtigen Beitrag zum Opferschutz dar!

Was mir noch wichtig ist: Wir reden viel über Täter, aber wichtig für uns alle ist es, auch die Opfer in den Blick zu nehmen. Denn für Gewaltopfer ändert sich das Leben schlagartig, wenn sie einem Gewalttäter in die Hände gekommen sind oder von ständiger Gewalt bedroht werden. Neben den körperlichen Verletzungen engen Verunsicherung und Angst die Bewegungsfreiheit des Opfers ein. So nehmen Kinder oft riesige Umwege in Kauf, um ja nicht wieder auf „ihren" Täter zu treffen. Durch Gewalterfahrung wird das Selbstwertgefühl des Opfers stark beschädigt. Opfer geben sich oft selbst die Schuld für das, was passiert ist: „Wäre ich doch nur einen Bus später gefahren", „ich hätte einfach nur bezahlen sollen" sind typische Vorwürfe, die sich Kinder und Jugendliche machen, nachdem sie zum Opfer wurden. Die psychischen Folgen können enorm sein, z. B. kann es zur Traumatisierung der Opfer kommen, d. h. bestimmte Orte (z. B. Unterführungen), ähnliche Stimmen, Dunkelheit oder bestimmte Personengruppen lösen die erlebten Angst- und Panikgefühle erneut aus, obwohl in dem Moment keine Gefahr droht.

Opfer fühlen sich gedemütigt, erniedrigt und unwert. Deshalb bauen sie eine „Zugangssperre" für Helfer wie Eltern, Geschwister, Freunde oder Lehrer auf, die ihnen helfen oder sie trösten könnten. Opfer jugendlicher Gewalt sind häufig andere Kinder und Jugendliche. Aus Angst vor weiteren Taten machen sie oft keine Anzeige. Letzte Botschaft eines Täters an sein Opfer: „Du darfst alles tun, nur mich nicht anzeigen, denn sonst bist du tot." Deshalb gibt es im Gewaltbereich eine hohe Dunkelziffer: Untersuchungen sprechen davon, dass auf eine entdeckte Tat bis zu fünfzig unentdeckte Taten kommen.

Aufgaben

1. Suchen Sie auf folgende Fragen Antworten im Interview:
   - Welche Jugendlichen sind die Zielgruppe für das AAT?
   - Worauf kommt es den Trainern beim Umgang mit den Jugendlichen an?
   - Wie wird die Gewaltbereitschaft bzw. Gewalttätigkeit des Jugendlichen abgearbeitet?

Richtig streiten – Konflikte lösen

Meinungsverschiedenheiten, Konflikte und Streit gehören zu unserer menschlichen Natur. Sie sind natürlich und auch notwendig, wenn Menschen gleichberechtigt zusammenleben wollen.

Wer Konflikte nicht bearbeitet oder immer nachgibt, lebt nicht glücklicher. Denn die anstehenden Probleme bleiben ungelöst, Spannungen nehmen zu und das Zusammenleben, z. B. in einer Familie, in einer Schulklasse, am Arbeitsplatz oder unter Freunden, wird mit der Zeit unerträglich.

Aber richtig streiten muss gelernt sein. Der Verlauf eines Streitgesprächs muss kontrolliert und einige Grundregeln eingehalten werden:

Methoden

Ein Streitgespräch führen

I. Vorbereiten des Streitgesprächs

1. Wenn Konflikte bearbeitet werden sollen, müssen alle Streitparteien zu einer Streitschlichtung bereit sein. Diese *Bereitschaft* muss zunächst geklärt sein.
2. Streitschlichtung benötigt Zeit. Deshalb kann man Streitgespräche nicht „so nebenbei“ oder unter Zeitdruck führen, sondern man muss sich extra *genügend Zeit* nehmen. Die Konfliktparteien müssen sich auf das Gespräch vorbereiten können.

II. Herausarbeiten des Konfliktstoffs

3. Die Streitschlichtung beginnt damit, dass jede Partei darstellt, was ganz genau *das Problem* ist. Dabei muss darauf geachtet werden, dass nicht ständig in der Vergangenheit herumgewühlt wird. Die *Gegenwart* zählt.
4. Das Gespräch sollte so *sachlich* wie möglich geführt werden. Angriffe, Beleidigungen und Kränkungen machen ein Problem vorerst unlösbar.
5. Wenn beim Streitgespräch Ärger und Groll entsteht, sollten Sie das thematisieren.
   Dazu verwenden Sie *„Ich-Botschaften“* (Ich werde wütend, wenn .../Ich bin verletzt, weil ...), nicht verallgemeinernde Anschuldigungen (Das wissen ja alle aus der Klasse, dass du immer ...).
6. Hören Sie Ihrem Gesprächspartner aufmerksam zu, unterbrechen Sie ihn nicht und bewerten Sie seine Aussagen nicht (vgl. 4.). Wenn Sie etwas nicht richtig verstanden haben, fragen Sie in Ruhe nach, wenn der andere ausgesprochen hat.
7. Ihre innere Einstellung im Gespräch sollte zulassen, dass der andere Sie hinterfragt. Sie sollten mit der Möglichkeit rechnen, dass auch Sie nicht alles richtig gemacht haben und nicht immer Recht haben. Wer *selbst Fehler eingestehen kann*, vor allem, wenn er die Perspektive des anderen wahrgenommen hat, ist ein souveräner Gesprächspartner.

III. Suche nach Konfliktlösungsmöglichkeiten und Vereinbarungen

8. Äußern Sie Wünsche, wie jeder sein Verhalten ändern soll, sodass der andere ihn als Person wieder annehmen kann. Die Wünsche sollten aber nicht als Drohung (wenn ..., dann ...) formuliert werden, sondern von der Frage geleitet sein: *„Was würde mir jetzt helfen*, damit es mir wieder besser geht bzw. damit es wieder o. k. ist?“

Sammeln Sie verschiedene Lösungsmöglichkeiten. Dabei muss genau geklärt werden, was jeder vom anderen *jetzt* konkret erwartet und *was in der Zukunft*.
Jeder Beteiligte muss zu den konkreten Absprachen „Ja“ sagen können.

9. Manchmal ist es von Vorteil, wenn man einige Zeit nach dem Streitgespräch zu einem so genannten *„Feedback“* zusammenkommt. Dabei stellen sich die Teilnehmer die Frage, wie es ihnen mit den Vereinbarungen geht, ob man alles bedacht hat oder ob es noch Konfliktreste gibt, die noch bearbeitet werden müssen.
10. Es gibt Konflikte, die nicht lösbar sind.

Aufgaben

1. Überlegen Sie in Partnerarbeit, welche der Punkte 1 bis 9 Ihnen vermutlich eher leicht fallen. Welche fallen Ihnen besonders schwer?
2. Beschreiben Sie sich gegenseitig eine ausgedachte oder tatsächlich geschehene Konfliktsituation.
3. Erarbeiten Sie dazu in Partnerarbeit eine Szene, in der Sie das Konfliktlösungsgespräch führen.
4. Spielen Sie das Konfliktlösungsgespräch im Rollenspiel vor der Klasse. Aufgabe der Zuschauer ist es, zu beobachten und zu notieren: Welches Verhalten hat zur Konfliktlösung beigetragen, welches Verhalten wirkte hinderlich?

Methoden

Rollenspiele durchführen

Das Ziel eines Rollenspiels ist es, Verhalten einzuüben, das Erfolg versprechender ist als das bisher gezeigte.
Im Rollenspiel wird Wirklichkeit simuliert und dabei werden Verhaltensmöglichkeiten probeweise getestet oder trainiert. Dazu müssen die Spieler sich intensiv in ihre Rolle hineinversetzen, sich kurzzeitig mit ihr identifizieren, als diese denken und handeln. Das ist umso anspruchsvoller, je unsympathischer die Person ist, deren Rolle man übernommen hat.
Manchmal ist es hilfreich, vor sich eine Rollenkarte aufzustellen oder sich diese umzuhängen, damit allen deutlich ist: Jetzt spricht und handelt die Rolle, nicht die Mitschülerin/der Mitschüler. Erst wenn das Gespräch als Rollenträger beendet ist, kann man seine Rollenkarte ablegen.

Das Gespräch über die Spielszene wird von den Spielenden eröffnet. Sie berichten, wie sie sich als Rolle gefühlt haben, wie sie das Gespräch erlebt haben. Wichtig ist es, *„Ich-Botschaften“* zu formulieren („Ich fand mich hilflos.“). Es können auch Vorschläge gemacht werden, was man jetzt anders machen würde.

Erst im zweiten Schritt beschreiben die Zuschauer, wie sie das Verhalten der Rollenträger wahrgenommen haben. Über die Qualität des Spiels („Das hast du blöd gespielt.“) gibt es keine Diskussion.

18 Nicht jeder kann überall uneingeschränkt seine Meinung sagen

Regierungsformen

Zwang Gewaltenteilung Verfolgung anders Denkender
freie Marktwirtschaft Staatsreligion Einparteiensystem
Kreativität Korruption freie und geheime Wahlen
Massaker Eigeninitiative Staatsreligion
Schutz der Privatsphäre rechtsstaatlicher Gerichtsprozess
Rechtssicherheit mehrere gleichberechtigte Religionen
Allmacht des Staates Pressefreiheit Folter Parlament
Opposition Bespitzelung von Bürgern durch den Staat
Zensur Eingriff des Staates in die Privatsphäre der Bürger

Aufgaben

1. Klären Sie die Bedeutung der Begriffe, die Sie nicht kennen mithilfe eines Lexikons.
2. Ordnen Sie die Begriffe den beiden Regierungsformen Demokratie und Diktatur zu. Stellen Sie anhand der Tabelle die gegensätzlichen Begriffspaare einander gegenüber.

Demokratie	Diktatur
...	...

3. Finden Sie Staaten, in denen Demokratie herrscht, und Staaten, in denen eine Diktatur besteht.
4. Informieren Sie sich über das Leben in einem diktatorischen Staat. Beschaffen Sie sich dazu z. B. Informationen über die Arbeit von *amnesty international* oder suchen Sie im Internet.

Grundlage der Demokratie: Die Artikel des Grundgesetzes

„Es macht mich als überzeugten Demokraten schon unruhig zu wissen, wie wenige Bürger unserer Bundesrepublik Deutschland [...] auch nur einen einzigen Artikel unseres Grundgesetzes auswendig kennen. Wie viele wissen überhaupt, dass es die Grundartikel gibt, die nicht zur Disposition stehen dürfen ..."

Friedrich Schorlemmer, Bürgerrechtler der ehemaligen DDR

Aufgaben

1. Prüfen Sie nach, welche Grundgesetzartikel Sie auswendig kennen.
2. Vervollständigen Sie Ihre Liste.

Definitionen: Menschenrechte/Grundrechte/Bürgerrechte

Menschenrechte stehen über allem. Sie sind dem Menschen – aus christlicher Sicht von Gott, aus humanistischer Sicht von Natur aus – seit dem Beginn seiner Existenz an mitgegeben. Sie gehen deshalb dem so genannten „positiven" – also vom Staat gesetzten – und dem „subjektiven" – also dem „persönlichen" – Recht voraus. Ausgangspunkt ist die menschliche Würde. Sie ist unantastbar.

Grundrechte sind die in eine Verfassung übersetzten Menschenrechte: Wenn das Grundgesetz etwa das Recht auf Leben oder die freie Meinungsäußerung festschreibt, wird damit kein „neues", bis dahin nicht vorhandenes Recht geschaffen.

Bürgerrechte sind die Grundrechte, die nur Staatsbürgern im Sinne des Grundgesetzes, also nur „allen Deutschen" zustehen. Es handelt sich dabei um die Artikel 8 (Versammlungsfreiheit), 11 (Freizügigkeit) und 12 (Berufsfreiheit).

Mit den Grundrechtsartikeln haben die Schöpfer der Verfassung vor mehr als 50 Jahren den Deutschen die Demokratie gebracht. Deutschland hatte dabei die schwere Last der Nazidiktatur zu verarbeiten. Die Grundgesetzartikel wurden bewusst so verfasst, dass so etwas wie im Dritten Reich nie wieder geschehen kann. Sie gewährleisten und schützen die Freiheitsrechte des Einzelnen. Diese Rechte können von niemandem eingeschränkt werden, weder vom Staat, noch vom Gericht, noch von einer Religion, ... Allerdings enden das Recht und die Freiheit des Einzelnen da, wo ein anderer in seiner Freiheit und in seinen Rechten eingeschränkt würde.

Fallbeispiele:

- Seit Jahren kämpft Prinzessin Caroline von Monaco gegen die Presse. Sie klagt gegen die Veröffentlichung von Fotos aus ihrem Privatbereich in der Regenbogenpresse. Sie wird auf Schritt und Tritt von Paparazzi verfolgt, belagert und fotografiert.
- Immer wieder liest man davon, dass engagierte Bürger Asylbewerber aus Ländern, in denen Menschenrechtsverletzungen geschehen, z. B. in Kirchen verstecken und vor der Abschiebung schützen wollen.
- Die Öffnung der Mauer, die den Osten Deutschlands fast 40 Jahre lang von seinem Westen trennte, erfolgte zu dem Zeitpunkt, als am 9. Nov. 1989 über Fernsehen mitgeteilt wurde, dass jeder DDR-Bürger ab diesem Tag Reisedokumente bekommen könnte.
- Die Organisation *amnesty international* kämpft mit Unterschriften und vielen Aktionen gegen Folter und Menschen verachtende Behandlung von Gefangenen in nicht-demokratischen Ländern.

3. Um welche Grundrechte geht es in den Fallbeispielen?
4. Finden Sie weitere Beispiele aus Gesellschaft und Politik, bei denen es um die Verteidigung oder das Einklagen von Grundrechten geht.

Die Würde des Menschen

Würde, F., »Würde«, mhd. wirde, werde (mmd.), F., »Wert, Würde, Ehre, Ehrenbezeichnung, Verehrung«, ahd. wirda (2. V. 11. Jh.), wirdī (765), werdī, F., »Würde, Ansehen, Verdienst, Ehre, Ehrerbietung«, Abstraktum zu wert, vgl. Geschichtliche Grundbegriffe

Köbler, Gerhard – Dt. Etymol. Wörterbuch, 1995

Die menschliche Würde macht uns alle gleich, genau deshalb, weil sie bescheinigt, dass jeder Einzelne einzigartig ist, nicht austauschbar und mit den gleichen Rechten auf soziale Anerkennung wie jeder andere.

Fernando Savater, spanischer Philosoph

Die Würde des Menschen

... ist unantastbar. Sie zu achten und zu schützen ist Verpflichtung aller staatlichen Gewalt. Damit ist eigentlich alles gesagt. Menschenwürde ist Menschenrecht – und damit auch nicht an eine Staatsbürgerschaft gebunden. Der einzelne Mensch kann sie nicht verlieren, freiwillig aufgeben oder durch „unwürdiges" Verhalten verspielen. Der Staat kann sie nicht aberkennen. Der Mensch bleibt immer Mensch. Und seine Würde immer unantastbar.

Michael Bechtel

Aufgaben

1. Erstellen Sie mithilfe der Informationen aus den Texten eine Mindmap zum Begriff „Würde". Welche Aspekte fehlen Ihnen persönlich?

Rainer Kunze: Handschellen*

Nach einer letzten Inspektion ... wurden wir, jeder von einem Soldaten begleitet, aber ohne Handschellen, am 19. November 1945 zum erstenmal in den Gerichtssaal geleitet ... (Albert Speer, Angeklagter im Nürnberger Kriegsverbrecherprozeß)

„Ich war nur vier Monate inhaftiert, dann kam die Amnestie", sagte S., Pfleger in einer thüringischen Heilanstalt. „Ich hatte Flugblätter gegen den Einmarsch in die Tschechoslowakei hergestellt und in der Nacht vom 25. zum 26. August an Bäume und Klingelbretter gezweckt. Ungefähr acht. Aber ich hatte noch mehr. Den Text weiß ich nicht mehr genau. Am Schluß hieß es: Bürger, erwacht! ...

Schlecht bin ich während der Haft nicht behandelt worden. Nur vor dem Untersuchungsgefängnis haben sie mich an den Haaren aus dem Auto gezogen ... Und dann mußte ich nackt vor den Polizisten stehen und die Anstaltsordnung lesen ... Einmal haben die Schließer mit mir Fangball gespielt – das heißt, ich war der Ball. Da wird man von einem zum anderen gestoßen, und manche stehen so, daß man sie nicht sieht; dann denkt man, man stürzt. Hinterher zittern einem ganz schön die Knie ...

Zur Verhandlung bin ich in Handschellen und unter zwei Mann Bewachung über den Gefängnishof geführt worden. Das Urteil lautete auf anderthalb Jahre Jugendgefängnis. Das ist nicht Werkhof, sondern schärfer. Aber in der Begründung hieß es, das Gericht habe mein Alter berücksichtigt, und deshalb sei die Strafe so mild ausgefallen. Ich war fünfzehn."

2. Untersuchen Sie im Text, warum der 15-jährige Jugendliche inhaftiert wird.
3. Was geschieht ihm während der Haft? Welche seiner Rechte werden ihm dadurch verletzt?
4. Was, glauben Sie, hat die Machthaber an der Geschichte „Handschellen" gestört, sodass Reiner Kunze Schwierigkeiten bekam?
5. Was würde Ihnen geschehen, wenn Sie heute Nacht dasselbe wie der Jugendliche täten?
6. Stellen Sie den Zusammenhang her: Was hat der kursiv gedruckte Text am Anfang mit dem Inhalt der Geschichte zu tun?

* Text in alter Rechtschreibung

Das Wahlrecht in Deutschland

Ein wichtiges Kennzeichen der Demokratie ist das Wahlrecht. Durch verschiedenste Wahlen haben wir in Deutschland die Möglichkeit, unser Leben mitzubestimmen. Demokratie heißt eigentlich: Die Menschen entscheiden gemeinsam. Aber bei mehreren Millionen Wahlberechtigten ist das nicht so einfach möglich. Deshalb wählt man in fast allen Bereichen Vertreter. In der Politik nennt man diese Abgeordnete.
Auch im kleineren Bereich ist das so: In Schulen gibt es die Wahl von Klassensprechern und Schulsprechern, die dazu beauftragt (abgeordnet) werden, die Interessen der Schüler bei Lehrern, Eltern und der Schulleitung darzustellen und wenn möglich durchzusetzen.

Aufgaben

1. Stellen Sie zusammen, welche Wahlen es gibt. Unterteilen Sie dabei politische Wahlen und Wahlen im Bereich des Arbeitsplatzes oder im privaten Bereich.

Wie man die Abgeordneten des Bundestags wählt, steht in Artikel 38 des Grundgesetzes: „Die Abgeordneten des Deutschen Bundestages werden in allgemeiner, freier, gleicher und geheimer Wahl gewählt." Man unterscheidet zwischen objektivem und subjektivem Wahlrecht. Das subjektive lässt sich noch unterteilen in aktiv und passiv.

Das subjektive Wahlrecht

Beim subjektiven Wahlrecht muss zwischen aktivem und passivem Wahlrecht unterschieden werden.

- Das aktive Wahlrecht stellt eine Wahlberechtigung dar. Es gewährt das Recht, auf einem Stimmzettel am Wahltag sein Kreuz einzutragen. Dieses Recht ist allerdings neben der **Volljährigkeit** an gewisse Voraussetzungen gebunden: Der Betreffende darf nicht entmündigt sein, wie es bei Geisteskranken oder Insassen einer psychiatrischen Anstalt der Fall sein kann. Ferner darf das aktive Wahlrecht nicht durch ein Gericht aberkannt sein, was häufig bei Schwerverbrechern vorkommt. Möglich ist eine zeitweise Aberkennung für zwei bis fünf Jahre. Das Wahlrecht geht ebenfalls verloren, wenn jemand länger als 25 Jahre im Ausland lebt und dieses Land nicht Mitglied des Europarates ist. Das gilt zumindest bei Bundestagswahlen, bei Landtagswahlen können abweichende Regelungen bestehen.
- Das passive Wahlrecht garantiert jedem volljährigen Deutschen die Möglichkeit, sich wählen zu lassen. Dieses Recht gilt nicht für Entmündigte, für psychisch Kranke oder Menschen, die zu einer Freiheitsstrafe von einem Jahr oder mehr verurteilt sind. Eine solche Verurteilung hat für die Dauer von mindestens fünf Jahren Amtsunfähigkeit zur Folge und damit auch den Verlust des passiven Wahlrechts.

Das objektive Wahlrecht

Das objektive Wahlrecht lässt sich durch ganz bestimmte Merkmale charakterisieren. Es ist im Grundgesetz als allgemein, unmittelbar, frei, gleich und geheim definiert.

- Allgemein: Jeder volljährige Mensch, der die deutsche Staatsbürgerschaft und einen Wohnsitz in Deutschland besitzt, hat das Recht, aktiv und passiv an politischen Wahlen teilzunehmen.
- Unmittelbar: Der Wähler bestimmt direkt die politische Zusammensetzung des zu wählenden Organs. Wahlmänner, wie sie z. B. in den USA zum Zuge kommen, treten nicht auf.
- Frei: Niemand darf zur Wahl einer bestimmten politischen Gruppe oder Partei gezwungen werden.
- Gleich: Jede abgegebene Stimme besitzt den gleichen Wert, kein Mensch kann im Vergleich zu anderen ein stärkeres Stimmgewicht geltend machen.
- Geheim: Wahlen müssen stets geheim stattfinden. Es sind laut Bundeswahlgesetz „Vorkehrungen dafür zu treffen, dass der Wähler den Stimmzettel unbeobachtet kennzeichnen und in den Umschlag legen kann".

2. Erstellen Sie eine grafische Darstellung des Wahlrechts aus den Informationen.

Das war nicht immer so

Wenn man sich die Geschichte des Wahlrechts anschaut, erkennt man, dass die Prinzipien aus Artikel 38 GG nicht selbstverständlich waren und die Generationen vor uns harte Arbeit leisten mussten, um demokratische Regeln zu erlangen.

Das Deutsche Reich, das vor der Bundesrepublik existierte, sah lediglich für Männer ein Wahlrecht vor. Erst nach dem Ersten Weltkrieg mit der Abschaffung des Kaiserreichs (Monarchie) wurde eine neue Staatsform in Deutschland gegründet: Die Weimarer Republik. In ihr wurde das Frauenwahlrecht eingeführt. Gleichzeitig wurde das in Preußen noch geltende „Dreiklassenwahlrecht" abgeschafft. Das bedeutete, dass die Mandate für die besitzenden und einkommensstarken Bevölkerungsschichten ab 1918 genau so viel zählten wie die der besitzlosen Klasse. Bis dahin wurden die Besitzenden bevorteilt.

Die Weimarer Republik überlebte nur eine kurze Zeit von 1919–1933. Danach begann eine finstere Epoche für Deutschland. Die Nationalsozialisten wurden im demokratischen Staat mit demokratischen Mitteln gewählt. Mit ihrer antidemokratischen Ideologie (Führerprinzip, Verfolgung und Abschaffung von Gewerkschaften und oppositionellen Parteien, Abschaffung der Pressefreiheit, Rassenideologie, …) schafften sie Schritt für Schritt die junge und unerfahrene Demokratie in Deutschland ab.

Die Freiheit der Bürger wurde Zug um Zug beschnitten und der Staat in eine Diktatur verwandelt. In den 12 Jahren der Diktatur der Nazis wurden die schlimmsten Verbrechen gegen die Menschlichkeit begangen. Die Menschenwürde von politisch anders Denkenden, von Menschen mit jüdischer Abstammung, von Kritikern an Politik und Krieg wurde mit Füßen getreten. Erst durch die totale militärische Niederlage und die bedingungslose Kapitulation im Mai 1945 hatte die Schreckensherrschaft ein Ende.

Am 23. Mai 1949 wurde das Grundgesetz der Bundesrepublik Deutschland verkündet. Seither ist Deutschland wieder ein demokratischer Staat. 1970 wurde das Wahlalter von 21 auf 18 Jahre gesenkt. Das Wahlalter für Kommunalwahlen ist seit 1995 in einzelnen Bundesländern bei 16 Jahren.

Frauen gehen das erste Mal zur Wahl

Aufgaben

3. Untersuchen Sie, welche demokratischen Prinzipien des Artikels 38 GG
- im Deutschen Reich
- in Preußen
- in der nazionalsozialistischen Diktatur

nicht verwirklicht waren.

4. Überlegen Sie, was man als Einzelner tun kann und muss, damit nie wieder eine Diktatur in Deutschland eine Chance hat.

5. Die Herabsetzung des Wahlalters auf 16 Jahre wurde heftig diskutiert. Sammeln Sie Argumente für und gegen ein Wahlrecht ab 16.

Zivilcourage – Jeder muss hier uneingeschränkt seine demokratischen Werte vertreten dürfen

Zivilcourage ist eine mutige Reaktion von Einzelnen oder einer Gruppe für die Rechte anderer. Meistens liegt eine Täter-Opfer-Situation vor: Es geschieht etwas, was das Gerechtigkeitsgefühl oder das Wertempfinden verletzt. Wer Zivilcourage hat, nimmt oft allen Mut zusammen, um etwas dagegen zu tun, dass Ungerechtes geschieht, die Menschenwürde anderer verletzt wird oder Dinge ausgeführt werden, die anderen Schaden zufügen oder diese demütigen.

Aufgaben

1. Suchen Sie in verschiedenen Nachschlagewerken nach der Definition des Begriffs „Zivilcourage".

Situationen

1 In der U-Bahn sind in einem Abteil vier ca. 14 bis 17-jährige Jugendliche damit beschäftigt, einen leicht geistig behinderten jugendlichen Fahrgast zu hänseln und mit ihren Baseballschlägern zu traktieren. Der Behinderte hat keine Chance, sich zu wehren. Sie werden Zeuge des Geschehens. Wie verhalten Sie sich?

2 Sie stehen im Supermarkt an der Kasse. Vor Ihnen stehen drei Kunden. Hinter Ihnen hat sich ein Schwarzer eingereiht. Als dieser an die Reihe zum Zahlen kommt, fordert die Kassiererin ihn in scharfem Ton auf, seine Tasche zu öffnen und beginnt sie zu durchsuchen. Keiner der anderen Kunden wurde dazu aufgefordert. Wie reagieren Sie?

3 Sie sind an einem Gespräch beteiligt, in dem über eine abwesende Arbeitskollegin, die bei vielen als Außenseiterin gilt, falsche und ehrenrührige Dinge erzählt werden. Wie verhalten Sie sich?

4 Ein Vorgesetzter oder Lehrer behandelt einen Kollegen/Mitschüler schon zum wiederholten Mal sehr abschätzig und ungerecht. Sie waren jedes Mal Zeuge. Was tun Sie?

5 Sie stehen in der Pause in der Gruppe zusammen. Eine schüchterne Türkin stellt sich dazu. Plötzlich beginnt einer auffällig die Luft einzuatmen. Er sagt: Hier stinkt es plötzlich. Riecht ihr das nicht?? Tatsächlich ist nichts zu riechen, aber einige machen mit und lachen bösartig dazu. Wie verhalten Sie sich?

6 Sie sind bei der Bundeswehr und sollen mit Ihrer Truppe in einem Rollenspiel eine Geiselnahme durch Terroristen so echt und wirklichkeitsnah wie möglich nachspielen. Sie müssen eine Rolle als Terrorist übernehmen. In Ihrer Rollenbeschreibung wird angeordnet, dass Sie die Geiseln spürbar quälen sollen. Dabei sind Fußtritte und Stromschläge, Übergießen mit kaltem Wasser usw. nötig. Vor Beginn des Rollenspiels gibt es von Ihrem Vorgesetzten mit den Rollenträgern der „Geiselnehmer" eine Besprechung, bei der Sie noch Fragen stellen können, damit alles nach Plan verläuft. Was sagen Sie in der Besprechung?

Aufgaben

2. Überlegen Sie in Kleingruppen, wie Sie in diesen Situationen Zivilcourage zeigen können.
3. Entwerfen Sie zu einem Beispiel eine Spielszene, die Sie der Klasse vorspielen.
4. Entwerfen Sie Plakate, in denen Sie für Zivilcourage werben.

Handlungsarten

Wichtig ist zunächst, wofür jemand eintritt: für eine(n) oder mehrere befreundete oder fremde Person(en); für sich selbst und/oder für eine (Rechts-)Norm, für einen Wert oder rein Ideal, für eine „gute und gerechte Sache".

Wir können drei Arten des Handelns mit Zivilcourage unterscheiden:

1. **Eingreifen** zugunsten anderer, meist in unvorhergesehenen Situationen, in die man hineingerät und wo man schnell entscheiden muss, was man tut.
2. **Sich-Einsetzen** – meist ohne akuten Handlungsdruck – für allgemeine Werte, für das Recht oder für die legitimen Interessen anderer, vor allem in Organisationen wie Arbeitsplatz oder Verein und Institutionen (Schule), häufig auch für eine größere Zahl, z. B. von Kollegen oder Betroffenen.
3. **Sich-Wehren** gegen akute Zumutungen und Angriffe, z. B. gegen Gewalt, Mobbing oder sexuelle Belästigung. Das kann auch bedeuten sich zu weigern, etwas moralisch oder rechtlich nicht Annehmbares zu tun.

19 Als Bürger in der Gesellschaft

Bürgerrechte – Bürgerpflichten

In der Bundesrepublik Deutschland leben wir in einem Rechtsstaat. Zu den wichtigsten Elementen des Rechtsstaats gehören die Anerkennung von Grundrechten und die Teilung der Macht in drei Staatsgewalten.
Diese drei Staatsgewalten sind die Regierung und Verwaltung, in der Gesetze ausgeführt werden (Exekutive), die gewählten Parlamente, in denen Gesetze verabschiedet werden (Legislative), und die unabhängige Rechtsprechung, in der über die Einhaltung des Rechts gewacht wird (Judikative).
Der demokratische Rechtsstaat garantiert seinen Bürgern ein Leben in Freiheit und Sicherheit und eine Vielzahl von Rechten. Zu diesen Rechten gehören zuallererst die Grundrechte, die in Deutschland im Grundgesetz verfassungsrechtlich verankert sind und beim höchsten Gericht, dem Bundesverfassungsgericht in Karlsruhe, eingeklagt werden können. Daneben gibt es den Bundesgerichtshof, die Oberlandesgerichte, Landgerichte und Amtsgerichte. Zahlreiche Gerichte arbeiten in unterschiedlichen Rechtsbereichen, z. B. Verwaltungs-, Arbeits-, Finanz- oder Sozialgerichte. Für sie ist die rechtliche Grundlage das Verwaltungsrecht, das Arbeitsrecht, das Finanzrecht und das Sozialrecht. Ein wichtiger Rechtsbereich ist das Strafrecht. Das Strafgesetzbuch wacht im demokratischen Staat über die Sicherheit der Bürger. Es klagt das Prinzip ein, dass die Rechte des Einzelnen nicht durch Gesetzesübertretungen und Straftaten anderer eingeschränkt oder gar vernichtet werden. Das Recht des einzelnen Bürgers endet da, wo das Recht des anderen beginnt.

„Wer Rechte hat, der hat auch Pflichten", dieser Grundsatz gilt in allen Bereichen, in denen Menschen zusammenleben und sich gegenseitig respektieren wollen und ganz besonders in einem Staat mit vielen Millionen Menschen.

Aufgaben

1. Arbeiten Sie aus dem Text heraus, welche Gerichte es in der Bundesrepublik Deutschland gibt und welche Gesetze als Grundlage der Rechtsprechung dienen. Entwerfen Sie dazu ein geeignetes Schaubild.
2. Überlegen Sie: Welche Bürgerpflichten haben Sie?
3. In verschiedenen Lebenssituationen kommen verschiedene Pflichten auf Sie zu. Recherchieren Sie (z. B. im Internet), welche Bürgerpflichten Sie bei ▸ einem Wohnungswechsel, ▸ einer Eheschließung, ▸ der Geburt eines Kindes, ▸ einem Todesfall haben;
   Welche Pflicht obliegt ▸ Jugendlichen ab 16 Jahren, Männern ab 18 Jahren, ▸ wenn man Einkommen hat oder Erträge aus Geld- oder Anlagevermögen, ▸ wenn man ein Vollzeit- oder Teilzeitarbeitsverhältnis eingeht, ▸ wenn man ein Kraftfahrzeug anmeldet.

Rechtsfähigkeit – Geschäftsfähigkeit

Die **Rechtsfähigkeit** beschreibt die Eigenschaft von natürlichen Personen (Menschen) und so genannten juristischen Personen (Unternehmen, Vereine, Körperschaften), Träger von Rechten und Pflichten zu sein. Die Rechtsfähigkeit des Menschen beginnt mit der Vollendung seiner Geburt und endet mit dem Tod. Lediglich in Ausnahmefällen kann zum Beispiel ein bereits gezeugtes, aber noch nicht geborenes Kind beschränkt rechtsfähig sein, beispielsweise in Bezug auf eine Erbschaft.

Die **Geschäftsfähigkeit** bezeichnet die Fähigkeit, ein Rechtsgeschäft durch eigenes Handeln rechtwirksam abschließen zu können. Man unterscheidet drei Stufen bis zur vollen Geschäftsfähigkeit. Bis zur Vollendung des siebten Lebensjahres ist ein Kind geschäftsunfähig und kann keine gültigen Verträge abschließen, da eigene Willenserklärungen des Geschäftsunfähigen nichtig sind. Als geschäftsunfähig gelten auch Geisteskranke oder Personen, die wegen krankhafter Störungen der Geistestätigkeit in ihrer freien Willensbildung nicht nur vorübergehend beeinträchtigt sind. Die Rechte und Interessen der Geschäftsunfähigen nehmen in der Regel die gesetzlichen Vertreter bzw. in bestimmten Fällen ein gerichtlich bestellter Vormund (bei Minderjährigen) oder ein Betreuer (bei psychisch kranken sowie körperlich oder geistig behinderten Erwachsenen) wahr.

Vom siebten bis zum 18. Lebensjahr ist der Minderjährige beschränkt geschäftsfähig. Auch seine Rechte nimmt grundsätzlich der gesetzliche Vertreter wahr. Verträge, die sie von ihrem Taschengeld abschließen und bezahlen können, sind rechtsgültig. Der beschränkt Geschäftsfähige kann auch Verträge, die lediglich „rechtlich vorteilhaft“ sind, etwa „Schenkungsverträge“ als Beschenkter, rechtswirksam abschließen. Andere Verträge wie z. B. Versicherungsverträge oder andere langfristig angelegte geschäftliche Verpflichtungen dürfen zwar abgeschlossen werden, aber sie bedürfen einer Genehmigung des Erziehungsberechtigten (das sind in der Regel die Eltern). Ohne diese Zustimmung ist der Vertrag „schwebend unwirksam“, das heißt, er wird erst durch die Genehmigung der Eltern rechtlich wirksam und ist ansonsten nichtig, wenn die Eltern keine Genehmigung erteilen.

Will ein Minderjähriger ein Geschäft betreiben, braucht er nicht nur die Einwilligung des gesetzlichen Vertreters (der Eltern), sondern auch eine Genehmigung des Vormundschaftsgerichtes. Dann ist der Jugendliche allerdings für fast alle Rechtsgeschäfte im Zusammenhang mit dieser Geschäftstätigkeit uneingeschränkt geschäftsfähig.

Mit der Volljährigkeit wird der Mensch dann uneingeschränkt geschäftsfähig mit allen Rechten, Pflichten und Konsequenzen.

Aufgaben

1. Entwerfen Sie mithilfe der Informationen aus dem Text eine übersichtliche Tabelle zum Thema „Geschäftsfähigkeit“.
2. Entscheiden Sie mithilfe Ihrer Tabelle und begründen Sie Ihre Entscheidung:
   a) Der sechsjährige Markus kauft ein Computerspiel für 28,00 €. Ist der Kaufvertrag wirksam?
   b) Die Mutter ist nicht einverstanden mit dieser Anschaffung. Was kann sie tun?
   c) Der sechsjährige Markus kauft sich ein Eis. Kann die Mutter das Geld vom Eisverkäufer zurückverlangen?
   d) Die sechzehnjährige Jessica unterschreibt einen Ausbildungsvertrag als Bäckereifachverkäuferin. Ist der Ausbildungsvertrag wirksam?

Muss Strafe sein?

Es gibt verschiedene Formen von Strafen und Maßregelungen: Geld-, Freiheitsstrafen, gemeinnützige Arbeit, Bewährungsstrafen, Entziehung der Fahrerlaubnis, Unterbringung in einer Heilanstalt, Sicherungsverwahrung.

Strafrecht – Straftat, Strafverfolgung – Strafprozess

Eine Straftat liegt vor, wenn die Tat im Strafgesetzbuch beschrieben ist, sie vorsätzlich und rechtswidrig ist, d. h. kein Rechtfertigungsgrund (wie Notwehr) vorliegt, und sie schuldhaft begangen wurde. Schuldhaft heißt, dass kein Schuldausschließungsgrund vorliegt, insbesondere keine Schuldunfähigkeit aufgrund krankhafter seelischer Störungen oder tiefgreifender Bewusstseinsstörung (z. B. Volltrunkenheit).

Wenn das Ermittlungsverfahren durch die Ermittlungsbehörden (Polizei) abgeschlossen ist, erhebt die Staatsanwaltschaft Anklage und beantragt die Eröffnung des Hauptverfahrens gegen den Beschuldigten. Die Verhandlungen laufen vor einem Strafgericht. Wenn der Anklage stattgegeben wird, kann das Hauptverfahren eröffnet werden. Hauptverhandlungen sind öffentlich, sofern nicht ein besonderes Schutzinteresse des Angeklagten, z. B. grundsätzlich bei Jugendstrafsachen, besteht.

Bei Geldstrafen oder Freiheitsstrafen bis zu vier Jahren ist das Amtsgericht die erste Instanz. Werden höhere Freiheitsstrafen erwartet oder in der Berufung zu einem Amtsgerichtsurteil wird die Sache vor dem Landgericht verhandelt. Berufungen von Landgerichtsurteilen werden vor dem Oberlandesgericht entschieden. Das Oberlandesgericht ist auch erste Instanz für schwerwiegende Delikte wie Völkermord, Hoch- und Landesverrat. Der Bundesgerichtshof ist vor allem Revisionsinstanz für Urteile der Landes- und Oberlandesgerichte.

Strafrecht – Ordnungswidrigkeit

Neben der Straftat gilt auch die Ordnungswidrigkeit als Verstoß gegen das Gesetz. Allerdings ist die Ordnungswidrigkeit ein Verstoß „minderer Qualität" und wird nicht nach dem Strafrecht, sondern nach dem Ordnungswidrigkeitenrecht geahndet. Sie werden meist mit einem Bußgeld geahndet. Die meisten Bußgeldtatbestände werden im Straßenverkehrsgesetz und im Umweltschutzgesetz abgehandelt.

Die Ermittlungen werden zunächst von Verwaltungsbehörden oder der Polizei geführt. Wenn eine Straftat vorliegt, geht die Sache an die Staatsanwaltschaft. Bei geringfügigen Verstößen wird eine Verwarnung erteilt und ein Verwarnungsgeld (zwischen 5 und 38 Euro) erhoben. Dieses ist innerhalb einer Woche zu bezahlen. Bei schwerwiegenderen Ordnungswidrigkeiten zum Beispiel im Straßenverkehr wird nach Anhörung des Beschuldigten ein Bußgeldbescheid erlassen und ein Bußgeld (ab 20 Euro) erhoben. Ein Bußgeldbescheid wird auch erlassen, wenn ein Verwarnungsgeld nicht bezahlt wurde.

Aufgaben

1. Schreiben Sie die Definition der Begriffe „Straftat" und „Ordnungswidrigkeit" heraus.

Manchmal empfinden Täter ihre Strafe als gerecht, in vielen Fällen sehen die Gesetzesübertreter aber nicht ein, warum sie eine Strafe bekommen haben, z. B. wenn der Falschparker seinen Strafzettel an der Heckscheibe seines Autos findet oder der Bauherr seinen Sondermüll kostenneutral im Wald ablädt. Aber was wäre, wenn es keine Strafen gäbe?

2. Diskutieren Sie, ob Strafen in einer demokratischen Gesellschaft notwendig sind.

3. Welche Funktionen haben Strafen?

Das Jugendstrafrecht

So wie der Jugendliche, weil er unter dem besonderen Schutz des Staates steht, nur eingeschränkt rechtsfähig ist, so ist er auch nur bedingt strafmündig. Dies ist im Jugendstrafrecht geregelt.

Das Jugendgerichtsgesetz regelt die Besonderheiten des Jugendstrafrechts. Bis zur Vollendung des 14. Lebensjahres sind Kinder nicht strafmündig, d. h., sie können für Straftaten nicht zur Verantwortung gezogen werden. Waren die Täter zum Tatzeitpunkt 14, aber noch keine 18 Jahre (= Jugendliche), so kommt das Jugendstrafrecht zur Anwendung. Ein Jugendlicher ist bedingt strafmündig – je nach seinem Entwicklungsstand. Personen zwischen 18 und 21 Jahren, so genannte Heranwachsende, sind voll strafmündig. Trotzdem muss das Gericht bei Heranwachsenden im Einzelfall prüfen, ob der Reifegrad des Beschuldigten die Anwendung des Jugendstrafrechts erfordert.
Der Strafenkatalog des Jugendstrafrechts kennt Erziehungsmaßregeln (Heimeinweisung, aber auch Arbeitsdienstleistungen), Zuchtmittel (z. B. Jugendarrest und ebenfalls Arbeitsleistungen) und als drastischste Maßnahme den Freiheitsentzug in einer Jugendstrafanstalt. Die erzieherische Maßregelung steht, soweit machbar und Erfolg versprechend, im Vordergrund.
Strafsachen gegen Jugendliche werden vor dem Amtsgericht in seiner Funktion als Jugendgericht verhandelt, zum Schutz des Jugendlichen unter Ausschluss der Öffentlichkeit. Für die Anklageerhebung sind pädagogisch befähigte und in der Jugenderziehung erfahrene Jugendstaatsanwälte zuständig. Auch die Richter müssen als Jugendrichter besonders qualifiziert sein.

Aufgaben

Vergleichen Sie hierzu auch die methodischen Hinweise auf S. 233.

1. Entwerfen Sie eine Mindmap zum Jugendstrafrecht.
2. Sammeln Sie in einer Tabelle Gesichtspunkte, warum ein Jugendstrafrecht sinnvoll ist, aber auch, welche Gefahren in diesen Sonderregelungen stecken.

sinnvoll	**problematisch**
...	...

Einschneidende Konsequenzen für Gesetzesbrecher

Patrick kommt völlig aufgelöst zu seinen Freunden. In der Hand hält er einen Polizeibericht, der heute in der Zeitung stand.

„Am Sonntag, den 19. September wurde in den frühen Morgenstunden in der Waldstraße ein ordnungsgemäß parkender BMW angefahren. Der Sachschaden beträgt ca. 2.500,00 €. Der Unfallverursacher entfernte sich von der Unfallstelle. Die Polizei ermittelte zunächst wegen Fahrerflucht.

Am Abend des 19. September meldete sich der Unfallverursacher mit seinem ebenfalls stark beschädigten Fahrzeug bei der Polizeidienststelle Erlenhau. Der Blutalkoholspiegel des 19-Jährigen betrug zu diesem Zeitpunkt 2,3 Promille. Die Polizei beschlagnahmte seinen Führerschein. Er gab an, von dem Unfall nichts bemerkt zu haben. Zeugenaussagen zufolge war der junge Mann in den frühen Morgenstunden von einer Geburtstagsfeier im Waldheim in stark angetrunkenen Zustand weggefahren und hatte den parkenden BMW gestreift.

Patrick kennt den Unfallverursacher. Es ist Oliver. Patrick hat sich mit Oliver, der gerade sein 3. Ausbildungsjahr in dem Malerbetrieb absolviert, im Praktikum angefreundet. Patrick war ebenfalls auf Olivers Geburtstag eingeladen. Er hatte wohl bemerkt, dass Oliver ziemlich viel Alkohol zu sich nahm, aber die Geschichte mit dem Unfall hatte er nicht mitbekommen. Da war er bereits zu Hause und schlief. Patrick überlegt, welche Kosten und welche Folgen jetzt auf Oliver zukommen.

Aus dem Flussdiagramm erkennen Sie, welche Kosten zusammenkommen. Berechnen Sie hier zunächst die Kosten aus dem Fremdschaden.

1. Die Haftpflichtversicherung von Oliver kommt zunächst für den Fremdschaden auf, nimmt dann allerdings Oliver in Regress, das heißt, sie verlangt die entstandenen Kosten von ihm zurück, da der Unfall unter Alkoholeinfluss und somit grob fahrlässig entstanden ist. Welchen Betrag müsste Oliver in den folgenden Fällen an die Versicherung zurückzahlen?
   a) Oliver kann den Betrag von 2.500,00 € erst nach 200 Tagen erstatten. Die Versicherung verlangt 5 % Zinsen.
   b) Oliver hat noch 1.000,00 €, die er der Versicherung gleich geben kann. Den Rest muss er 6 Monate stunden lassen, die Versicherung verlangt 4,5 % Zinsen.
   c) Die Versicherung hat dem Unfallgegner außer dem Sachschaden von 2.500,00 € weitere 600,00 € für Mietwagen usw. erstattet. Oliver braucht 7 Monate, bis er das Geld zusammen hat. Die Versicherung berechnet ihm 4 %.

Zu dieser Summe kommen dann die Kosten aus der Strafe und der Führerschein ist auch weg.

Vergleichen Sie hierzu auch das Kapitel „Zinsrechnen“, S. 102-115.

Sachwortverzeichnis